Motto:

„So sehr man sich auch
um die Wahrheit
bemüht", schreibt der
französische
Schriftsteller André Gide,
„die Beschreibung des
eigenen Lebens bleibt
immer nur halb aufrichtig:
In Wirklichkeit ist alles
viel verwickelter, als es
dargestellt wird."

Erhard Ernst

Strandgut des Krieges

Ein Leben in zwei Welten

Husum

Umschlagfotos: Günter Pump

Bibliografische Information der Deutschen Nationalbibliothek

Die Deutsche Nationalbibliothek verzeichnet diese Publikation in der Deutschen Nationalbibliografie; detaillierte bibliografische Daten sind im Internet über http://dnb.dnb.de abrufbar.

Gesamtherstellung: Husum Druck- und Verlagsgesellschaft
Postfach 1480, D-25804 Husum – www.verlagsgruppe.de
ISBN 978-3-89876-993-8

den Söhnen

Ulf und Henning

1. Teil

Mohrungen

Schon wieder kreischte die Schulklingel des Herder-Gymnasiums in Mohrungen an einem sonnigen Juni-Morgen des Jahres 1944. Wir hatten gerade in Erwartung des Deutschlehrers auf unseren Bänken Platz genommen. Augenblicklich sprangen wir alle auf, um in geordneter Formation das Klassenzimmer und dann das Schulgebäude schnell zu verlassen. Antreten auf dem Schulhof in einem breiten offenen Viereck zwischen den Fahnenmasten, wie wir es oft hatten üben müssen. Nur der Zeitpunkt war heute völlig ungewöhnlich, gleich nach dem eigentlichen Unterrichtsbeginn schon wieder sein Ende.

Etwas Außergewöhnliches musste passiert sein, sonst wären wir nicht hinausgeklingelt worden. Seit Wochen schon war der Schulhof unsere neue „Aula“. Die alte Aula im Anbau beherberge „Kriegsmaterial“, wie es hieß, und war für alle Schulveranstaltungen gesperrt. Ein Witzbold aus der Sekunda hatte gesagt: Kein Platz mehr für Schüler, aber viel Platz für den Krieg. Über das hier gelagerte „Material“ gingen die wildesten Gerüchte um. Die wurden auch von unserem Spielkameraden Walter Reimann verbreitet, vom Bauernhof bei der Herderstraße um die Ecke, von dem die Erwachsenen aus der Herderstraße verächtlich sagten, er habe eine sozialdemokratische Mutter. Was immer das genau bedeutete, war mir damals völlig unklar.

Walters Bemerkung zu unserer Aula ist mir unvergessen. Er flüsterte mir eines Tages ins Ohr: Die haben bestimmt einige Exemplare der V2 hier eingelagert für den baldigen Kampf um den Endsieg. Dabei hatte er das breite Reimann'sche Grinsen im Gesicht. Ob die Reimanns-Jungs solchen Quatsch zusammen mit ihrer Mutter ausheckten?

Mit seinem Stechschritt erschien augenblicklich der Direktor im großen Viereck, begrüßte uns mit dem geforderten Hitlergruß in seiner ganz eigenen Art, indem er seinen rechten Arm über Schulterhöhe durch die Luft schwenkte und dabei irgendetwas Unverständliches in seinen Vollbart brummte, was bei uns meist als „Heitler“ ankam. Damals fanden wir das komisch, heute weiß ich:

Er war wohl nicht dafür. In unserer Stadt hielt sich nämlich das Gerücht, er sei strafversetzt aus der Metropole Königsberg in die Kreisstadt Mohrungen. Vielleicht war sein individuell abgewandelter Gruß Ausdruck dieser Aktion oder sein Anlass.

„Ich habe euch heute", begann er mit seiner schnarrenden Stimme, „eine Anordnung der NSDAP-Kreisleitung mitzuteilen, die bei euch Schülern große Freude auslösen wird: Die in der nächsten Woche beginnenden Sommerferien müssen in diesem Jahr verlängert werden. Über die Länge dieser Aktion ist mir nichts mitgeteilt worden."

Großes Freudengemurmel im Viereck, das gar nicht enden wollte.

Er fuhr nach einer der Situation angemessenen Pause fort, indem er gleichzeitig beide Hände wie zum Segnen erhob, allerdings nur, um wieder Ruhe herzustellen. Er sagte und es klang wie Anteilnahme: „Die Schule wird Lazarett!" Das obligatorische „Weggetreten!" löste betretenes Schweigen aus, während wir uns in die Klassenräume zerstreuten.

Unser Klassenlehrer war plötzlich an meiner Seite, klopfte mir auf die Schulter und sagte: „Karl Stobbe, du sollst dich sofort im Direktorzimmer einfinden." Auf mein verängstigtes Gesicht meinte er nur: „Ist nichts Schlimmes."

Die schwere Tür zum Zimmer von Direktor Dobbeck stand einen Spalt breit offen, was ganz ungewöhnlich war, noch nie hatte ich diese Tür offen stehen gesehen. Ich hatte kaum zu klopfen begonnen, da rief er mich schon herein. Nach meinem „deutschen Gruß", den er zu überhören schien, sagte er: „Nimm Platz, wir haben etwas Wichtiges zu besprechen." Die harte vordere Kante des Stuhls drückte mir in den Hintern. Ich traute mich nicht, den ganzen Stuhl zu besitzen. Kein klarer Gedanke im Kopf, nur ein undefinierbares Gefühl meiner Lage, in der in Umrissen verschwommen deutlich wurde, dass ich bisher in all den Jahren nicht einmal einen Blick in dieses Heiligtum hatte werfen können, und nun saß ich plötzlich und unerwartet mitten drin und vor ihm.

„Wir haben als Schule seit Kurzem", begann er, „eine Seidenraupenzucht, wie du weißt, da du ja schon aktiv mitgetan hast bei der Einrichtung der Anlage. Für die Sommerferien und die schulfreie Zeit danach brauchen wir ein paar zuverlässige Schüler. Du bist mir von deinem Biologielehrer und dem Klassenlehrer dafür empfohlen worden. Deine Familie wohnt in unmittelbarer Nähe zur Schule, nur durch den kleinen Park getrennt, und lange Maulbeerhecken begrenzen die Rasenflächen zwischen eurer Wohnung und dem Park. Habe mir selbst gestern ein Bild vor Ort davon gemacht. Ich muss dazu ja nicht weit laufen, die Schulleiter-Wohnung liegt, wie jeder weiß, auf der anderen Seite des Parks."

Der Park, die Hecken und die weiten Rasenflächen bekamen jetzt plötzlich eine andere Bedeutung. Alle Jahre bisher waren das unsere Spiellandschaften gewesen. Jetzt sollten sie mit einem Mal den Seidenraupen und damit dem Krieg dienen. Von unseren Wiesen vor dem Haus mit den hohen Maulbeerhecken gab es zwei Zuwege in den kleinen Park. Der eine war durch eine ziemlich hohe Holzpforte versperrt, die wohl nur zum Rasenmähen von der Stadtgärtnerei geöffnet werden konnte. Ich hatte dieses Tor nie offen erlebt, was auch für uns Jungens keine Rolle spielte, denn wir kletterten regelmäßig darüber weg.

Das war auch immer die Rettung für mich, wenn ich morgens spät dran war. Mit drei Griffen war das Tor überwunden, dann im Laufschritt durch das Gebüsch im Park und mit dem Klingelton in der Klasse sein, das war ein aufregender Morgensport.

Den zweiten Zugang kannten nur wir Pimpfe aus der Herderstraße. Es war eigentlich gar keiner. Den hatten wir uns durch das hier besonders dichte Buschwerk geschnitten, und weil der etwas abseits von den schmalen Kieswegen des Parks in der äußersten Südwestecke lag, konnte er vom Park aus überhaupt nicht entdeckt werden. Dieses Schlupfloch war und blieb daher unser Geheimnis.

Dieser Fluchtweg hatte uns so manches Mal vor einer gehörigen Tracht Prügel bewahrt, wenn wir wieder mal ein Soldatenpärchen mit unseren Katapulten beschossen hatten und dem jungen Soldaten unsere Eichelgeschosse auf dem nackten Hintern tanzten. Nie hatte uns auch nur einer von den so Ertappten und Aufgescheuchten ergreifen können. Immer rettete uns unser geheimes Schlupfloch.

An der Nordostseite der maulbeerbegrenzten Rasenflächen, gleich hinter dem alten Stall, gab es einen inzwischen recht verwilderten großen Garten. Er bildete die Gartenseite des alten ehemaligen Großgrundbesitzes, von dem nur noch das auch schon etwas verfallene Herrenhaus existierte, das den Garten zur Straße hin begrenzte.

Auch Park, Rasen und unser Wohnhaus hatten zu dem alten Gut gehört, wie uns alteingesessene Mohrunger mitgeteilt hatten.

Dieser Garten hinter dem Gutshaus enthielt einen weiteren Schlupfwinkel für die Reimann-Salewski-Stobbe-„Bande". Hier diente uns nämlich eine große Holzterrasse, die weit in den Garten hineinreichte, als sicheres Versteck. Denn diese Terrasse ruhte auf Pfählen etwa einen halben Meter hoch über der Gartenfläche. An den Rändern der Terrasse waren im Laufe der Jahre allerlei Kräuter hochgewachsen, neben einigem Buschwerk, sodass es einem Fremden gar nicht in den Sinn kommen konnte, jemand könne durch die Büsche hindurch in dem schwarzen Spalt zwischen dem Erdboden und den Terrassenbrettern untertauchen. Aber genau dafür hatten wir diesen Hohlraum voller Rattenlöcher und Hundekot ausgesucht. Er war für uns das denkbar sicherste Versteck, auch ortskundigen Erwachsenen gegenüber. Keiner von ihnen wäre auf die Idee gekommen, in diesen relativ flachen schwarzen Hohlraum hineinzukriechen.

Für uns Jungens von der „Bande" hatte gerade dieses Versteck „Lebensretter-Funktionen", vor allem bei unseren Blechdosen-Streichen. An der gesamten Ostseite des Gutsgartens führte die Herderstraße entlang, an der auf dieser Seite weiter zur Stadt hin auch der offizielle Zugang zum Park lag, gegenüber der Herderschule auf der anderen Straßenseite.

Den Garten trennte von der Herderstraße in seiner gesamten Länge eine über zwei Meter hohe alte, vollkommen undurchsichtige Hecke, die wir Stachelhecke nannten. Wir hatten riesigen Respekt vor ihr und hielten lieber Abstand.

Dieser Abstand war aber leider nicht möglich bei der Vorbereitung unseres Streichs. Dazu war es nötig, einen dünnen Faden durch die Hecke zu legen, dessen eines Ende bis auf die Steinplatten des Bürgersteigs reichte, das andere lag in unseren Händen im Garten. Das Fadenende auf den Platten des Bürgersteigs klemmten wir dann in eine leere Blechschachtel, in der damals teure Zigaretten oder Zigarillos verkauft wurden.

Immer wenn die Abenddämmerung hereinbrach und die abgedunkelten Straßenlaternen ihr spärliches Licht ausschickten, kam unsere große Stunde. Im Frühjahr und im Herbst war unser Spaß immer am größten, weil in der frühen Dämmerung des Abends in der Regel mehr Menschen unterwegs waren als in der gleichen, viel später einsetzenden Dämmerung etwa des Sommers, und so gerieten sie im Frühjahr und im Herbst öfter in Kontakt zu unserer Blechschachtel.

Einer von uns lief dann auf der Straße umher und stieß Warnlaute aus, wenn etwa unser gefürchteter Schulleiter Dobbeck des Weges kam. Der wohnte ja nicht weit entfernt und machte häufige Spaziergänge.

Kamen zwei Fußgänger auf die Schachtel zu und der eine sagte: „Oh, schau mal, was für eine schöne Schachtel“, bückte sich, und in dem Moment, in dem er sie aufheben wollte, zogen wir sie mit einem Ruck in die Hecke.

Die Reaktionen auf diesen Vorfall waren vielfältig. Sie reichten von dem naiven: „Na nu, was war denn das? Eben lag doch hier noch diese schöne Dose“, bis zu: „Da machen wohl irgendwelche Lorbasse hinter der Hecke einen Spaß.“

Kamen allerdings Soldaten vorbei, was hier oft geschah, weil die Kasernen in unserer Gegend vor der Stadt lagen, dann mussten wir unser Heil in der Flucht unter die Holzterrasse suchen. Wenn die Blechschachtel vor ihnen wegschepperte, riefen sie schon mal: „Na, wartet, ihr Bengels, gleich haben wir euch“, sprangen seitwärts über den Zaun und mussten ohne Erfolg wieder zurück auf die Straße, denn der Letzte von uns war eben zwischen den Büschen und unter der Terrasse verschwunden. Der Garten lag still und menschenleer vor ihnen.

„Huch, was war denn das, Mensch, hab ich mich erschrocken“, und „was schepperte denn hier so schaurig?“, fragte einmal eine ältere Dame ihre Begleiterin. „Ich hab nichts gehört“, sagte die andere alte Frau.

Uns jedenfalls hatte der Blechschachtel-Streich immer riesigen Spaß gemacht, und weil wir nie erwischt wurden, ist er unser Geheimnis geblieben.

Dr. Dobbeck wartete meine Zustimmung zu meinem Seidenraupen-Einsatz gar nicht erst ab, sie war ihm von vornherein klar. Er sagte nur noch, so als Zusammenfassung: „So tritt die Herderschule jetzt unserem Führer in dieser schweren Zeit gleich zweifach helfend zur Seite, mit Seidenraupen und Lazarett. Dein Klassenlehrer wird dich im Einzelnen weiter informieren. Jetzt gehst du erst mal wieder in den Unterricht.“

Ohne sein schnarrendes „Weggetreten“ also wurde ich entlassen, und das alles dazu noch mit einem ganz freundlichen Gesicht. So hatte ich den alten Dobbeck noch nie erlebt.

„Du weißt, Karl“, sagte der Biolehrer nach der nächsten Unterrichtstunde zu mir, und schon seinem Tonfall merkte ich an, dass es ihm ganz wichtig war, was er mir zu sagen hatte: „Du weißt, die Luftwaffe braucht unsere Seide für ihre Fallschirme, und so sind wir jetzt ganz aktiv auch am Endsieg beteiligt. Du erhältst einen Hauptschlüssel für die Schule. Das ist eine große Auszeichnung. Von deinem Fähnleinführer wissen wir, dass du ein zuverlässiger Junge bist. Als Jungenschaftsführer hättest du das schon mehrfach bewiesen. Deine Aufgabe wird sein, täglich Maulbeerblätter zu pflücken und die Raupen damit zu erfreuen.“

„Für einen Biolehrer haben die Raupen offenbar sogar menschliche Eigenschaften oder so etwas Ähnliches“, dachte ich.

„Mich wirst du da auch immer mal wieder antreffen, ich bin ja offiziell für das gesamte Projekt zuständig. Aber mit meinen anderthalb Beinen kann ich die vielen Treppen nach oben in den Zeichensaal nicht jeden Tag schaffen. Ich habe euch ja im Unterricht schon kurz darüber informiert, dass der linke Unterschenkel den harten Aufprall nicht ausgehalten hat, damals vor Warschau in den ersten Kriegstagen. Der Fallschirm hatte sich wohl etwas zu spät geöffnet.

Die Seidenraupen sind daher für unsere Luftwaffe lebensnotwendig, und für mich waren sie als Fallschirm meine Lebensretter. Für den nicht geretteten Unterschenkel können die fleißigen Raupen ja nichts, war halt ein technischer Fehler.“

„Man wird nur mit solcher Kaltschnäuzigkeit mit so einem Schicksal fertig“, meinte meine Mutter, als wir meinen Seidenraupen-Dienst zu Hause besprachen.

Das eiserne Gitter des großen Schultores war geschlossen, als ich am folgenden Tag mit einem Korb voller Maulbeerblätter meine neue Arbeit verrichten wollte. Während ich mit aller Kraft versuchte, den schweren Türdrücker herunterzuziehen, was mir nicht gelingen wollte, öffnete sich die Tür der Hausmeisterwohnung. Aber es erschien nicht unser neuer Hausmeister mit seinem immer forsch vorangeschwenkten Holzbein, sondern ein Soldat in Feldgrau mit einem umgehängten Gewehr.

„Na, Kleiner, was willst du denn? Schule ist nicht. Das hast du wohl vergessen. Geh man wieder nach Hause.“

Ehe ich noch etwas sagen konnte, schwang das Holzbein durch die Tür der Hausmeisterwohnung und mit seinem freundlichen Gesicht und einem angedeuteten Lied auf den Lippen erschien der Hausmeister. Er hatte wohl die Aufforderung des Wachmanns mit dem Gewehr an mich mitbekommen, doch lieber nach Hause zu gehen. Er stellte richtig: „Der Schüler Karl Stobbe ist für die nächste

Zeit einer der wichtigsten Schüler unserer geschlossenen Penne. Er versorgt die Seidenraupen oben im Zeichensaal. Anordnung vom Chef."

Mit festen Schritten und einem Gefühl von Größe durchschritt ich das nun für mich geöffnete Tor, vorbei an der Theaterszene eines in strammer Haltung salutierenden Wachsoldaten.

Dabei fiel mir sogleich ein, dass ich in solch gelöster und sicherer Haltung in den letzten dreieinhalb Jahren wohl nur ganz selten durch dieses Tor gegangen war. Denn von Unsicherheit und Angst war der Schulalltag jener Jahre immer begleitet, von der Angst vor der nächsten Klassenarbeit in Mathe oder dem Abfragen der Vokabeln in Englisch oder in den letzten Monaten auch in Latein. Es herrschte dazu im Unterricht fast immer eine geduckte Stimmung. Die Lehrer waren sehr streng und unnachsichtig, bestraften uns oft und schmerzhaft. Die meisten von ihnen waren alte Männer, die der Führer nicht mehr gebrauchen konnte. Sie wirkten verbittert, weil ihnen das Unterrichten wohl keinen Spaß mehr machte. Der Erdkundelehrer half mit dem Schlüsselbund nach, wenn einem der Name des Flusses oder der gefragten Stadt nicht augenblicklich einfiel, indem er mit dem Schlüsselbart seines größten Schlüssels den Hinterkopf des betreffenden Schülers mehrfach druckvoll hochstrich.

Ganz anders war der Hausmeister, hatte immer ein nettes Wort für uns, war immer ansprechbar, wusste über alles in der Schule Bescheid und stakste oft mit einem wohl selbst ausgedachten Text zwischen uns in den Pausen über den Schulhof. Wenn man genau aufpasste, dann klang sein Text so:

„Ich geb dir einen guten Rat
Geh nicht nach Stalingrad:
Auf zwei Beinen gehst du rein,
zurück kommst du auf einem Bein."

„Das ist sein Galgenhumor", hatte unsere Mutter festgestellt, als ich versuchte, ihr den Text, so gut ich konnte, vorzubuchstabieren. „Vielleicht ist es auch gleichzeitig eine verdeckte Dankbarkeit dafür, dass er aus der Hölle von Stalingrad noch herausgeflogen wurde. Man muss sich mal bewusst machen", meinte Mutter weiter, „was es für einen noch relativ jungen Mann bedeutet, sein ganzes vor ihm liegendes langes Leben mit dieser Verwundung, dieser Verstümmelung tagtäglich fertig zu werden. Er kann doch kaum einen handwerklichen Beruf mehr ausüben, und auch als Hausmeister ist er ja nur bedingt geeignet. Nimm mal an, er müsste aufs Dach des Anbaus, auf dieses Teerdach, um da ein Leck abzudichten."

„Dann helfen wir ihm selbstverständlich", war ich mir sicher.

Als ich nach der Raupenfütterung mit meinem leeren Korb den Wachsoldaten am Tor passieren wollte, trat er einige Schritte auf mich zu und sagte: „Na, hast deine Raubtiere gefüttert?" Er hatte wohl echt Langweile und stellte mir noch ein paar ernst gemeinte Fragen zu den Raupen. Er wollte wissen, warum gerade unsere Schule eine solche Raupenzucht betreibe. Seine vier Kinder hätten nie etwas von Seidenraupen an ihren Schulen berichtet. Er stammte aus dem benachbarten Allenstein.

„Hinterm Park auf der anderen Straßenseite, wo ich wohne, gibt es lange Maulbeer-Hecken. Mein Vater hat mir erzählt, dass dieses Land hier altes Gutsgelände gewesen ist. Im vorigen Jahrhundert hat der Gutsherr hier diese Hecken anpflanzen lassen. Wahrscheinlich hat er auch Seidenraupen gezüchtet. Früher soll das ein recht gutes Geschäft gewesen sein. Jetzt dienen wir damit dem Führer."

Ein Lächeln trat in das Gesicht des Soldaten, aber er sagte nichts. Irgendetwas Unerklärliches war für mich dabei in diesem Gesicht. Es war, als lache nur die eine Hälfte. Ich hatte wohl einen Moment zu lange in dieses Gesicht gesehen und den starren Blick des rechten Auges bemerkt.

„So guckt einer in die Welt, der nur noch ein Auge hat und wenn das zweite aus Glas ist", sagte er, immer noch lächelnd. „Irgendwo im Schützengraben vor Kiew bin ich es losgeworden. Brauchst nicht so traurig zu gucken, Kleiner, so ist der Kampf für Führer und Vaterland auch.“

Das schmiedeeiserne Tor hatte er inzwischen geöffnet. Nachdenklich ging ich mit meinem leeren Maulbeerkorb durch den kleinen Park nach Hause.

Wenn ich mich in den nächsten Wochen dem Tor näherte, war er schnell zur Stelle, öffnete und hatte offenbar Spaß daran, zu salutieren, während ich mit meinem neuen Grünzeug an ihm vorbeimarschierte. Ich nahm automatisch ebenfalls Haltung an.

Das Hauptgebäude der Schule lag ganz am anderen Ende des staubigen Schulhofes, den ich täglich überqueren musste. Das große Feuerwehrtor direkt neben dem Gebäude stand jetzt über Tag fast immer offen. Ein Laster nach dem anderen fuhr von dort aus vor das Hauptportal und wurde hier entladen.

„Heil Hitler, Peter und Lothar“, „Heil, Karl.“ Zwei Klassenkameraden. „Wir haben uns zum Helfen gemeldet, zum Tragen der Betten, Stühle und Tische und dem anderen Krankenhaus-Kleinkram. Das machen wir schon viele Tage. Das ist zwar teilweise ganz schön anstrengend, aber alles ist besser als Schule. Und wie geht’s deinen Raupen?“

Schon waren sie vollbepackt in unserer Schule verschwunden. Ich stieg wieder die Treppen hoch. Schon vor der Tür des Zeichensaales kam mir die Raupen-Wärme entgegen. Bisher war mir die erhöhte Temperatur des Raumes noch nicht aufgefallen, die die beiden Heizsonnen produzierten. Hochsommergrade im Zeichensaal. Die ersten Raupen begannen schon, an ihren Kokons zu spinnen.

Tage vergingen. Längst waren die Lastwagen abgelöst von den Krankenwagen mit den großen roten Kreuzen. Aus den Lazarettzügen, die häufig, wenn auch in unregelmäßigen Abständen, den Bahnhof passierten, mussten immer einige Verwundete in die Autos umgeladen werden. Dringende ärztliche Hilfe war der Anlass, sie in unsere Schule zu transportieren.

Vorbei an mir mit meinem grünen Maulbeerkorb trugen die Sanitäter die Verwundeten in unsere ehemaligen Klassenräume. Auch wenn ich nur einen flüchtigen Blick erhaschte, erschrak ich über das Aussehen eines Beinamputierten oder darüber, wenn auf der einen Seite des Verwundeten die Trage leer aussah, weil der Arm fehlte.

Auch das ist das Ergebnis des Kampfes für Führer und Vaterland, kroch es in mir hoch.

Furchtbare Szenen haben sich an den Bahnsteigen des Mohrunger Bahnhofs abgespielt, wie mir Klassenkameraden berichteten, die dort Dienst taten. Immer wenn die Tür eines Eisenbahnwagens aufgemacht wurde, um einen Verwundeten in das Krankenauto zu tragen, stürmten die vielen wartenden Flüchtlinge auf die offene Tür zu, in der Hoffnung auf einen Platz im Zug. Die Sanitäter aus dem Zug mussten sie – mit verständnisvollen Blicken – dennoch immer wieder zurückdrängen. Am Bahnhof blieben die bittenden Rufe der Mütter und das weinende Geschrei ihrer Kinder zurück.

Ich hätte mir damals im Herbst jenes Jahres niemals vorstellen können, dass wir selbst in wenigen Monaten als Flüchtlinge am Mohrunger Bahnhof auf den Eisenbahnwaggon in den Westen warten würden. Ich glaubte in kindlichem Vertrauen daran, dass die angekündigten Wunderwaffen demnächst zum Einsatz kämen und die russischen Horden in ihrem Vormarsch stoppen und wieder zurückdrängen würden.

Waren nicht vielleicht Teile dieses Wunders sogar in unserer Schule schon zwischengelagert worden …

Nur wenige Wochen noch dauerte mein Gang mit dem Maulbeerkorb hinauf in den Zeichensaal, vorbei an immer einem der zwei Wachsoldaten. Sie grüßten nicht mehr militärisch stramm. Wir winkten uns wie alte Freunde zu: Sie taktierten dabei mit ihren Karabinern, ich ließ meinen Korb ein paarmal in der Luft hüpfen.

Die gefräßigen Raupen, denen ich oft bei ihren immerwährenden Fressgelagen zugesehen hatte, waren alle verschwunden in ihren selbst gesponnenen Kokons. Auf der

Sammelstelle der Kreisleitung hieß es nur kurz und knapp: Jetzt helfen sie mit, den Endsieg auch aus der Luft zu erringen.

„Karl, wir brauchen dich", riefen Peter und Lothar mir zu, gerade als mein Raupeneinsatz sich dem Ende näherte, weil die Kokons fast alle gesponnen waren. „Du sollst dich morgen in der Parteizentrale melden, aber wir können dir ja deinen neuen Einsatz mit uns zusammen schon mal verraten. Nächsten Sonnabend sollen wir nämlich den schuftenden Kameraden bei den Panzergräben wieder die Post bringen. Wir haben das schon in der letzten Woche gemacht. War ein riesiges Abenteuer. Weil Horst krank geworden ist, der immer leicht so ein bisschen schlapp macht, brauchen wir wieder einen dritten Begleiter. Das wird dir unser Fähnleinführer alles noch genauer erklären. Er hat gemeint, du wärst ein zäher kleiner Pimpf, der auch gut zupacken kann und auf den Verlass ist. Deine Raupenzucht genießt in der Zentrale nämlich großes Ansehen."

So schloss sich mein nächster Einsatz beinahe nahtlos an die Raupen an. Sichtbar wurde darin – abgesehen von der mir offenbar zugesprochenen Eignung für Führer und Vaterland –, dass wir von unserem Untertertia-Jahrgang, also Peter, Lothar, Horst und ich, die ältesten noch in der Stadt verbliebenen Schüler waren. Alle höheren Jahrgänge von der Obertertia aufwärts waren zum Schippen der Panzergräben abkommandiert oder schon als Flakhelfer eingezogen.

Ich hatte große Lust auf das angekündigte Abenteuer. Die Erlebnisse mit den Seidenraupen waren doch eher von eintöniger Natur.

„Wieso kommen die nun ausgerechnet auf meinen kleinen Sohn für diese große Aktion durch Nacht und Wald in Richtung Nariensee!", klagte meine Mutter. Sie nannte mich immer nur ihren Kleinen, was ich nur ihr nicht übelnahm, weil ihr Tonfall Liebe transportierte. Außerdem war es eine liebevolle Verkleinerung der

Wirklichkeit, denn ich war ja das älteste und längste ihrer drei Kinder.

Als ich ihr über die Einschätzung meiner Raupenzucht bis „oben hin“ berichtete, gingen ihre Klagen in einen stolzen Ton über.

Meine Mutter teilte ja das Los aller Mütter jener Jahre: Sie musste ohne ihren Mann, unseren Vater, auskommen. Dabei waren wir noch in der glücklichen Lage, unseren Vater bis zum Anfang des Jahres 1943 zu Hause gehabt zu haben. Er war von seiner Behörde „uk-gestellt“, was mit „unabkömmlich“ zu übersetzen war. Sein Posten als Bauamtsleiter war als „kriegswichtig“ eingestuft. So musste er zunächst nicht Soldat werden. In der Folge des „totalen Krieges“ galten dann solche Bestimmungen plötzlich nicht mehr.

Unser Vater war nicht nur Leiter des Bauamtes von Mohrungen, sondern auch ein vollkommener Baumeister. Als ich nämlich mein gewünschtes Angora-Kaninchen schließlich geschenkt bekam, sagte er nur: „Jetzt muss dieses Edel-Kaninchen auch einen zu ihm passenden Stall erhalten. Den bauen wir am Wochenende.“

Unser Vater hatte in unserer kleinen Wohnung immer ein mobiles Reißbrett zur Hand. Ganz oft holte er es aus der Ecke, baute es auf und zeichnete den gesamten Abend weiter an irgendwelchen privaten oder öffentlichen Bauten, deren Baupläne als große Pergamentrollen sowieso in allen Ecken der Wohnung standen.

„Was zeichnest du denn nun schon wieder?“, wollte ich am Abend nach dem Kaninchenkauf wissen, als Vater mal auf einem leeren Blatt begann. Seine Gegenfrage lautete: „Willst du nicht für dein schneeweißes Kaninchen einen Stall haben? Sieh mal, der entsteht jetzt hier auf dem Papier.“ Und dann folgte ein Satz, den ich von ihm schon oft gehört hatte: „Merk dir, Karlchen, man muss immer vorher eine Zeichnung machen!“

Er fügte etwas hinzu, was ich damals nicht verstanden habe: Man müsse immer vorher eine Zeichnung machen, auch wenn es sich nicht um einen Kaninchenstall handele.

Schon drei Tage später war das Holz für den Stall auf dem Hof, ein Stapel heller Bretter und Latten. Alles schien mir irgendwie schon zugeschnitten. Die Frage stellte sich, ob das auch eine Folge der vorher gemachten Zeichnung sei.

Vater bestätigte meine Vermutung, als wir nach Feierabend darüber sprachen. Ich wusste, dass er gut befreundet war mit Herbert Makowski, dem Sägewerk-Besitzer. Dieses Sägewerk war offensichtlich Mohrungens größtes Industrie-Unternehmen. Herbert habe, sagte mein Vater, wohl seinen Vorarbeiter sofort angewiesen, alles Holz nach der Zeichnung zuzuschneiden, und versprochen, zwei seiner polnischen Fremdarbeiter mit dem Holz vorbeizuschicken, wie es denn ja auch geschehen sei.

Das Wochenende stand dann ganz im Zeichen des Holzbaus. Das schöne Aussehen des Stalls kannte ich schon durch die Zeichnung auf dem Reißbrett. Dennoch bestaunte ich als Hilfsarbeiter das Voranschreiten des Objekts in der Realität.

Wunderte mich auch über seine Größe. Vater hatte an eine Behausung nicht nur allein für den einen „Wollmann“ geplant, sondern für drei Bewohner, wie ich erst jetzt erfuhr.

Die Attraktion für mich war der große herausnehmbare Holzrost, der die Kaninchen-Ködel durchfallen ließ auf eine schräg darunter gebaute Holztafel, die ebenfalls zum Säubern herausnehmbar war.

Das Dach hatte vorne über den beiden Türen einen deutlichen Überstand, um die Tiere besser vor Wind und Regen zu schützen. Auch ein ausreichendes Stück Dachpappe war vorhanden. „Hat Makowski gleich mitgeliefert“, sagte Vater.

Am Ende des zweiten Stallbau-Wochenendes war die allseits bestaunte Kaninchen-Villa fertig. Nur der Maschendraht für die Türen und die restliche Vorderseite fehlte noch, was aber das perfekte Aussehen des Ganzen nicht beeinträchtigte. Nur Wollmann musste sich noch ein paar Tage gedulden.

Oft hat mein Vater mir, schon vor meiner Pimpfenzeit, wenn ich ihn, am Reißbrett sitzend, antraf, die beiden Typen von Architekten erklärt. Es gebe solche, die sich vorwiegend mit Bauberechnungen beschäftigten, und solche, die wie er lieber zeichneten. Er versuchte mir also mit einfachen Worten seinen geliebten Beruf darzustellen, weil er wohl wünschte, dass sein ältester Sohn ihm beruflich nachfolgen möge. Er hat mich in Mohrungen auf dieses Thema nie direkt angesprochen. Erst sehr viel später – nach meinem Abitur – hat er gemeint, ich solle doch noch mal genau überlegen, ob ich wirklich Lehrer werden wolle, wo doch sein Beruf gerade jetzt so sehr zu empfehlen sei. Er hatte mich zwar machen lassen. Überzeugt hatte ihn meine Berufswahl aber erst von dem Augenblick an, als ich nach soeben bestandenem Rigorosum am Telefon zu ihm sagte, er spreche gerade mit Doktor Karl Stobbe.

Aus seiner Freude am Zeichnen erwuchs wohl auch seine Aquarell-Malerei und auch seine grafische Leidenschaft. Realistische Landschaftsdarstellung war sein bevorzugtes Thema. Auf allen Ausflügen war er immer mit Tuschkasten oder wenigstens mit einem Skizzenblock unterwegs. Noch heute hängt in unserem jetzigen Haus seine letzte Ausstellung kolorierter Grafiken, aus den Sechziger- und Siebzigerjahren des vorigen Jahrhunderts.

Die als so wichtig erachtete Funktion unseres Vaters als Baumeister hatte noch eine befreiende Wirkung für unsere Mutter. Seit ihrer Königsberger Kindheit war sie eine regelmäßige Kirchgängerin und später auch immer ein Kirchenchor-Mitglied. In der gesamten NS-Zeit hat sie sich diese christliche Freiheit nicht nehmen lassen. Die Partei hatte dafür nicht das geringste Verständnis, ließ unsere Mutter aber gewähren. Wie mir unser Vater sehr viel später, nach dem Krieg, erzählte, hatten sich die Partei-Oberen von Mohrungen schließlich darüber lustig gemacht, dass der geachtete Bauamtsleiter eine so verbiesterte Ehefrau habe, die immer in die

Kirche laufen müsse. Da er ein so angesehener Parteigenosse war, wollte man aber über diese Schwäche hinwegsehen.

Ich konnte meine Mutter in die Kirche nie begleiten, selbst wenn ich es noch so sehr gewünscht hätte. Der Sonntagvormittag galt ausschließlich der Partei. Mindestens einmal im Monat fand die sogenannte Jugendfilmstunde statt. An solch einem Tag wurde das gesamte Mohrunger Fähnlein ins Kino abkommandiert, zu dem für uns Pimpfe aufbereiteten großen deutschen nationalen Heroismus, dessen lustige Seiten auch gezeigt wurden. Wir sahen Filme wie „Quax, der Bruchpilot“, die „Feuerzangenbowle“ mit Heinz Rühmann, oder „Reitet für Deutschland“ mit Willy Birgel in den Hauptrollen. Davor die Wochenschauen von inzwischen nicht mehr nur siegreichen, aber doch standhaften deutschen Armeen, die im Osten immer mal wieder eine „Frontbegradigung“ vornehmen mussten. Wenn man diese Begradigungen auf der Karte nachvollzog, was wir spätestens in Stolp, dem ersten Stopp auf unserer Flucht in den Westen, regelmäßig taten, dann wurde selbst dem größten Optimisten klar: Frontbegradigung war der NS-Euphemismus für Rückzug. Ablesbar an den kleinen Fähnchen, die den Frontverlauf markierten.

Stets war der Sonntagvormittag auch allen möglichen Feierstunden der Partei vorbehalten mit Aufmärschen und nicht enden wollenden Reden irgendwelcher Parteigrößen. Stets gehörte zu solchen Veranstaltungen auch der Fanfarenzug unseres Fähnleins, dem ich damals angehörte, was eine ziemliche Auszeichnung bedeutete. Wenn wir unsere Stücke geschmettert hatten, mussten wir während der gesamten meist viel zu langen Feierstunden vorne neben dem Rednerpult Stellung beziehen und dort stehend regungslos verharren, die Fanfare mit dem Runen-Fanfarentuch vor den Knien haltend.

Wer von uns zum zweiten Mal umfiel und hinausgetragen werden musste, war für den Fanfarenzug nicht geeignet, musste das Instrument wieder abgeben und in seinen „Jungzug“ zurückkehren.

Als wir das vorletzte Mal, es muss irgendwann im Frühjahr gewesen sein, wieder paratstehen mussten, hatte ich Peter kurz vorher gefragt, wie er das lange Stehen aushalte. Er gehörte als Einziger neben mir aus unserer Klasse zum Fanfarenzug und sah immer nach diesem Monsterstehen völlig normal aus. Ich litt dagegen tausend Qualen. Die Füße waren alsbald eingeschlafen, die Finger kribbelten und im Kopf summten die Bienen. „Karl", sagte er, „ich bin ständig in Bewegung, allerdings nur mit den Muskeln, hat mir mal einer aus der HJ geraten. Du musst vor allem die Bein- und Armmuskeln immer anziehen und wieder lockern, dann stehst du das wirklich leichter durch." Er hatte recht und meine Angst vorm Schlappmachen verflog schnell.

Jetzt also hing die Fanfare schon lange Monate im Flur an der Garderobe und war gegen den Maulbeerkorb eingetauscht und gegen die bevorstehende Versorgungsfahrt zu den Panzergräben schippenden Kameraden bei Allenstein.

Völlig unsinnig erschienen jetzt bei der immer näher heranrückenden Ostfront irgendwelche Parteiveranstaltungen zu Propagandazwecken. Der gesamte NS-Apparat schien sich auf die drängenden aktuellen Probleme eingelassen zu haben: Bewältigung der Flüchtlingsströme aus den Ostbezirken Ostpreußens – vor allem aus dem Memel-Gebiet – und die Versorgung von Verwundeten.

Als wir schließlich die vielen Päckchen und Pakete – aufgeladen am Mohrunger Bahnhof – nach wenigen Stationen südlich des Nariensees auf den kleinen Leiterwagen verladen hatten und die beiden etwas betagt aussehenden Pferde sich in Gang setzten, war die Sonne schon lange untergegangen und einer plötzlichen Dunkelheit gewichen. Geplant gewesen war eine Tagesfahrt. Der Zug, der uns am Nachmittag befördern sollte, war restlos überfüllt. Der dann angekündigte erschien überhaupt nicht. Auf Fahrpläne hatte die Bahn schon länger verzichten müssen. So begann unsere Reise nach stundenlangem Warten erst am frühen Abend. Peter und Lothar witzelten: „Statt hier auf dem Bahnhof ewig zu warten, hätten wir ja in der Zeit zu Fuß zum Nariensee gehen können." Ein paar Mal musste der Zug – meist auf offener Strecke – auch noch anhalten aus Gründen, die nicht genannt wurden.

An der Haltestelle am Nariensee standen schon große Haufen älterer Männer, mit Schaufeln und Spaten bewaffnet. „Wir sind nach Willnau zum Schippen abkommandiert. Der ganze Volkssturm ist auf den Beinen", erklärte uns einer von ihnen. Weil wir etwas ungläubig guckten, meinte er noch: „Ihr habt wohl noch nicht gemerkt, dass ganz Ostpreußen schippt oder das, was noch von Ostpreußen übrig ist. Vom Pimpf und BDM-Mädel bis zu uns Alten vom Volkssturm. Alles ist Befehl von Gauleiter Koch, der aus Ostpreußen eine Panzergräben-Landschaft macht. Damit will er den russischen Vormarsch stoppen." So waren auch wir wieder politisch auf dem Laufenden.

„Wie lange brauchen wir denn?", fragte ich. „Na, so gut anderthalb Stunden", antwortete „Kutscher" Hans aus der Klasse über uns, inzwischen zum Jungzugführer ernannt. Manches Mal hatte er früher schon mit den Reimännern und uns gespielt. Der große Hof seiner Eltern grenzte an Reimanns Besitz. Er konnte schon von klein auf mit Pferd und Wagen umgehen, was unserer Fuhre jetzt zugutekam auf den Sand- und Schotterwegen, die wir gerade erreichten.

Auf dem Kutschbrett vorne war nur noch für zwei von uns Platz, der dritte musste sich hinten zwischen die Pakete quetschen. Also wurde nach altem Brauch geknobelt mit „Stein, Papier, Schere". Ich verlor und wurde zwischen die Pakete geknobelt.

Die Abenddämmerung war inzwischen vollständig hereingebrochen, als wir das riesige Waldgebiet vor Güldenboden erreichten. Wir bogen an einer Wegkreuzung, wo alte halb verblichene Holzschilder versuchten, immer noch eine bestimmte Richtung anzuzeigen, in den Waldweg nach Güldenboden ab. Den Wegweisern war das nicht mehr zu entnehmen, aber Hans kannte ja den Weg. Erst jetzt bemerkte ich unter dem Sitz von Hans das Gewehr, einen richtigen Karabiner, wie ich ihn bei den Wachsoldaten am schmiedeeisernen Tor unserer Schule gesehen hatte.

„Hier soll es überall Partisanen geben", sagte Hans, so ruhig, als spräche er über die morgendliche Zuteilung der Vierfruchtmarmelade beim Frühstück. Trotzdem stieg eine kalte Angst in mir hoch.

„Aber gesehen hat sie noch keiner", fuhr Hans fort. „Nur manchmal sind in der Nacht Schüsse zu hören, die sich bisher immer als Angstschüsse erwiesen haben, abgegeben von den rund ums Lager eingeteilten Posten. Die Jungs haben sofort Schiss in der Hose, wenn irgendwo in ihrer dunklen Nähe ein Uhu startet oder ein Reh im Unterholz raschelt."

„Da war eben ein schwarzer Schatten vorne rechts vom Weg unter den beiden dicken Tannenbäumen", stieß Peter mit völlig veränderter Stimme hervor. „Nun scheiß dir man nicht gleich in die Hosen, Kleiner", beruhigte ihn Hans, während er gleichzeitig „Baldur" in die Nacht rief, das heutige Losungswort. Tatsächlich löste sich aus den Tannen eine Gestalt und wünschte so etwas wie gute Weiterreise, jedenfalls klang es mir so. In seiner schwarzen HJ-Uniform war er besonders gut getarnt. Das Gewehr in beiden Händen haltend, rief er noch hinter uns her: „Hans, sag mal, sie sollen mich bald ablösen!"

Mensch, dachte ich im Stillen bei mir, wie der das hier im Stockdunkeln aushält! Ohne Schiss in der Hose, das könnte ich nicht. Laut sagte ich nichts.

An eine flächendeckende Dunkelheit waren wir alle in jenen Kriegsjahren gewöhnt. Das Wort und die Realität „Verdunklung" hatten einen hohen militärisch-politischen Wert, der unser Leben nach Sonnenuntergang tagtäglich bestimmte, dem sich alle Tätigkeiten unterzuordnen hatten. Alle Motorfahrzeuge trugen Kappen vor ihren Scheinwerfern, die jeweils nur einen Lichtstreifen zuließen, was auch für Fahrräder galt.

So fuhren auch wir in unserer Postkutsche ohne jegliche Beleuchtung durch den schwarzen Wald bei Güldenboden. Hier zwischen den Bäumen war die Dunkelheit noch bedrückender als zu Hause in Mohrungen, wo es noch ein wenig Licht von den ebenfalls stark abgedunkelten Straßenlaternen gab.

Selbst wenn die Sterne hinter den Wolken mal kurz zum Vorschein kamen, erzeugten sie ein gruseliges fahles Licht, das überall um uns herum Gespenster tanzen ließ.

Zwischen Staunen und Angst schwebend, saß ich immer noch hinten auf den Paketen.

Gesprochen wurde ganz wenig. Nur die knarrenden Fahrgeräusche des Leiterwagens und das gelegentliche Schnaufen der gleichförmig vorwärts wackelnden Pferde waren unsere akustischen Begleiter.

„Jetzt sind wir gleich da." Und tatsächlich konnte ich erleichtert hinter der nächsten Kurve die Umrisse eines Gebäudes schemenhaft zwischen den etwas zurücktretenden Bäumen erahnen.

„Gut, dass ihr nun endlich da seid. Dann kann der UvD gleich noch die Post austeilen. Die sind gerade fertig mit dem Abendbrot. Ihr bringt den lang erwarteten Nachtisch." Der Leiter des Schipp-Einsatzes hatte uns also gleich am Eingangstor in Empfang genommen. Es war ein schon etwas in die Jahre gekommener, am linken Arm verwundeter Feldwebel, der daher keinen Frontdienst mehr leisten konnte und seinen restlichen Arm in einem Schultertuch umhertragen musste. Auf seinen irgendwie melodischen kurzen Pfiff, der laut zwischen den im Mund steckenden Fingern hervortrat, erschien eine ganz junge SS-Charge, nahm Haltung an und bekam den Auftrag, die Pakete und Päckchen zu verteilen.

Wir wurden entlassen mit den Worten: „Seht mal zu, dass ihr noch was zu essen kriegt." Und wir bewegten uns ganz schnell in Richtung des klappernden Geschirrs aus der Küche.

Die erst wenige Jahre alte, etwas zu groß geratene Schule in Güldenboden, zusammen mit der Schulleiterwohnung und einer nahe gelegenen Scheune, waren die ausreichenden Räumlichkeiten für unsere Schippaktion.

Fast hundert Schüler unseres Gymnasiums, ergänzt durch die beiden obersten Klassen der Mohrunger Mittelschule, mussten ja untergebracht werden.

Für die Kuriere, also für uns, gab es ein hartes Matratzenlager gleich neben der Wachstube, in der die ganze Nacht eine funzelige Lampe brannte. An Schlaf war nicht zu denken. Ständig knallten die Türen und die Wachablösungen fanden mit großem Krach statt. Vielleicht war es auch in Wirklichkeit gar nicht so laut, es kam mir aber so vor nach der fast lautlosen Fahrt durch den Wald. Ich muss dann schließlich doch eingeschlafen sein, denn als ich wieder zu mir kam, fing es schon an zu dämmern. Als ich vom Pinkeln wieder zurückkehrte, wurde ich ungewollt Zeuge einer typischen HJ-Lager-Szene: Zwei aus der Wachstube, es waren zwei Obertertianer unserer Schule und hier als Jungzugführer tätig, hatten sich mit Zahnpastatuben versorgt. Sie schlichen gerade wie Max und Moritz zu meinen beiden noch selig schlafenden Kameraden Peter und Lothar. Mit kräftigem Druck auf die Tuben pressten sie möglichst viel Pasta in eins der Nasenlöcher der Schlafenden. Die schossen mit großem Geschrei von ihren Matratzen hoch, unter dem höllischen Gelächter der Wachhabenden. Peter und Lothar stürzten gleich weiter in den Waschraum, um das Zeugs möglichst schnell aus ihren Nasen zu kriegen.

„Das ist hier bei uns immer die Taufe der Kuriere, sei froh, Karl, dass du gerade nicht da warst. Du bleibst uns aber." Ich war froh. „Das brannte in der Nase wie Feuer, es konnte einem speiübel werden", war der Kommentar der beiden mit Rache in ihren Mienen.

Auf der Rückfahrt zur Eisenbahnstation am Nariensee beförderten wir nur eine geringe Menge an Paketen und Jutebeuteln. Diese „Post Zurück" bestand wohl nur aus dreckiger Kleidung aus den Panzergräben für Mutters Waschtag.

Was für ein einsamer märchenhafter Weg durch den Wald war doch die Fahrt bei Tageslicht. Oft standen die Bäume so dicht an dem schmalen Weg, dass wir durch einen rauschenden Blättertunnel fuhren, der auch das Tageslicht ganz stark dämpfte und nur hin und wieder einen Strahl Sonne zu uns durchließ. Dann ließ die Sonne die Blätter im hellen Licht tanzen. Spontan fiel mir das Ostpreußenlied ein, das wir bei unserer Mutter gelernt hatten und das auch hin und wieder beim Jungvolk angestimmt wurde:

„Land der dunklen Wälder
und kristall'nen Seen,
Über weite Felder
lichte Wunder geh'n ..."

Schon der erste Vers dieser ersten Strophe des Liedes gab genau unsere Situation auf dem Leiterwagen wieder. Manchmal schimmerte das Wasser des Sees kurz durch die Bäume. Dass mir dieser Text gestern Nacht nicht eingefallen war, kann ich nur auf meine alle Sinne beherrschende Angst zurückführen. Da war der Wald nun wirklich dunkel und schwarz. Auch die „lichten Wunder" hatten auf der Nachtfahrt gegen die Enge in der Brust keine Chance.

Auffallend war, dass wir weder auf der Hinfahrt noch jetzt zurück Hasen, Rehe oder Hirsche entdeckten. Sie hatten sich offensichtlich aus den Schippgebieten zurückgezogen. Ganz zu schweigen von den „Elchen", die nur im Gedicht „steh'n und lauschen in die Ewigkeit".

Das Sammeln von Heilkräutern und das Attentat auf Adolf Hitler sind in meiner Erinnerung eng miteinander verknüpft. Einige Minuten war es erst her, dass unsere alte Nachbarin, Frau Berg, meine Mutter und mich bewundernd gefragt hatte: „Na, Frau Stobbe, sammeln se wedder Heilkräuter?" Überall nämlich auf den großen Grasflächen um unser Haus herum wuchs genug wilder Sauerampfer, der vom Dritten Reich als Heilkraut gebraucht werden sollte. Jetzt riss die alte Frau mit voller Wucht, die ich ihr nie zugetraut hätte, ihr Küchenfenster auf und schrie krächzend zu uns heraus: „Frau Stobbe, Frau Stobbe, stellen Sie sich vor, auf unseren Führer ist gerade eben ein Attentat verübt worden. Gott sei Dank hat er überlebt, wenn auch leicht verletzt. Die Vorsehung, Frau Stobbe, die Vorsehung hat ihn gerettet. Die Vorsehung hat wohl noch viel mit ihm und uns vor." Die alte Frau sollte recht behalten.

Auch meiner Mutter standen zunächst der Schreck und dann die Erleichterung ins Gesicht geschrieben, als wir zu unserem Volksempfänger in die Wohnung rannten. Das Radio hatte den ganzen Tag nur dieses eine Thema: Der Führer lebte. Ich hatte die Bedeutung der Vorsehung bisher nicht verstanden, die in seinen Führerreden immer vorkam. Jetzt dämmerte mir, dass sie sogar die Kraft besaß, ein Attentat unschädlich zu machen.

Frau Berg meinte noch im Hausflur zu uns: „Er hat immer an die Vorsehung geglaubt, nun hat sie ihm tatsächlich geholfen."

Ich saß nach dieser Aufregung sofort vor unserem Radio, weil ich unbedingt wissen wollte, wie das passieren konnte. Immer mal wieder war glaubhaft erzählt worden, der Führer lebe schon jahrelang in einer riesigen Bunkeranlage in den dichten Wäldern bei Rastenburg. Nur gerade mal hundert Kilometer östlich von Mohrungen. Die Gerüchte besagten weiter, dass kein Mensch unerlaubt in diese gewaltige Festung eindringen könne. Wie also war es möglich, dass jemand mit einer Bombe unmittelbar bis zu Hitler durchdringen konnte? Vorbei an all den vielen Kontrollpunkten, die das Areal in mehreren Ringen sicherten. Erst als offiziell bestätigt wurde, dass die Sprengladung sich in der mitgeführten Aktentasche eines hohen Offiziers befand, der zur täglichen Lagebesprechung ins Führerhauptquartier befohlen war, wurde der Vorgang auch für mich etwas durchsichtiger.

„Stellen Sie sich vor, Frau Stobbe, der Attentäter ist ein hoher Offizier des Generalstabs, wie gerade durchgegeben wurde. So ein Offizier aus einem alten deutschen Adel, von Stauffenberg oder so ähnlich soll er heißen. Sind die denn alle verrückt geworden. Auf den Führer vereidigt und ihn dann umbringen."

Auch mein nationalsozialistisches Weltbild erhielt einen tiefen Riss. Warum wollten sie den Führer denn töten? Es wurde gerade auch bekannt gegeben, dass es sich dabei um eine große Gruppe sogar von Generälen und hohen Parteigenossen handele, die diese „Verschwörung“ schon lange geplant hätten. Vieles passte in meinem Kopf jetzt nicht mehr zusammen.

In mir stieg die Erinnerung an die gut vor einem Jahr erlebte Aufnahme-Überprüfung für die NAPOLA (Nationalpolitische Erziehungsanstalt) in Stuhm hoch, bei der ich eine Woche lang neben vielen Sportarten und damit verbundenen Mutproben in die Grundfesten von nationalsozialistischem Gedankengut eingeführt wurde. Diese intensive Schulung im Sinne des Dritten Reiches beschwor das genaue Gegenteil des gerade im Attentat gezeigten Verhaltens. In diesem Zusammenhang war, so glaubte ich mich jetzt genau zu erinnern, von der absoluten Treue selbst des einfachen Soldaten zu Führer und Vaterland die Rede. Unsere SS-Lehrer nannten das damals „Gefolgschaft in Nibelungentreue“ oder so ähnlich. Das sollte wohl ausdrücken, dass schon bis in die Zeit des Mittelalters in Deutschland die unbedingte Treue und Gefolgschaft gegolten haben. Und aus der Gegenwart wurde dann immer der Satz zitiert: „Führer befiehl, wir folgen dir.“

All diese Gedanken ließen mich ratlos allein. Nichts von dem gerade Erlebten passte mit dem in Stuhm Gelernten zusammen.

Was war ich damals nur stolz, dass ich für die NAPOLA ausgesucht und zu dem Lehrgang eingeladen worden war. Sehr ernüchtert kam ich allerdings von dieser Veranstaltung wieder nach Hause. Die dort verlangten Sportarten waren nicht die von mir geliebte Dreier-Disziplin der Leichtathletik: Laufen, Werfen und Springen. Ich war wohl schon als zehnjähriger Pimpf so gut in diesen Sportarten, dass ich in der Auswahl-Mannschaft für die Gebietswettkämpfe mitmachen durfte. Der Grund für meinen Einsatz schon als Zehnjähriger war die altersgebundene

Vergabe der Punktzahl für die jeweilige Leistung, in etwa so, wie das später noch bei den Bundesjugendspielen gehandhabt wurde. Da erreichte meine Leistung von drei Meter fünfzig beim Weitsprung – als Beispiel – die gleiche Punktzahl wie der Fünf-Meter-Fünfzig-Sprung eines Vierzehnjährigen.

Hier auf dem Auswahllehrgang für die NAPOLA galten andere Sportarten: nämlich Boxen, Ringen und Klettern. Geboxt wurde zum Beispiel stur nach dem Alphabet, so musste ich gegen einen Kameraden antreten, der gut einen Kopf größer war als ich und mindestens zehn Pfund mehr auf die Waage brachte. Aufgrund meiner so viel geringeren Reichweite hatte ich nicht die Spur einer Chance, bei ihm einen Treffer zu landen. Er hat mich fürchterlich verprügelt. Erst als mir das Blut in größerer Menge aus der Nase lief, brach der SS-Lehrer den ungleichen Kampf ab. Erst habe ich mich nur geschämt, weil nicht nur das Blut aus der Nase lief, sondern auch die Tränen aus den verquollenen Augen. Später entstand daraus dann eine unendliche Wut auf diesen blutrünstigen „Lehrer“ und das ungerechte Alphabet. Während des Lehrgangs hat mein Boxpartner mich nie auf den ungleichen Kampf angesprochen. Hätte er nicht wenigstens sagen können: „Karl, was hätte ich machen sollen?“ Ausgeschlossen! Jeder wollte hier Sieger sein. Auch die Leitung des Lehrgangs suchte nur Sieger.

Ständig mussten während des Lehrgangs Mutproben abgeliefert werden. Zwei sind mir besonders im Gedächtnis geblieben. Es gab da in der Nähe des Anwesens eine große Scheune. Die Aufgabe war nun, auf den Querbalken in der Dachkonstruktion zu klettern, in die Mitte des Balkens zu balancieren, sich dort auf den Bauch zu legen und den kräftigen Balken so der Länge nach liegend zu umrunden. Unter dem hilfreichen Zuruf der SS-Chargen von unten: „Nun mach mal zu, du schlapper Sack!“ wurde fast jedem von uns mit einer langen Stange so lange ins Kreuz gestoßen, bis wir den Balken komplett umrundet hatten und wieder auf dem Bauch lagen. Danach durften wir von der erheblichen Höhe herunterspringen auf den Lehmfußboden der Scheune, der nur mit einer dünnen Strohlage bedeckt war.

Unsere zweite mir im Hinterkopf verbliebene Mutprobe war eine bühnenreife Theaterszene voll drohender Dramatik für uns Pimpfe.

Wohl eben nach Mitternacht schepperte damals die Sirene, deren Ton schon jeden Morgen Gänsehaut bei mir hervorrief. Aus den Lautsprechern tönte dazu der Befehl: „Sportzeug überziehen und blitzschnell das Haus verlassen!“ Die Ausgänge im Erdgeschoss seien aber alle von den aus dem nahe gelegenen Lager ausgebrochenen polnischen Kriegsgefangenen besetzt worden. „Die wollen uns alle als Geiseln nehmen. Ihr müsst über den Balkon des ersten Stocks das Haus verlassen und euch in die Büsche schlagen und verstecken.“

Eine totale Hektik brach aus. Alle versuchten, gleichzeitig auf den Balkon zu gelangen und über die Brüstung zu klettern. Hier hingen an drei verschiedenen Stellen dicke Hanfseile, über die es nach unten ging. Mit festem Griff rutschte ich mit einem Schwung das Seil hinab. In der allgemeinen Aufregung hatten fast alle von uns vergessen, Hand über Hand hinabzuklettern. Mit schmerzverzerrten Gesichtern zeigten wir uns gegenseitig unsere aufgerissenen blutenden Handflächen und rannten zum Brunnen auf dem Hof, um die brennenden Hände im kalten Wasser abzukühlen.

Und jetzt schnell verstecken, damit uns die Polen nicht finden. Kaum hatte ich mich zwischen zwei dichten Büschen verkrochen und meine Hände mit Taschentüchern umwickelt, was den Schmerz ein wenig zu lindern schien, da packten mich zwei kräftige Arme und warfen mich mit dem Gesicht nach unten auf den Boden. Es waren offenbar zwei Mann. Sie fesselten zunächst nur meine Arme und schoben mich in den nassen Kellerraum eines Nebenhauses. Jetzt wurden auch noch meine Beine umwickelt, sodass der reglos stehende Kokon fertig war. Ich erhielt einen Stoß und schlug der Länge nach auf den Kellerfußboden auf, was ich noch bis heute an Hinterkopf und Rücken als besonders schmerzhaft erinnere. Als ich auf dem Kellerboden etwas zur Ruhe kam, schoben die Polen einen meiner Stubenkameraden in meine Kellerecke.

Dabei sah ich die beiden Polen zum ersten Mal von vorne. Sie hatten schwarze Tücher vor den Gesichtern, die nur die Augen frei ließen, und trugen an ihren dunklen Jacken das von der Partei geforderte Polenabzeichen, ein großes „P“ in einem gelben Quadrat.

Ganz langsam füllte sich der Kellerraum und die Sicht wurde besser, weil die Augen sich inzwischen an die Dunkelheit gewöhnt hatten. Ich konnte schwach erkennen, dass hier der halbe Lehrgang gefesselt am Boden lag. Das ließ die Angst schwinden. Eine ruhige kleine Freude entstand, als aus einer anderen Ecke das Stöhnen aufhörte und einem unterdrückten Freudenschrei wich: „Ich hab die Füße schon frei, gleich schaff ich auch die Arme und dann befrei ich euch alle.“

Einige Zeit später wurde die Kellertür aufgerissen und einer unserer SS-Lehrer brüllte herein: „Der Volkssturm aus Stuhm hat alle ausgebrochenen Polen wieder eingefangen. Wir sind wieder Herr der Lage. Ich binde euch jetzt alle los.“

„Ist schon geschehen, Herr Gruppenführer“, entgegneten wir mit verstohlener Freude. Wir sollten die SS-Leute so nennen, weil sie wohl unterschiedliche Dienstgrade waren und wir sie ständig unkorrekt angeredet hatten. Sie hatten irgendetwas mit „Scharführer“ zu tun, Ober- oder Unter- …

„Nicht mal richtig fesseln können die Polacken ihre Gefangenen“, meinte der SS-Mann, still vor sich hinschmunzelnd. In den Tagen davor hatte ich den noch nicht so gelöst und fröhlich gesehen. Als wir schließlich auf dem Weg in unsere Betten waren und die nächtliche Angst sich verzogen hatte, dämmerte es mir, dass wir in einem gut inszenierten Theaterstück mitgespielt hatten. Wenn auch nur für eine kurze Zeit, hatten wir das Theater für eine uns bedrohende Lebenswirklichkeit gehalten. Für uns parteigläubig erzogenen Pimpfe war es doch ganz abwegig, anzunehmen, dass die Ausbilder uns so belügen könnten.

„Wahrscheinlich gibt es nicht einmal das Polenlager in der Nähe“, beruhigte ich mich, während meine Hände immer noch wie Feuer brannten.

Meine Eltern sahen die immer noch zerfetzten Handflächen und waren empört über die „Behandlung“ ihres Sohnes. Mein Vater muss der Zentrale einen recht deutlichen Brief geschrieben haben. Er hat ihn mir nie gezeigt. Jedenfalls haben wir von Stuhms NAPOLA nie wieder gehört.

Aus Veröffentlichungen der Nachkriegszeit weiß man heute, dass die NAPOLA Stuhm dort auch nicht mehr lange existiert hat, sondern bald danach nach Plön, also nach Schleswig-Holstein, evakuiert wurde.

Die Evakuierung sollte unsere Familie in Kürze auch ganz persönlich einholen. „Mama“, rief meine kleine Schwester Doro eines Morgens. „Mama, ich habe gerade eben Tante Luise aus Königsberg, Traute und das Baby im Kinderwagen gesehen, aber die wollen nicht zu uns. Die sind in den Flur nach nebenan gegangen.“ Unsere Mutter war wie elektrisiert augenblicklich zur Stelle. Lief vor die Haustür, während sie in liebevollem Ton sagte: „Ach, Dorochen, die Tante ist so lange nicht bei uns hier zu Besuch gewesen. Die will natürlich zu uns, die hat sich doch nur in der Tür geirrt.“

Schon lagen sich die beiden Schwestern in den Armen. Aber irgendetwas war anders als sonst. Die Tante hatte Tränen in den Augen, aber Freudentränen schienen mir das nicht zu sein. Unsere Mutter wirkte wie versteinert, streichelte das Gesicht ihrer Schwester und sagte: „Ach, ihr Ärmsten, ihr Ärmsten!“ Und etwas später: „Aber ihr lebt, ihr seid der Hölle entkommen. Nun kommt erst mal rein und berichtet!“

Erst jetzt fiel mir auf, dass die sonst immer so großstädtisch angezogene Tante – Mutters Worte aus der Vergangenheit – einen im Rückenteil eingerissenen Mantel trug. Überhaupt machte sie – bei genauerem Hinsehen – auf mich einen völlig veränderten Eindruck. Ihre Haare hingen in Strähnen im Gesicht, völlig ungewaschen sah sie aus. Sogar mit schwarzen Flecken im Gesicht und an den Händen.

„Die Tante sieht aus, wie ich das nur aus den Wochenschauen der sonntäglichen Jugendfilmstunde kenne", schoss es mir durch den Kopf. Dort wurden Russen, Polen oder Franzosen nach Großangriffen der deutschen Luftwaffe gezeigt, und ganz ähnlich sah jetzt unsere Tante Luise aus. Nie hätte ich es für möglich gehalten, dass uns so etwas auch passieren könnte. Immer austeilen, nicht erleiden, war uns gerade erst im Lehrgang für die NAPOLA erzählt worden, aber auch schon dort hatte ich erfahren müssen, dass das nicht die ganze Wahrheit war.

Das Baby im Kinderwagen schrie, nur Doro und Traute waren schon fröhliche Puppenmütter.

Als Tante Luise die Tränen auch aus ihrer Stimme gewischt hatte, sagte sie nur das eine Wort: „Ausgebombt!" Inzwischen hätte es dieses Wortes nicht mehr bedurft. Ich hatte begriffen: Jetzt hat der Krieg auch in unser verschlafenes Mohrungen Einzug gehalten. Ganz unmittelbar und persönlich war er zu uns Stobbes in die Herderstraße gekommen.

„Die Bombenteppiche des ersten Nachtangriffs vom 26. auf den 27. August hatten unser Mietshaus nur am Dach beschädigt. Wir konnten noch in unsere Wohnung zurück und haben noch zwei unruhige Nächte in unseren Betten zu schlafen versucht", berichtete Tante Luise stockend.

Ich habe diese Bomber gesehen, so als Schatten, wenn die Sterne mal durchkamen zwischen den Wolken und auch die Mondsichel ihr funzliges Licht zeigte, war mir noch total gegenwärtig. Eine filigrane riesige Menge an schwarzen Ungetümen bewegte sich über uns hinweg, von Westen nach Osten, Richtung Königsberg, während Günther Masuch und ich unter ihnen durch die dunkle Stadt als sogenannte Meldegänger auf unseren Fahrrädern zum Mohrunger Rathaus unterwegs waren. Die Alarmsirenen wollten gar nicht wieder aufhören zu heulen, was die

Angst vor den schwarzen Gespenstern am Himmel noch verstärkte.

Günthers Vater war der Polizeichef der Stadt und hatte gemeint, wir sollten ihm behilflich sein, wenn etwa die eine Telefonleitung versagte. Wir könnten ja ohnehin nicht schlafen während des Alarms.

„Sprich weiter", forderte unsere Mutter die Tante auf. „Du musst dir all das Furchtbare von der Seele schaffen."

Tante Luise nickte und sprach ganz leise weiter, als spräche sie nur zu sich selbst: „Der zweite flächendeckende Großangriff der britischen Bomber drei Nächte später löste in ganz Königsberg ein Inferno aus. Als wir aus dem Bunker kamen, bestand unser Stadtteil fast nur aus Schutt und Asche und auch unser Mehrfamilienhaus war dem Erdboden gleichgemacht. Wir mussten noch lange nach dem Angriff im Bunker ausharren, weil die Spreng- und Brandbomben in vielen Straßen Feuerstürme verursacht hatten. Unvorstellbar grauenhafte Szenen müssen sich da in den Straßen ereignet haben, bei denen Frauen und Kinder, die sich in Sicherheit bringen wollten, in solch einen Feuersturm gerieten und qualvoll als lebende Fackeln zugrunde gingen, zu Asche zerfielen. Unser pensionierter Nachbar aus der Parterre-Wohnung, den sie noch auf seine alten Tage der Feuerwehr oder dem Luftschutz zugeteilt hatten, hat uns das berichtet."

Als alter Schulmeister könne er die historische Katastrophe nur beweinen, habe er gemeint. Sämtliche historischen Gebäude der Altstadt mit ihrer unersetzlichen Ausstattung seien zerstört, der Dom, das Schloss, die Universität bis ins berühmte Speicherviertel hinein.

„Das hat Papa doch gemalt, im Wohnzimmer hängt das Speicherbild", rief Joachim dazwischen.

„Ja, was für ein Glücksfall, Joachim, du hast recht. Der Papa hat das Bild als Teil seines Architektur-Examens gemalt. Er hat allerdings nicht das gesamte Viertel gemalt, sondern sich nur ein besonders schönes Bauwerk ausgesucht."

Ganz besonders schmerze ihn, habe der alte Schulmeister und ehemalige Deutschlehrer noch hinzugefügt, dass auch die Löbenichtsche Langgasse nicht mehr existiere. Hier habe Heinrich von Kleist gewohnt und den „Zerbrochenen Krug“ vollendet. Und nun sei nicht nur der Krug zerbrochen.

Die Zwangsevakuierung von Königsberg nach Mohrungen in die Herderstraße bedeutete für uns alle, ganz eng zusammenzurücken. Unsere kleine Drei-Zimmer-Wohnung war für zwei Erwachsene und fünf Kinder schon eine echte Herausforderung und schon eine vorauseilende Übung für zukünftige Wohnverhältnisse in einem kleinen Raum. Doch davon hatten wir zum jetzigen Zeitpunkt noch keine Ahnung.

„Nie mehr nach Königsberg, nie mehr nach Palmnicken“, jammerte ich vor mich hin, als ich zu verstehen versuchte, was uns die Tante gerade über ihre zerbombte Stadt geklagt hatte. Seit einigen Jahren gehörten Königsberg mit den Großeltern, auch mit Tante Luise und Onkel Kurt, und die Weiterfahrt an die Samlandküste vom Nordbahnhof aus zu den schönsten Ferienzielen für uns Kinder. Dieses Jahr hatten wir schon darauf verzichten müssen, weil Oma und Opa schrieben, die Zeiten seien momentan zu unsicher, immer wieder seien Luftangriffe zu befürchten. Dem allen sollten wir uns nicht aussetzen.

„Karlchen“, schrieb der Opa, „bald ist der Krieg gewonnen, dann fahren wir wieder in euer Häuschen nach Palmnicken, zum Bernsteinsuchen und zum Baden in der Brandung.“

„Ach, der Vater mit seiner optimistischen Haltung“, meinte seine Tochter, unsere Mutter, dann immer.

Ich jedenfalls mochte den Opa sehr gerne leiden. Was haben Joachim und ich mit ihm für gewaltige Sandburgen gebaut, die dann am nächsten Tag zu Wasserburgen erweitert wurden. Offenbar haben diese sandigen Kunstwerke, nicht nur während wir als Baumeister tätig waren, bei den Strandnachbarn große Begeisterung ausgelöst, sondern auch über Nacht waren sie unzerstört geblieben. Damals am Strand überdauerte das Schöne noch.

Die ganze Straßenseite, auf der auch die Wohnung von Oma und Opa lag, war fast unzerbombt stehen geblieben, wie die Tante uns versicherte, sie gehörten zu den wenigen Glücklichen im gesamten Stadtteil. In den schmalen Innenhöfen, in denen es weder Baum noch Strauch gab, hatten es die Brandbomben wohl schwerer als um einige Ecken stadteinwärts bei Tante Luises Haus mit den vielen Holzverschalungen.

„Auch die uralte Eckkneipe ist weg, nur noch ein kleiner Trümmerhaufen", sagte Tante Luise. „Da hast du doch oft Bier in der Kanne für den Opa geholt. Weißt du das noch?" Natürlich waren mir die Biergänge unvergessen, schon weil es auch immer ein halbes Dittchen von Opa als Belohnung gab. Ich erinnere mich sogar noch an einige Worte, die der alte Wirt hinter seinem Tresen und aus seinem dicken Bauch heraus oft zu mir sagte: „Na, du kleiner Lorbass, hat der Opa wieder großen Durst! Grüß ihn von mir!"

All die fröhlichen Erlebnisse der letzten Jahre stiegen wieder bei mir hoch, auch wenn die Tante Luise von einem Königsberg der Bombennächte berichtete, das ich mir kaum vorstellen konnte. Ich wollte einfach nur an das Königsberg unserer Sommerferien der vergangenen Jahre denken: An ihn, der in unserer Familie der „große Opa" hieß, weil er ein riesiger Mann war, vor allem in unseren Kinderaugen. Es gab auf der Seite unseres Vaters den „kleinen Opa". Er war ein recht zierlich wirkender Mann, der auf dem Steindamm als Meister ein kleines Tapeziergeschäft betrieb. Diese Großeltern lebten sehr zurückgezogen. Wir Kinder hatten kaum Kontakt zu ihnen.

Der große Opa war Maurermeister und hatte ein paar wenige Jahre sogar eine eigene Maurerfirma. Das wussten wir alles von unserer Mutter. „Das schafft er nie über längere Zeit", fügte sie dann immer hinzu, „er ist viel zu gutmütig als Chef." Und sie sollte recht behalten. Nach gut zwei Jahren musste er die Firma wieder schließen. Er arbeitete dann als Meister in seinem alten großen Betrieb weiter und wirkte auf mich wieder viel fröhlicher. „Trink nicht so viel, Otto", ermahnte ihn unsere Oma häufig, auch wenn wir im Sommer zu Besuch oder auf der Durchreise nach Palmnicken waren. „Aufm Bau und auch hier aufm Sackheim ist die Luft immer so trocken! Wer kann das aushalten!", war die andauernde Begründung.

Wir Kinder fanden es immer ganz lustig, dass der große Opa eine so kleine Frau geheiratet hatte. Sie konnte ihm glatt unter dem Arm durchlaufen, ohne sich bücken zu müssen. Diese kleine Oma war aber in ihrem Auftreten nicht zu übersehen. Sie hatte vier Kinder großgezogen, war eine ganz resolute Frau. Meine Mutter, ihre älteste Tochter, hatte irgendwann bei einem Kaffeeklatsch in Mohrungen erzählt, was wohl nicht für meine Ohren bestimmt war, ich aber trotzdem mitbekommen hatte: Diesen einen Satz pflegte ihre Mutter, unsere kleine Oma, zu sagen: „Kommt ihr mir mit einem Kind nach Hause, könnt ihr gleich in den Pregel gehen!" Was die drei heranwachsenden Töchter vor allem immer dann zu hören bekamen, wenn sie mal abends etwas später nach Hause kamen.

Die kleine verschachtelte Altbauwohnung war der alleinige Herrschaftsbereich der kleinen Oma. Obwohl sie nicht nur klein, sondern auch rundlich dick war – jedenfalls haben wir Enkelkinder sie als alte Frau nur so gekannt –, war sie sehr flink auf ihren dünnen Beinen mit Füßen der Schuhgröße sechsunddreißig. Immer im Mittelpunkt, immer mit dem wegweisenden Satz zur rechten Zeit.

Der große Opa war meist so müde, wenn er von der Arbeit nach Hause kam, dass er sich sehr bald brummend in sein Bett verzog. Dieses Bett stand in einem dunklen, fensterlosen Kabuff, das wir Enkelkinder aus Angst vor den Gespenstern nie betreten hatten.

In der Wohnung der kleinen Oma gab es noch einen weiteren finsteren Raum, eine Art Besenkammer, in der es immer scheußlich nach alten Putzlappen und Bohnerwachs roch. In dieses schreckliche Kabuff mussten wir trotzdem rein, weil es zugleich die einzige Kloschüssel beherbergte. Das Papier musste man in der Finsternis erfühlen, den Gestank in dem fensterlosen Verschlag ertragen.

„Stellt euch nicht so an“, sagte die kleine Oma dann zu uns etwas angeekelten Enkeln, „früher mussten wir auf die halbe Treppe in den Hausflur raus, jetzt ist doch alles wunderbar modernisiert.“ Aber zu einem Badezimmer hatte es bei der „Modernisierung“ nicht gereicht, nur für ein Waschbecken in einem neben dem Schlafkabuff gelegenen winzigen Zimmer und für ein gemauertes Abwaschbecken in der Küche.

Noch weit ekelhafter war der obligate jährliche Besuch bei der Nachbarin und Freundin der kleinen Oma. Diese Tante Kuczynski bewohnte die gleichen Räume – nur zu ebener Erde. Wegen der kleinen Hinterhöfe hatte die Sonne in diese Räume keinen Einblick, sodass hier unten immer eine leichte Dämmerung herrschte. Aber das Schlimmste aller Finsternisse bei Tante Kuczynski waren ihre schwarzen Katzen. Ihr Lieblingstier hieß Ulrich, war ein riesiger dicker schwarzer Kater. Der bewohnte den größten Sessel und bestand wild fauchend auf seinem Wohnrecht. Er herrschte wohl auch über eine Katzengroßfamilie, die sich überall in der Wohnung breit machte und für einen – für meine Nase – nicht zu ertragenden Katzengestank sorgte. Selbst unserer kleinen Oma war der penetrante Geruch offensichtlich zu stark, denn sie sagte bei unserem letzten Besuch: „Du, Berta, der Geruch bei dir ist aber schärfer geworden, wie mir scheint.“ „Ja, ja“, antwortete die Tante Kuczynski, „mein alter Ulrich und seine Großfamilie! Wie gut, dass ich nichts rieche. Vielleicht habe ich mich auch bloß daran gewöhnt.“ Damit war für sie das Thema beendet, nur der Gestank blieb.

Überall in der dunklen Wohnung strichen die Katzen umher, aus allen Ecken und Winkeln miezte und maunzte es. Wenn wir Kinder auftauchten, verschwand Kater Ulrichs Sippe unter Sofa, Bett oder hinter den leicht zerfetzten Gardinen.

Die Tante Kuczynski setzte sich dann neben ihren Kater auf einen einfachen Holzstuhl zu einer lauten Schabberei mit der kleinen Oma. Wie ihr Ulrich war Omas Freundin immer nur schwarz gekleidet. Sie trug ein kaftanartiges Gewand, das ihr bis an die Knöchel reichte. Sie war eine enorm große, kräftige Frau, deren ausladende Körperteile vorne und hinten unter dem riesigen Umhang nur geahnt werden konnten. Seit dem Tod ihres Mannes, hatte die Oma unserer Mutter erzählt, trüge die alte Kuczynski nur noch diese schwarzen Gewänder.

Kaum hatte sie sich gesetzt, saßen sofort zwei Katzen auf ihrem Schoß, den sie mit eleganten Sprüngen eingenommen hatten. Mit lautem Schnurren, das stark an das Schnarchen des großen Opas aus dem hinteren Kabuff erinnerte, streckten sie alle viere weit von sich.

Ob wir denn auch in diesem Sommer trotz der unsicheren Zeiten, die mit diesem Jahr 1943 wohl über uns hereinbrechen würden, wieder an die See führen, wollte die Tante Kuczynski wissen. Die kleine Oma antwortete, ihr Schwiegersohn, unser Vater, habe noch vor seiner Einberufung wieder ein Häuschen für dieses Jahr gemietet. Aber nicht in Palmnicken, sondern in Sorgenau, einem ganz kleinen Ort südlich von Palmnicken, direkt an der Steilküste gelegen, mit einem besonders feinen, sehr breiten Sandstrand.

„Als Geschenk für die Enkel gibt es von uns vorher eine Rundfahrt an der Samlandküste entlang: Über Cranz und Rauschen geht es dann hinunter nach Sorgenau. Ich denke, sie sind inzwischen so alt, dass sie Ostpreußens Weltbäder wenigstens mal sehen sollten. Die Kurpromenaden mit den prächtigen Hotels aus der Gründerzeit des 19. Jahrhunderts und mit dem Fahrstuhl in Rauschen die gewaltige Steilküste rauf und runter. Oder sie fahren mit dem Sessellift die Steilküste nach oben, oder sie benutzen die fast endlos erscheinende Treppe, aber die am besten nur hinunter zum Strand“, verriet die kleine Oma den Reiseplan, den wir noch gar nicht kannten.

So erfuhren wir zwei so vollkommen unterschiedliche Welten des Urlaubs an der Samlandküste: die pompösen und feudalen Weltbäder Cranz und Rauschen und auf der anderen Seite das einfache ursprüngliche, alte Fischerdorf Sorgenau. Uns Kindern gefiel es hier besonders gut, weil wir Platz hatten zum Ballspielen, Toben und Burgenbauen. Viele Ostpreußen machten sich offensichtlich doch Sorgen wegen der langsam, aber wohl unaufhaltsam aus dem Osten heranrückenden Front und waren nicht mehr in den Urlaub gefahren. In Sorgenau hingen Spruchbänder mit Texten: „Mach dir keine Sorgen, komm nach Sorgenau." Oder: „Komm doch nach Sorgenau und lass die Sorgen zu Haus!"

Wir Kinder waren trotz der verständlichen Sorgen der Erwachsenen begeistert von unserer Ostsee und dem feinen weißen Sand davor. Von klein auf waren wir an Wasser gewöhnt. Unser Vater hatte schon vor Jahren versucht, mir und dann auch Bruder Joachim das Schwimmen beizubringen. Am Schertingsee, ganz in der Nähe unserer Wohnung in Mohrungen, gab es eine etwas verwahrloste Badeanstalt mit den damals üblichen Holzkabinen in langer Reihe. Da waren wir in den heißen Wochen des Jahres täglich zu finden und bildeten zusammen mit den Reimann-Jungens und ihren Freunden eine kleine „Ortsgruppe Schertingsee".

Wie in allen Kriegsjahren schon, so auch im August 1941, lag ich wieder im pulverfeinen weißen Sand –, allerdings nicht am Schertingsee, da gab es keinen feinen Sand – es muss damals noch an der Samlandküste in Rauschen gewesen sein, und war in ein gerade erschienenes Buch so vertieft, dass ich die plötzlich entstandene Art Monsterwelle erst bemerkte, als die mich ein Stückchen näher an die Steilküste gespült hatte. Das Buch hatte ich wohl gerade mit den Händen über dem Sand gehalten, sodass es zu meiner großen Freude fast ganz trocken geblieben war. Denn es war für mich als der Pimpf Karl Stobbe ein ganz besonders wichtiges, wertvolles Buch. Es trug den Titel: „Mein Weg nach Scapa Flow", als Autobiografie verfasst von dem schon seit den ersten Kriegsmonaten bewunderten und gefeierten U-Boot-Kommandanten von U 47, KptLt Günther Prien.

Ihm war es nämlich schon im Oktober 1939 gelungen, mit seinem U-Boot in einer heldenhaften Aktion in den britischen Flottenstützpunkt Scapa Flow einzudringen und das dort liegende Schlachtschiff der Royal Navy, die Royal Oak, zu versenken. Seit fast zwei Jahren wurde Günther Prien uns Pimpfen in allen damaligen Medien als Vorbild und als Identifikationsfigur angepriesen. Und ich war jetzt in der glücklichen Lage, seine Heldentat – direkt von ihm mitgeteilt – nachzuerleben.

Aber jetzt erst einmal kurz das Buch in die sichere Burg legen und schnell noch einmal in die Brandung hinein, denn die Badehose war ohnehin nass, sagte ich mir. „Aber nur vornan", bremste mich meine Mutter.

Die Höhe der anrollenden Wellen war wieder einmal ziemlich angsteinflößend. Sie hatten mich heute schon einmal herumgewirbelt und auf den Kopf gestellt. Ich war gewarnt und erwartete die Wassermassen weiter vorne im Flachen.

Solch eine aufgewühlte See wie hier an der Samlandküste mit bis zu haushohen Wellenbergen habe ich erst Jahrzehnte später wieder auf der Insel Sylt getroffen. An diesen beiden Küsten donnert ja das Meer auch völlig ungehindert an Land.

Die vom wolkenlosen Himmel strahlende Sonne hatte inzwischen den Buchrücken etwas gekrümmt, die wenigen nassen Stellen dabei trocknen lassen, als ich es wieder voller Bewunderung für seinen Autor in die Hand nahm. Mein Blick fiel erst einmal wieder auf das Umschlagfoto, das den U-Boot-Helden mit dem an seinem Hals baumelnden Ritterkreuz zeigte. Unter dem Bild stand: Als erstem Angehörigen der Kriegsmarine wurde ihm das Ritterkreuz verliehen. Ich kann mich nicht daran erinnern, in meiner Mohrunger Kindheit ein spannenderes Buch gelesen zu haben. Die Spannung erschöpfte sich in der grenzenlosen Bewunderung der Tat, die als Abenteuer wirkte. Die tödlichen Konsequenzen einer solchen Versenkung gerieten dabei nie ins Blickfeld, allein die Tatsache, dass er mit der U 47 und seiner 44-köpfigen Besatzung in den ersten

Kriegsjahren dreißig Schiffe versenkt und acht weitere schwer beschädigt hatte, verschaffte ihm den Status eines Helden. Während ich noch immer, im warmen Sand auf dem Bauch liegend, begeistert in seinem Buch las, fuhr die U 47 und ihr berühmter Kommandant weder über noch unter Wasser um England herum, sondern galt seit März des Jahres als verschollen, was aber damals nicht bis zu mir durchgedrungen war.

Gerüchte vor allem in den 60er-Jahren wollten wissen, dass Prien mit seinem Boot gar nicht versenkt worden sei, sondern wegen seiner nachweislichen Kritik an der Führung des Dritten Reiches bezüglich der nicht zu verantwortenden Einsätze der schlecht ausgerüsteten U-Boote in mehreren KZs gesessen habe. Hätte ich das damals alles gewusst, hätte ich diesen Gerüchten mit Sicherheit zugestimmt, denn ein solcher Held durfte nach dem Verständnis eines Pimpfs von 1941 gar nicht versenkt werden und sterben.

So sollte die Liebe zu der wilden Ostsee und dem sich bis in die Unendlichkeit hinziehenden Puderzuckerstrand rechts und links im August 1943 ein jähes Ende finden. Wir ahnten schon, dass wir diese Landschaft nie mehr wiedersehen würden. „Nehmt einen großen Abschied!“, hatten uns die Mutter und die Tante geraten, als wir die Serpentinenpfade der Steilküste am letzten Urlaubstag geschafft hatten. Ich stand ganz, ganz lange und blickte von der großen Höhe zurück auf das weiße Band des Strandes und auf das bis hier in immer gleichem Rhythmus heraufrauschende Meer. Die kleineren Geschwister dagegen schubsten sich schon in Richtung Ferienhaus.

Eine sengende Sonne brannte in Mohrungen vom Himmel, als wir am nächsten Tag vor die Tür traten und unser „Hoheitsgebiet“ wieder in Besitz nahmen: die Wiesen, den Park, den Garten und den Fahrradschuppen. Joachim und ich kletterten schließlich zu Günti und Sigi Salewski über den Zaun, weil sie auf ihrem Hof merkwürdige Geräusche machten.

„Wir bauen uns ein Rennauto“, sagten sie stolz, obwohl wir von dem stolzen Auto nur ein paar Bretter erkannten und vier gummibereifte Räder. „Woher habt ihr die denn? Die sehen ja echt schnell aus. So was haben wir uns auch schon lange gewünscht“, stellte Joachim fest. Ich war ganz ruhig, aber sehr neidisch, denn nirgendwo gab es solche Räder zu kaufen.

„Ja“, prahlten sie, „das war ganz einfach, die haben wir aus Opa Gustavs Schuppen gezogen. Aus dem hintersten Winkel, da steckte ein halb verrotteter Kinderwagen mit diesen prima Rädern. Bloß abmontieren und einpacken, fertig.“

„Aber wenn ihr fertig seid damit, dann dürfen wir doch auch mal fahren?“ „Klar doch, gegen die Reimänner fahren wir Rennen, von der Brücke runter“, antwortete Sigi und seine Augen leuchteten. „Haben wir gestern schon besprochen.“

„Wir sind ja schon vorgestern von Opa Gustav aus Schönfeld zurück. Der wohnt doch am Oberlandkanal, wie ihr wisst. Und als wieder zwei Dampfer über den Rollberg im Gitterwagen über Land fuhren, der eine rauf, der andere runter, da fiel mir ein, dass Räder einmalig sind. Wenn die sogar Dampfer bewegen können. Das sieht ja immer wieder putzig aus, wenn Schiffe auf Rädern über die ‚Geneigten Ebenen‘ rollen. Da also dachte ich spontan: Wir bauen uns auch so etwas Rollendes, aber etwas viel Schnelleres, wir hatten nämlich gerade die alte Kinderkarre gefunden. Der Dampfer, der zur Küste, Richtung Elbing raufrollte, war voller alter Männer. Die winkten uns mit ihren Hüten zu. Das war bestimmt der ganze Volkssturm aus Osterode auf einem Ausflug ans Haff. Das Schiffchen in der Gegenrichtung war voller Kisten.“

„Hatten wir nicht mal in der vierten Klasse der Volksschule gelernt, dass der Kanal für solche Kisten gebaut worden war?“, meinte Günti dazu. „Doch nicht nur für Kisten, Mensch“, sagte Sigi, „sondern für alles andere Gepäck auch, das nennt man dann Güterverkehr, glaube ich.“ „Sagt mal, ist das bei diesem Wetter nicht einfach zu heiß zum Arbeiten hier in der stehenden Luft auf dem engen Hof!"

Die Fahrräder flogen wie immer in die vor langer Zeit einmal von uns ausgeguckte Ecke an den Badekabinen. Nur ich hatte ein ziemlich neues Rad geschenkt bekommen, das ich in der Ecke auf seinem Standbein liebevoll versorgte.

„Guck mal, die Reimänner sind schon auf dem Sprungturm." Mit lauten Pfiffen auf den Fingern kündigten wir uns schon bei ihnen an. Schon waren unsere wenigen Klamotten zusammen mit den Handtüchern in den Kies geschmissen. Badekabinen fanden wir stinkend, dreckig und uraltmodisch. Vater und Mutter hatten oft von ihrer Kindheit in Königsberg erzählt. Die Benutzung der Badekabinen im Stadtbad war vorgeschrieben. Es gehörte sich nicht, die Kleidung unter freiem Himmel zu wechseln.

Der Sprungturm war eigentlich gar keiner. Er bestand aus einer schon etwas angerotteten Holzplattform, auf Holzpfählen ruhend, ungefähr anderthalb Meter über dem Wasserspiegel, und zwei Sprungbrettern, dem auf den Rand der Plattform montierten und einem Drei-Meter-Brett, zu dem man auf einer wackeligen Leiter hinaufklettern konnte. Auf dieses Bauwerk strebten immer alle Kinder der Badeanstalt. So hatte ich es jedenfalls die letzten fünf Jahre erlebt, in denen wir Stobbes hier regelmäßig aus und ein gingen. Der nasse Haken dabei war, man kam nur schwimmend dorthin. So lange dem Inselchen entgegengehen, bis einem das Wasser an den Hals reichte, und dann losschwimmen: so waren es nur etwa fünf Meter ohne Grund. Ich weiß noch genau, wie wir in den ersten Jahren sehnsuchtsvoll hinaus zum „Turm" geschaut hatten. Bis unser Vater sich als Schwimmlehrer betätigt hatte, wussten wir nicht, wie wir uns über Wasser halten sollten. Irgendwann eines Tages kam einer auf die Idee, es wie ein Hund zu versuchen. Die älteren Nachbarn der Salewskis hatten einen großen Hund, der sich sogar ziemlich schnell und sicher im Wasser bewegte, und der hatte als Vorbild gewirkt. Wir übten und übten und nannten unsere neu erfundene oder abgeguckte Schwimmart: Hundchenpaddeln. Die wenigen Schwimmstunden bei unserem Vater hatten nämlich noch nicht ausgereicht, um etwa im Bruststil die Holzplattform zu erreichen.

Was für ein unbeschreibliches Glücksgefühl war es, als ich den „Turm" zum ersten Mal erreichte – völlig außer Atem und mit letzter Kraft. Jetzt gehörte ich zu den Großen, den Großen auf der Sehnsuchtsplattform. Schließlich hatten es alle von uns geschafft. Prustend erklomm einer nach dem anderen die rettende Plattform. Lang liegen und in der Sonne braten.

Wer springt nun als Erster? Diese Frage stand plötzlich über uns allen, den Reimanns, den Salewskis und den Stobbes. Ganz langsam kroch diese Frage zum Ein-Meter-Brett, blieb dort aber allein. Denn ganz plötzlich tauchten zwei ältere Schüler auf, die wir auch aus dem Jungvolk flüchtig kannten.

„Oh, wie schön", sagten sie, „hier ruht reiche Beute!" Und ehe wir noch recht begriffen hatten, was passieren sollte, flog schon der Erste von uns in hohem Bogen ins Wasser. Der eine hatte die Arme gegriffen, der andere die Beine und nach gewaltigem Pendelschwung klatschte schon der nächste ins Wasser. Groß waren Angstgeschrei und Wutgebrüll.

„Wir sind hier das Räumungskommando!", riefen beide gut gelaunt. „Ich kann doch noch gar nicht richtig schwimmen", jammerte Joachim. Aber es half ihm nichts. „Dann lernst du es jetzt", sagten sie in aller Ruhe, während sie ihn ins Wasser warfen.

So langsam wir zum Turm gekommen waren, so schnell fanden wir uns an Land wieder. Einige hatten eine ganze Menge Schertingsee geschluckt und dazu noch einen ziemlich roten Rücken, aber alle hatten wir lebendig das sichere Ufer erreicht.

Sigi und ich sannen schon auf Rache. Wenn wir nur gewusst hätten, wo sie ihre Klamotten ausgezogen hatten, aber leider konnten wir sie nicht finden.

„Du, Sigi, ich meine, die beiden Schwestern von denen im Wasser gesehen zu haben. Das sind doch die beiden großen Schwimmerinnen, die kennen wir doch von den Wettkämpfen. Zwei bunte Bademützen schwammen weit jenseits unseres Turms, das können nur die beiden gewesen sein. Die müssten aber auch schon wieder an Land sein."

„Warum interessieren dich plötzlich die großen Mädchen?", wollte er wissen.

„Na, wart es mal ab, ich habe da einen Plan. An den beiden Brüdern können wir uns nicht rächen, aber an den Schwestern, die sie doch immer so gockelhaft beschützen. Durch die Mädchen treffen wir auch die beiden, die uns vom Turm geräumt haben. Das nennt die Partei Sippenhaft, jedenfalls gebraucht mein Vater dieses Wort öfter mal in so ähnlichem Zusammenhang", bemerkte ich echt altklug und ließ Sigi etwas verwirrt aussehen.

„Guck mal da, die ziehen sich vor den Kabinen ja gerade um, und weil sie in den riesigen Handtüchern stecken, haben wir sie eben nicht erkannt."

„Komm mit!", rief ich, schon in vollem Lauf. In Sekundenschnelle rasten wir auf die Mädchen zu und schon wieder vorbei. In der Hand schwenkte ich das Handtuch der ersten, geistesgegenwärtig hatte Sigi das Tuch der zweiten entrissen. Hinter uns standen zwei splitterfasernackte Mädchen in der Sonne und schrien und kreischten wie am Spieß. Sie schlugen die Hände vor die Brüste und versuchten dann, möglichst schnell in ihre Höschen zu kommen. Für diese Augenblicke wurden sie zum Mittelpunkt des Schertingbades, zu einem echten Hingucker.

Die beiden auf dem Turm hatten verstanden und drohten von Ferne mit allen Fäusten. Wir aber hatten die Handtücher in den Kies geschmissen, uns schadenfroh auf die Räder geschwungen und waren vielstimmig klingelnd davongefahren.

Als wir uns weit genug vom Freibad entfernt hatten, stiegen wir ab, weil wir beide uns erst einmal unserer Heldentat bewusst werden mussten. „Hast du schon einmal zwei so laut kreischende große Mädchen gesehen?", wollte ich, immer noch schwer atmend, von Sigi wissen. „Ich habe auch noch nie so vollkommen nackte Mädchen gesehen, leider waren es nur wenige Augenblicke“, antwortete er. „Die hatten ja Figuren wie einige von den Märtyrerinnen auf Omas Madonnenbildern. Und runde aufgerichtete Brüste und einen besonders rundlichen Po unter meinem Handtuch und die langen Beine von Schwimmerinnen.“ „Haben die nicht dicke blonde Zöpfe, die beiden, aber bei der einen meinte ich ein ganz dunkles Dreieck zwischen ihren Schenkeln gesehen zu haben. Wahrscheinlich habe ich mich geirrt, es ging ja auch alles viel zu schnell.“

Wir hatten uns wie Männer richtig in Fahrt geredet. Keiner wollte dem anderen zugeben, dass er ja gar keine nackten Mädchen kannte und also keine Vergleiche ziehen konnte, abgesehen von dem Madonnenbild-Vergleich, der auf allen Beinen hinkte. Wir hatten uns zu kleinen Angebern hochgeredet. Nach der deutlichen Niederlage auf dem geliebten Turm tat uns der Handtuchraub richtig gut.

Der Krieg war inzwischen in sein fünftes Jahr gekommen und hatte Mohrungen immer noch total verschont, vor allem für uns Jungens fand dieser Krieg nur in den Wochenschauen an den Sonntagvormittagen in den Jugendfilmstunden der Hitlerjugend statt. Das war weit weg von Mohrungen und handelte nur von den an allen Fronten heldenhaft kämpfenden deutschen Soldaten. So haben wir unsere Soldaten jahrelang bewundert und so waren wir davon überzeugt, so tapfer kämpfende Soldaten könnten Deutschland nur den Endsieg bescheren.

Der Sommer des Jahres 1943 also hatte noch einmal das uns aus den Vorjahren vertraute Ferienprogramm und unseren friedlichen Alltag zu Hause zwischen Schule und Schertingsee für uns bereitgehalten. Für uns Kinder war das eine Selbstverständlichkeit. Wir lebten in der Unmittelbarkeit jedes neuen Tages.

Da waren wir in unsere kleine überschaubare Welt eingefügt, in die Schule mit den Hausaufgaben, in die Jungvolk-Aktivitäten mit Marschieren und Geländespielen, in die Unternehmungen mit unseren Freunden aus der Nachbarschaft.

Ich hörte schon hin und wieder, wenn Mutter sich mit der alten Frau Berg unterhielt, wie sie darüber klagte, dass die Rationen auf den Lebensmittelkarten wieder gekürzt worden seien. Die Marmelade kaum noch irgendeine Beere enthalte, das Brot ganz klitschig, die Milch ganz dünn sei. Doch diese Klagen der Mutter interessierten mich eigentlich gar nicht, denn wir hatten immer noch satt zu essen. Der Hunger war mit den Jahren wohl größer geworden, aber ein Problem war er für mich nicht.

In meiner damaligen Lebenswelt musste alles so weitergehen wie bisher.

Wirkliche Angst vor unserer politischen Lage in Ostpreußen wegen der vom Osten immer näher heranrückenden Front habe ich erst ein Jahr später bekommen. Ganz klein fing diese Angst an, als unsere Schule fast über Nacht zum Lazarett wurde. Zunächst überlagerte ja die Freude über das Ende des Unterrichts diese Angst und trotzdem blieb immer die Hoffnung auf den bevorstehenden Endsieg.

Später habe ich mich oft gefragt, ob die Mutter wohl absichtlich von dem „großen“ Abschied gesprochen hatte, weil sie schon zu wissen glaubte, dass es nicht nur der Abschied vom Samlandsommer 1943 war, sondern der letzte überhaupt, damals an der Steilküste in Sorgenau.

Wirkliche Angst hatte ich bis dahin nur vor einigen unserer Lehrer wegen ihrer aggressiven Brutalität mit Schlüsselbund und Rohrstock uns wehrlosen Schülern gegenüber, die wir mal eine Vokabel nicht sofort wussten.

Auch wenn ich den Fahrten als Kurier durch die „dunklen“ Wälder zu den am Nariensee schippenden Kameraden nachsinne, hatte ich die Aktion nicht als den Versuch erkannt, einen für uns – auch hier ganz im Westen Ostpreußens – lebensbedrohenden Krieg durch die Panzergräben aufzuhalten. Alles hatte viel mehr die Wirkung spannender Abenteuer.

Im Nachhinein weiß ich, dass sich unser Tagesablauf im Fortgang des Jahres 1944 fast unbemerkt veränderte, sich ganz langsam in Richtung Flucht drehte. Das begann mit den schon bekannten Themen „Seidenraupenzucht“ und der „Lazarett-Schule“. Auch die Flüchtlingstrecks, die ab Herbst des vorletzten Kriegsjahres die Straßen verstopften, sah ich nicht als Vorboten einer möglichen eigenen Flucht an.

All diese kriegerischen Realitäten waren weit weg von uns Kindern und Jugendlichen, als wir gegen Ende des Jahres 1943 wieder zu den Salewski-Jungen über den Zaun stiegen und ihr windschnittiges Rennauto bewunderten, das fast fertig war. „Nächste Woche findet das Rennen statt“, riefen sie uns schon entgegen. „Da sind wir dabei“, antworteten Joachim und ich gleichzeitig.

„Wisst ihr eigentlich, wie Reimanns Kiste aussieht“, wollten wir wissen. „Na klar, Spionage betrieben!“

Als wir mit den Salewskis zusammen die kleine Brücke über die eingleisige Nebenstrecke in Richtung Maldeuten erreichten, den Renner im Schlepp, warteten die Reimann-Jungens schon und suchten gerade eine günstige Startstelle für ihr Gefährt. Jede Mannschaft beäugte gerade argwöhnisch den Wagen der anderen, als ein Radfahrer in der Kluft der deutschen Reichsbahn anhielt und mit unfreundlicher Stimme fragte: „Was wollt ihr denn hier auf der Straße veranstalten?“ „Ein Rennen!“, antwortete Adolf Reimann, der Längste und Schnellste von uns beim Laufen und beim Reden.

„Ihr seid wohl völlig verrückt geworden, hier mitten auf der Straße! Zieht mal schnell eure Renner wieder nach Hause. Wenn euch die Polizeistreife erwischt, kriegen eure Eltern eine Anzeige und euch nehmen sie dazu noch die Kinderwagen ab.“

Dann sahen wir ihn nur noch von hinten in rasanter Fahrt die Straße hinunterfahren, die wir mit unseren Kisten so gerne gefahren wären.

„Wie hat der alte Kerl unsere Rennwagen genannt!“

Vollkommen enttäuscht und mutlos schlichen wir nach Hause. Wir mussten die schnittigen Kisten hinter uns herziehen. Schon auf dem Nachhauseweg begannen wir über die nächste Renn-Veranstaltung nachzudenken. So schnell wollten wir nicht aufgeben. Es galt, eine noch ruhigere Straße zu finden als die von der kleinen Brücke.

Bei diesen Überlegungen blieb es. Die Gründe dafür habe ich vergessen. Jedenfalls hat dieses von uns mit so viel Spannung erwartete Rennen nicht mehr stattgefunden.

Dem langen heißen Sommer folgte ein ganz kurzer Herbst, der sich nicht einmal Zeit ließ, alle Blätter abzuschütteln, sondern es einem aggressiven Winter überlassen musste, die Blätter von den Bäumen der Herderstraße herunterzufrieren.

Schon weit vor Weihnachten war der Schertingsee zugefroren und damit wieder unser alljährliches Winter-Spielfeld. Dann hieß es in unserer Nachbarschaft immer: Die Stobbes-Jungens sind schon wieder die Ersten auf dem Eis. Das entsprach tatsächlich der Wahrheit, die nur nicht unserer Mutter zu Ohren kommen durfte. Joachim und ich waren, verglichen mit unseren Freunden, wirkliche Leichtgewichte. Bis vor zwei Jahren nannten sie uns deshalb „Hemskes“, das ist der ostpreußische Name für Ameise. Diese ameisenhafte Leichtigkeit privilegierte uns beide für dünne Eisdecken, die wir auch jedes Jahr – vorsichtig – testeten.

Das Eis des Sees wurde schnell dicker. Noch schneller wurden die Schlittschuhe aus dem Keller geholt. Mein Bruder und ich stiegen aber erst einmal auf die Bäume des kleinen Parks vor unserer Tür, im Gürtel steckten eine kleine Säge und das Fahrtenmesser des Jungvolks. Mit jahrelang geschulten Blicken rückten wir den unterarmdicken Ästen auf den Leib, aus denen sich Eishockey-Schläger sägen und schneiden ließen. Ob man noch „richtige“ Schläger hätte kaufen können, habe ich vergessen. Die normalen Profi-Schläger wären ja auch viel zu lang für uns Pimpfe gewesen. Wir Jungens haben damals alle mit solch selbst geschnitzten „Prickeln“ gespielt. Der Puck war ein Produkt unserer Laubsägen: Vier oder fünf runde Sperrholzplättchen haben wir – übereinander gelegt – mit möglichst vielen Nägeln zusammengehämmert. Das Gebilde hatte die Größe eines Pucks, aber nicht sein Gewicht, was für uns Kinder und Jugendliche genau passte.

Manches Mal durfte ich bei denen aus der Obertertia und der HJ mitspielen, allerdings nur im Tor. Torwart wollte immer keiner sein. Alle wollten sie Tore schießen. Der Kleinste und der sich am wenigsten wehren konnte, wurde zum Torwart verdonnert. Meine Schienbeine sahen danach aus wie von einer eigenartigen Beulenpest befallen. Schienbeinschützer oder gar Torwart-Ausrüstung kannte keiner und besaß keiner. Es wurde zwar jedes Mal abgemacht, den Puck nicht zu schlenzen, sondern ganz flach zu halten, aber wer hielt sich schon nachher daran! Es war ja vor allem das spielerische Unvermögen, das meine Schienbeine farblich so veränderte.

Den größten Spaß hatten wir immer, wenn sich zu den Reimanns, Salewskis und uns Stobbes noch einige aus unserer Klasse auf dem Eis einfanden. Dann brauchte ich nicht ins Tor, sondern konnte sogar bestimmen, wer von den jetzt Kleinen den Torwart stellen musste. Leider mussten unsere Spiele oft unterbrochen werden, weil immer wieder ein Schlittschuh sich losgerüttelt hatte.

Die Schlittschuhe wurden nämlich an unsere Winterschuhe geschraubt. Auf jeder Ballenseite und den Seiten des Schuhabsatzes befestigten wir die Schlittschuhe mit einem Kurbelschlüssel. Oft machte sich beim Spielen nicht nur ein Schlittschuh selbstständig, sondern nahm den gesamten Absatz des Schuhs gleich mit. Dann hieß es: nach Hause humpeln und danach zum Schuster am Markt.

Als wir später ziemlich müde und verschwitzt nach Hause stiefelten, wobei uns die Dämmerung und ein beißender Wind vom See im Nacken saßen, fragte Sigi: „Du, Karl, erinnerst du dich noch an die letzte Jugendfilm-Stunde, an die Bilder vom Eissegeln auf irgendeinem See bei Berlin?“ „Ja, sehr genau, war neu für mich und hat mich sehr beeindruckt. Was ist damit?“

„Das können wir auch machen, hier auf unserem See.“

„Du bist ja verrückt, uns fehlen doch alle Teile dazu!“

„Das stimmt nicht, besucht uns mal morgen nach der Schule!“

Die Salewskis waren sehr geschickt mit den Händen. Schon beim Bau ihrer Renn-Kiste hatte ich die beiden bewundert. Jetzt wurde mir klar, dass jeder Handarbeit eine Idee dazu im Kopf vorausgeht.

Als wir am frühen Nachmittag wieder zu ihnen aufs Grundstück gestiegen waren, sahen wir die beiden an ihrem Renner hantieren. Sie sahen unsere fragenden Gesichter und Sigi erklärte selbstbewusst: „Ganz einfach: statt der Räder nur Schlittschuhe!“

Sie schraubten schon an allen vier Enden der Achsen senkrecht dazu sitzende Holzklötze als „Füße“ an. An diese Holzfüße wurden die Schlittschuhe angeschraubt. Aus der Rennkiste war nun eine Eiskiste geworden.

„Das schwierige, noch ungelöste Problem ist das Segel“, gestand Sigi. „Eine alte Plane und einen kräftigen Besenstiel haben wir zwar schon im Schuppen gefunden, aber beides ergibt noch kein brauchbares Segel.“

„Wir sollten versuchen, eine Halterung für den Fuß des Besenstiel-Mastes auf dem Deck der Kiste zu befestigen.“

Das gelang ganz zufriedenstellend.

„Jetzt musst du“, meinte Günti, „mit der einen Hand und mit ausgestrecktem Arm den Besenstiel halten und mit der anderen das Unterliek-Ende der Segelplane.“ Die eine Seite der Plane hatten sie am Mast festgenagelt.

Groß war die Spannung, als wir am nächsten Tag das zum Bob umgebaute Gefährt auf das Eis setzten und die um den Besenstiel gewickelte Plane entrollten. Der Wind blies von Südosten mit mittlerer Stärke. Die entrollte Plane flatterte hörbar im Wind.

Sigi sollte der erste Pilot sein. Er saß noch gar nicht richtig im Bob, hatte die Füße zum Steuern noch nicht auf der Vorderachse untergebracht, da setzte sich das Gefährt schon in Bewegung, obwohl er die Handgriffe an Mast und Liek noch ausprobierte. Ehe wir anderen mit dem Anschieben beginnen konnten, hatte der Wind uns schon die Arbeit abgenommen. Der war hier in Landnähe böig. Immer wenn er die Segelplane erwischte, nahm der Eigenbau mächtig Fahrt auf. Wir hatten ja alle vom Segeln keine Ahnung, erkannten aber schnell den günstigsten Kurs: Wind halb von achtern. Viele Zufälle kamen unserer „Jungfernfahrt“ zu Hilfe: Das Eis war bis zur Mitte des Sees spiegelglatt zugefroren, was wegen des ständigen Windes eine Seltenheit war. Wir kannten unseren Schertingsee ja nun schon viele Jahre.

Über die Beweglichkeit des Bobs staunten wir sehr. Mit welcher Leichtigkeit der über das Eis glitt, war kaum zu glauben, jedenfalls für uns nicht zu erklären. War mir auch vollkommen gleichgültig. Ich freute mich riesig darüber, wie Sigi aus der Kiste einen so leichtfüßigen Schlitten gemacht hatte. Er war inzwischen schon weit auf den See hinausgefahren, immer noch begleitet von unserem Freudengeschrei. Da hinein mischten sich allerdings vermehrt „Komm jetzt zurück“-Rufe. Wir anderen wollten ja auch mal. Die Reihenfolge hatten wir in der Zwischenzeit schon ausgeknobelt nach der altbekannten Art von „Stein, Schere, Papier“.

Etwas Mühe hatte Sigi, bei der Rückkehr zu uns ans Ufer den Kurs zu halten. Wir schlitterten dem strahlenden Bob-Piloten entgegen, das Material wurde schnell übergeben und die Fahrzeit für den nächsten neu festgelegt.

Das Gefühl einer großen Einsamkeit und Freiheit zugleich erfasste mich, als ich endlich auch auf dem See über das schwarze Eis gleiten konnte. Es kostete einige Anstrengung, das primitive Rigg zu bändigen, aber die Begeisterung über die rasante Fahrt, wenn der Wind mal so richtig in die Plane fuhr, war so beeindruckend, dass ich noch die halbe Nacht davon träumte. Am nächsten Tag sollte das Unternehmen fortgesetzt werden.

Eine unerwartete Popularität erlangte Güntis und Sigis Idee, einen Eissegler zu bauen: Erst einmal staunten die Reimanns Jungens am Wochenende mit großen Augen und offenen Mündern. Etwas Neid und Ärger waren sicher dabei, weil ihnen solch ein naheliegender Umbau, wie sie es nannten, nicht eingefallen war. „Morgen haben wir auch so einen Renner“, sagten sie, und weg waren sie.

Auch die größeren Schulkameraden, die uns im Sommer mit Freude vom Sprungturm geschmissen hatten und im Schneewinter mit Schneebällen zudeckten, standen plötzlich da. Die redeten sogar mit uns „Kleinen“, weil wir mit unserem Gefährt auch ihnen imponierten.

Sie hatten die Einfachheit der Konstruktion schnell erkannt. Denn unsere Rennkiste für die Straße war ja hier auf dem Eis gar nicht notwendig.

„Du brauchst ja nur ein etwas größeres Brett zum Sitzen und vorne ein dünneres dazu im rechten Winkel so zu verschrauben, dass der Bob-Primitiv damit lenkbar wird. Dann die Schlittschuhe montieren und los geht es. Morgen auf dem Eis sehen wir uns wieder“, riefen sie noch, und weg waren auch sie.

In den nächsten Tagen schon verwandelte sich der stille Schertingsee in ein recht lautes Eissegel-Paradies.

Wir Erst-Segler mussten allerdings erkennen, dass einige Bobs erheblich schneller fuhren als wir mit unserer ehemaligen Straßen-Kiste. Da hatten einige richtige Profisegel im Einsatz und auch längere Besenstiele als wir, schon wirkliche Masten.

Rennen gegeneinander mit ungleicher Takelage lehnten wir ab. Sigi entgegnete dann:

„Ihr würdet ja auch nicht mit einem Ackergaul gegen ein Rennpferd antreten.“

In den nächsten Tagen hatten wir noch einige Verbesserungen an der Segelplane vorgenommen. Damit wurde aus unserem „Ackergaul“ noch kein „Rennpferd“, aber wir waren mit dem Ergebnis zufrieden. Die Salewskis überlegten schon, einen Zweierbob zu bauen. Daraus wurde dann nichts mehr, weil schon nach etlichen Tagen dichter Schnellfall einsetzte. Diese ostpreußischen Schneemassen versteckten den Schertingsee wieder viele Wochen lang unter einer dicken weißen Decke. Und im nächsten Winter stand dann eine ganz andere Wirklichkeit gegen uns auf, nur, das ahnten wir nicht einmal, als wir unsere Renner in die Ställe brachten. Ich ahnte ebenfalls nicht, dass ich viele Jahre später an der Westküste Schleswig-Holsteins Profi-Strandsegeln erleben würde.

Wir kehrten wieder zum Eishockey zurück und ich zu meinen gepunkteten Schienbeinen. Die Hockeyfelder schoben wir uns mit quer gehaltenen Schlitten weitgehend schneefrei.

Wenn die Schneedecke über Mohrungen und Umgebung dick genug war, gab es für uns Jungs eine weitere spannende Sportart: den Schlittenanhänger. Die Bauern vor der Stadt hatten längst ihre Pferdewagen in Pferdeschlitten umgewandelt, um den noch verbliebenen kärglichen Handel mit den Geschäften und Behörden in der Stadt zu erledigen. Die breiten Kufen der großen schweren Schlitten verwandelten den Schnee der Straßen um unser Wohngebiet herum schon nach wenigen Tagen in eine harte, feste Decke, in die weiße „Teerdecke“ des Winters. Die Straßen aus der Stadt heraus wurden damals nicht vom Schnee befreit und konnten daher diese feste, glatte Decke bilden. Privatautos gab es nicht mehr, Militärfahrzeuge und Versorgungslaster waren eine große Seltenheit.

Auf die Bauernschlitten also hatten wir es abgesehen. Noch bevor wir ihre Schlitten sehen konnten, hörten wir die hellen Glockentöne. Die meisten Bauern hatten ihren Pferden nämlich kleine Glocken an die Hälse gehängt. Mit unseren Rodelschlitten, an die wir möglichst lange Leinen gebunden hatten, warteten wir hinter einer der Hecken oder Hausecken. Die Kutscher durften uns nicht bemerken. In dem Augenblick, an dem sie an uns vorbeiglitten, rannten wir hinterher, warfen die Leine möglichst wie ein Lasso über irgendeinen Holzkeil oder einen Haken am Heck des Schlittens und schwangen uns auf unsere kleinen Rodler.

Die Aktion erscheint einfach, wenn man so darüber berichtet, war sie aber nicht. Alles musste in wenigen Sekunden geschehen. Sobald die Kutscher vorne merkten, was hinten geschah, gaben viele von ihnen den Pferden die Peitsche. Aus dem beschaulichen Bauernschlitten wurde dann eine Art Pferde-Rennschlitten. In diesem Augenblick hatte ich immer versucht, schon auf meinem angehängten Schlitten zu sitzen. Anderenfalls war es fast aussichtslos, als Anhängsel zu überleben: Alles musste jetzt gleichzeitig geschehen: am kleinen Schlitten festhalten, um nicht gleich wieder im harten Schnee zu landen, die Leine fassen am offenen Ende, die Unebenheiten der Straße geschickt ausgleichen, sonst: große Umsturzgefahr!

Wenn das alles klappte, was etwa bei jedem zweiten Versuch glückte, dann wurde daraus jedes Mal eine risikoreiche abenteuerliche Fahrt, meist im Schneegestöber der Pferdehufe und des großen Schlittens. Viel sehen konnte ich dann nicht, die Augen tränten, aber das Herz lachte.

Ganz unterschiedlich war die Behandlung durch die Kutscher oder Bauern während der gemeinsamen Fahrt.

Einige riefen erbost: „Du verdammter Lorbass, hau endlich ab!“, und schwangen ihre Peitsche nach hinten. Wegen der langen Leinen, an denen wir hingen, erreichten sie uns aber nicht. Schadenfreude und Glücksgefühle stiegen.

Ein begeisterndes Erlebnis war es jedes Mal, wenn der polnische Gastarbeiter bei Reimanns mit dem Schlitten auftauchte. Der hielt dann zum Starten sogar an. Wir durften alle drei Rodelschlitten anhängen. „Aber zehn Meter vor dem Hoftor wieder abhängen, die Bäuerin darf das nicht sehen. Ist doch verboten.“

Er hatte schon recht gut Deutsch gelernt in all den Jahren, in denen er auf dem Hof der Reimanns arbeitete. In den ersten Kriegstagen im September 1939 war er schon in Gefangenschaft geraten. Wenn wir bei Reimanns in der großen Scheune spielten, bin ich oft zu ihm in den Stall gegangen und habe ihm beim Melken zugeschaut. Anfangs war er sehr scheu und sprach kaum ein Wort, aber seit dem letzten Jahr freute er sich, wenn ich mich neben ihn setzte, und sprach mit mir.

Er hatte mal angedeutet, dass sie als Kriegsgefangene keine persönlichen Kontakte zu Deutschen haben durften. Wenn das herauskäme, müssten sie in eines der Lager.

Inzwischen hatte er wohl gespürt, dass er mir vertrauen konnte, dass ich ihn nie verpetzen würde. Er muss gemerkt haben, dass ich ihn und seine Arbeit auf dem Hof respektierte. In die Arbeit und Verantwortung des Bauern, des

Vaters unserer Spielkameraden, war er offensichtlich langsam hineingewachsen. Der Vater der Reimann-Jungens war, verwundet zurück aus dem Russland-Einsatz, jetzt in Frankreich stationiert.

„Ich bin so gerne hier auf dem Hof, alle sind freundlich zu mir und behandeln mich nicht wie einen Feind."

Die Bäuerin habe mal gesagt: „Lasst uns vergessen, dass wir aufeinander geschossen haben."

Sehr beeindruckt war ich, als er mir auf meine Frage nach den Umständen seiner Gefangennahme antwortete, dass sie mit ihrer Einheit in einen Hinterhalt geraten seien. Er sei einer von dreien gewesen, die das überlebt hätten. Weil ihm an dieser Stelle beim Erzählen die Stimme versagte, habe ich ihn nie mehr genauer danach gefragt.

„Die Gören von Tante Erika sind schon wieder da", erklärte Horst, der ältere der beiden Reimanns-Jungens, auf meine fragend gerunzelte Stirn hin. Aus dem Schweinestall kam nämlich nicht das bekannte übliche Grunzen, sondern ein schrilles Kindergekreische.

„Unsere ‚Großstadt'-Kusinen aus Allenstein sind schon wieder zu Besuch. Unsere Mutter ist mit ihrer Schwester gerade in den Vorratskeller gestiegen. In Allenstein gibt es wohl immer weniger zu essen."

„Und warum kreischen die so laut im Stall?"

„Die finden wohl die Ferkel sooo süß, in ihrer Villa in Allenstein gibt es nur zwei Hunde und zwei Katzen. Aber lass es man gut sein, gleich wollen die wieder mit uns spielen, also toben. Vor allem die Kleine, die Neunjährige nervt. Unsere Mutter nennt sie die ‚wilde Hummel', und ihre Mutter das ‚wilde Marjellchen'."

Da kam sie auch schon über den Hof angepest, ihre große Schwester mit Abstand hinterher.

„Scheune und Schuppen, erst verstecken wir uns beide und dann ihr", rief sie, schon auf dem Weg zur Scheune.

„Du, Karl", flüsterte Horst mir zu, „die Kleene mag das Heu so gerne, die deckt sich damit total zu, die findst du nur, wenn du drauftrittst."

Ein Pfiff und die Suche begann, von Horst systematisch geleitet. Ich fand sie schließlich im dicksten Heuhaufen, ganz ohne draufzutreten. Sie jauchzte vor Freude, als ich dabei ausrutschte und zu ihr ins Heu fiel. Ich merkte sofort, das fand sie gut, sich mit dem großen Karl im Heu zu wälzen.

Ich hätte viel lieber ihre große Schwester im Heu gefunden. Sie war schon zwölf Jahre alt und im BDM aktiv, das zählte damals. Sie war immer da, wo ihre kleine Schwester sich gerade aufhielt, so wirkten die beiden unzertrennlich. Aber ich hatte den Eindruck, die ältere fühlte sich als Aufpasserin der kleinen, nicht so sehr als deren Spielkameradin.

Sehr bald hatte die „Hummel" keine Lust mehr zum Versteckspielen und schlug uns „etwas ganz Neues" vor. „Wir spielen Kino", sagte sie.

„Nein, nein, das nicht", rief die große Schwester sofort, „nicht wieder diesen peinlichen Quatsch!"

„Ja, wir wollen aber ihr Kino sehen", meinten wir neugierig.

Ununterbrochen vor sich hinkichernd lief die Kleene drehend und tanzend in Richtung Kuhstall. Wir Jungens in einigem Abstand hinter her. Im Stall verschwand sie in einer der dunkelsten Ecken. Eben vorher sagte sie noch lachend: „Im Kino ist es immer recht dunkel. Drum, Leute, macht die Augen auf, sonst seht ihr nichts."

Wir sahen tatsächlich zunächst so gut wie nichts, doch dann trat dicht über dem Lehmboden etwas Weißes, Rundes aus der Dunkelheit hervor. Wir starrten zuerst schweigend, dann kichernd auf ihren weißen, runden Po, der sich jetzt auch noch zu drehen anfing, uns ein dreidimensionales Kino bescherte.

„Die ist ja ein bisschen verrückt", war mein Kommentar nach längerem Schweigen. „Nicht nur ein bisschen", ergänzte Horst.

Jutta, ihre große Schwester, sagte: „Die Kleine kriecht da immer zum Jaucheabfluss in die Ecke, wenn sie mal muss, da ist ihrer verdrehten Fantasie neulich diese Kino-Idee eingefallen."

„Mal die Mohrunger Jungs schockieren", hatte die Kleine großspurig gemeint, erzählte uns Jutta.

„Juttas Kino hätte ich zu gern gesehen", schoss es mir durch den Kopf. Aber gleichzeitig wusste ich, dass sie so etwas der kleinen Schwester nie nachmachen würde. Der Gedanke huschte auch nur ganz schnell vorüber, ich schämte mich für ihn.

Der Juni des Jahres 1944 war der Anfang vom Ende unserer unbeschwerten Mohrunger Kindertage. Dieser Einbruch einer ungekannten Bedrohung vollzog sich ganz langsam, ich hatte ihn nicht bemerkt. Erst im Überblicken vieler Jahrzehnte später wurde er mir sichtbar. Statt Strandleben an der Samland-Steilküste von Palmnicken und Sorgenau, statt der Freude am Schertingsee mit dem Turm im Sommer und dem Eissegeln im Winter, jetzt: „Seidenraupen, Herderschul-Lazarett und Panzergräben" als Stichworte für diese Verwandlung.

Damals als neue Herausforderung, als Abenteuer begriffen, nicht als Bedrohung erkannt.

Die damit einhergehende Veränderung unseres Alltags löste nicht Angst, sondern Freude aus: keine Schule, weniger Dienst im „Jungvolk" und mit dem Fanfarenzug, weil es kaum noch Anlässe zu Parteifeiern gab.

Nur die Trecks aus den östlichen Gebieten Ostpreußens und die völlig überfüllten Züge im Bahnhof nahmen zu.

Der Stammführer hatte eine Meldepflicht erlassen für das gesamte Mohrunger Jungvolk-Fähnlein und für die noch nicht zum „Arbeitsdienst" oder als Flakhelfer eingezogenen HJ-Angehörigen. Wie viele sich an diesen Erlass hielten, weiß ich nicht mehr und wusste damals wohl auch keiner. Die vorher üblichen Kontrollen gab es nicht mehr. Ich weiß nur noch, dass wir von Tag zu Tag und von Woche zu Woche immer weniger wurden.

Oft hatte ich auf dem Bahnsteig den Leuten vom Roten Kreuz geholfen, heißen Tee und ein Stück Schwarzbrot zu verteilen. Oft auch alten Menschen aus den alten Waggons mit den extrem hohen Stufen auf den Bahnsteig hinuntergeholfen.

„Mein Jungchen“, sagte ein alter Mann mit einem dicken weißen Vollbart zu mir, der mich an unseren großen Opa erinnerte, „scheen, dass du mir jeholfen hast, ik kann ja meine alten Knochen kaum noch bewegen. Wir hucken schon drei Tage hier in diesem Zug ohne irgendeine Bewegung, weil nirgendswo Platz ist. Die auf dem Fußboden hucken müssen, haben es aber noch schlechter.“

„Joachim und Karl, kommt mal rüber zu uns, wir haben die Invasion auf dem Hof“, meinten eines Abends im September oder Oktober die beiden Reimanns. Sie hatten nicht übertrieben. Vor dem Hoftor standen schon drei Leiterwagen und im Hof liefen viele Fremde in dicken Mänteln und Mützen umher. Unter Leitung des Reimann'schen Gastarbeiters hatten sie eine Feuerstelle errichtet und schon einen großen Kochtopf darübergehängt.

Teile der Scheune waren zu einem Pferdestall umfunktioniert worden. Dort zählten wir zehn große braune Ackergäule, die sich das reichliche Futter schmecken ließen und in Abständen vorn und hinten ziemlich laute Töne von sich gaben. Etwas abseits stand ein schlankes braunes Reitpferd, sah richtig edel aus.

„Das ist das Pferd der Chefin des kleinen Trecks. Die kommen aus der Gegend von Tilsit. Die gehören zu einem der Vorwerke des großen Ritterguts derer von Sanden“, belehrte uns Adolf. Er hatte die Unterhaltung seiner Mutter mit der jungen Inspektorin mitgehört.

„Die schabbern jetzt immer noch in der Küche, aber ich hatte keine Lust mehr, weiterhin zuzuhören. Hier auf dem Hof ist es ja viel interessanter, hier ist doch richtig was los.“ „Hast du die beiden Mädchen in BDM-Kluft gesehen?“, fragte ich. „Ja, die waren mir gleich aufgefallen, weil sie zwei ganz alten Leuten aus dem ersten Wagen beim Runterklettern geholfen hatten. Die alte Frau stöhnte dabei furchtbar, weil ihr offensichtlich die Beine vom langen schlechten Sitzen so wehtaten.

‚Ach, Oma Grabowski, wir bringen dich schon wieder auf die Beine', sagten die beiden Mädchen und griffen ihr auf beiden Seiten kräftig unter die Arme.

‚Hätt ich doch meinen alten Sessel noch!', jammerte sie vor sich hin.

‚Kommt mit!', sagte ich zu den dreien", erzählte Adolf weiter und er machte ihnen die Tür zur Wohnstube auf. Als die alte Frau die Sofaecke und die Sessel sah, rief sie begeistert: „Danke, Jungchen, danke, du bist ja ein Engel in dieser grausamen Zeit."

„Hast du auch ihre dicken Zöpfe gesehen?", fragte Adolf, immer noch beeindruckt von den beiden Mädchen. „Und ihre prallen Blusen, mit dem Knoten vorm Hals", ergänzte ich lachend.

Schon gingen wir tapfer auf die beiden zu und grüßten sie, ihrer Aufmachung entsprechend, mit „Heil Hitler".

„Das stimmt nicht mehr", antworteten sie spontan, „unsere Mutter sagt, er bringe uns kein Heil mehr, sondern immer mehr Unheil." Wir verstanden erst nicht, denn so hatten wir den einzigen offiziellen Gruß noch nie aufgefasst. Ich jedenfalls war bisher nie auch nur auf den Gedanken gekommen, über die Bedeutung der beiden Wörter nachzudenken. Dann führten die beiden Mädchen mit ganz ernsten Gesichtern den Gedanken ihrer Mutter weiter und sagten zu uns: „Heil Mohrungen, wäre hier der passendere Gruß, weil hier bei euch – Gott sei Dank – noch alles heil ist. Auf unserer nun schon achttägigen Flucht haben wir so viel Kaputtes, so viel Elend erlebt."

Je mehr sie sprachen von dem vor Hunger schreienden Vieh, den mit gebrochenen Achsen liegen gebliebenen Fuhrwerken, den Pferdekadavern am Straßenrand, desto mehr dämmerte es mir, dass die aus einer anderen, grausamen Wirklichkeit kamen.

Es war das erste Mal in meinem Leben, dass ich überhaupt Mädchen so hatte reden hören. Sie hatten von vielen weiteren Erlebnissen ihrer „Reise" quer durch Ostpreußen erzählt. Wir Jungens hatten meist schweigend und nachdenklich zugehört.

Mädchen hatten wir doch bisher immer nur geärgert, verspottet oder ausgelacht, wie letztes Mal am Scherting-see. Die größeren höchstens still bewundert, schüchtern ihre unmittelbare Nähe gemieden.

Diese beiden Schwestern, die so erwachsen wirkten durch ihre Fluchterlebnisse, konnte ich nur bewundern und das ganz im Stillen für mich. Sie hatten auf mich einen so starken authentischen Eindruck gemacht, dass ich die beiden nicht vergessen habe.

Bis in die Nacht hinein saßen wir um das Hof-Feuer herum, von einem wackelnden Mondlicht beschienen, denn der Mond hatte es gegen die Wolken schwer, uns mit seinem schwachen, aber beständigen Glanz zu erleuchten.

Bevor unsere Mütter sich zu uns setzten, erfuhren wir noch, dass die Mutter der Mädchen eine geborene von Below war und damit eine entfernte Verwandtschaft zu dem berühmten Gestüt Trakehnen bestand.

„Meine treue Stute Mara habt ihr sicher schon in der Scheune gesehen“, sagte sie.

„Dann war das ja ein echter Trakehner, den wir da bewundert hatten“, sagte ich. „Aber“, fuhr ich fort, „ich habe ja das Zeichen gar nicht wahrgenommen.“

„Du meinst unsere Elchschaufel“, sagte sie. „Dann machen wir gleich mal Schule – auch damit ihr euch mal wieder an sie erinnert – also wie viele Zacken muss jede Schaufel haben?“

Großes Schweigen. „Zacken? Was für Zacken?“

„Na, Karl, die Elchschaufeln haben doch auch in der Natur keine glatten Ränder.“

Erneut großes Schweigen.

„Trakehnen war ja“, fuhr die jung und sportlich aussehende Mutter der Mädchen fort, „ursprünglich als Hofgestüt gedacht, um nach Berlin für den Marstall Zug- und Reitpferde zu liefern. In den Achtzigerjahren dann des achtzehnten Jahrhunderts wählte der damals zuständige Oberstallmeister Graf Karl Lindenau die siebenzackige Elchschaufel als das bis heute gültige Brandzeichen, das zugleich ein Gütezeichen ist. Alle in Trakehnen geborenen Pferde tragen seit dieser Zeit die Elchschaufel."

Auch zwei polnische Gastarbeiter gehörten zum Treck. Bis spät in die Nacht hinein hatte ich sie mit ihrem Landsmann von Reimanns Hof erzählen und lachen gehört.

„Die brauchen wir dringend", sagte Frau von Below, „denn alle Trecks auf der Flucht bestehen ja nur aus Frauen, Kindern und alten Leuten. Weil ständig Not am Mann ist, müssen die beiden ständig zufassen.

Die beiden wollten nicht auf dem Hof bleiben und auf ihre ‚russischen Brüder' warten. Das war schon etliche Male unser Glück in den vergangenen Tagen. Schon am zweiten Tag ging am mittleren Wagen ein Hinterrad kaputt. Eine Hilfe von außen wäre schon deswegen nicht möglich gewesen, weil wir gerade einen Feldweg benutzten. Wir haben uns immer auf solchen Wegen fortbewegt, die Hauptstraßen vollkommen gemieden. Die Zwistigkeiten auf den verstopften großen Straßen zwischen Wehrmachtseinheiten und den Flüchtlingstrecks waren grausam und menschenverachtend. Die Flüchtlinge waren dabei immer die Verlierer. Sie wurden von den motorisierten Soldaten an den Straßenrand gedrückt und endeten so oft mit Pferd und Wagen im Straßengraben."

Früh am nächsten Morgen brachen sie auf. Lange hatten wir ihnen nachgewinkt. Die beiden Mädchen hatten ihre Halstücher abgenommen, die immer noch sichtbar im Wind flatterten.

Ich hatte ihnen die Anschrift einer unserer entfernten Berliner Verwandten aufgeschrieben. Der Abschied fällt immer viel leichter, wenn es Hoffnung gibt.

Über diese Adresse hat Jahre später unser Vater uns, aus französischer Gefangenschaft entlassen, auf der Nordseeinsel Pellworm gefunden.

Von den beiden Mädchen aber haben wir nie wieder etwas gehört.

Wieder begann ein bitterkalter Winter wie in den Vorjahren. Aber ganz anders als bisher bestimmten nicht Eishockey und Eissegeln unseren Alltag, sondern die Versorgung der nicht endenden Flüchtlingszüge auf den Straßen und auf den Schienen. Immer wieder musste ich Mütter mit ihren krank gewordenen Kindern zu einem der beiden noch praktizierenden Mohrunger Ärzte führen, am Bahnsteig helfen, Getränke zu verteilen, oder Menschen, die körperlich und seelisch völlig fertig waren, in eine Notaufnahme bringen. Das Rote Kreuz hatte in Bahnhofs-Nähe eine solche Einrichtung geschaffen für Flüchtlinge, die tagelang nicht hatten schlafen können, weil sie Tag und Nacht für ihre kleinen Kinder sorgen mussten. Hilflose Mütter, hohlwangige Gesichter, vor Hunger und Durst schreiende Kinder waren Zeichen eines verloren gehenden Krieges auch hier, noch relativ weit von der Front entfernt, was wir damals nicht begriffen oder nicht begreifen wollten.

Ein trauriges Weihnachten kam, ein Weihnachten ohne Geschenke für uns Kinder und mit einem Krüppel von Tannenbaum. In Reimanns Wäldchen hatten wir den gefunden.

„Die Christbäume unserer Tage setzen die britischen Bomber“, sagte Tante Luise, „über Ponarth, unserem Stadtteil, hatten wir diese sogenannten Tannenbäume gesehen. Vor den britischen Bomberverbänden nämlich markierten bei Nachtangriffen sogenannte Pfadfinderflugzeuge mit grellen, an Fallschirmen langsam herabschwebenden – wie Weihnachtsbäume aussehenden – Leuchtbomben die Zielgebiete für die nachfolgenden Bomber. Sie verbreiteten ihr tödliches Licht über den Häusern und schafften so genaue Ziele für ihre Bomben.“

Christbäume: Zu welch zynischem Vergleich der Volksmund immer wieder fähig ist!

Wieder einmal war ich – es muss in den ersten Tagen des letzten Kriegsjahres gewesen sein – auf meinem Fahrrad durch das „verdunkelte“ Mohrungen als „Feuermelder“ zum Rathaus unterwegs. Wieder einmal hatte ein Fliegeralarm uns aus dem ersten Schlaf gerissen. Es war immer die lange völlig finstere Herderstraße entlang eine

Fahrt mit Gespenstern. Unser Wohngebiet wirkte wie ausgestorben, die heimatliche Straße wie eine unheimliche Unbekannte, die nicht enden wollte. Nur das Knirschen der Reifen im festgefahrenen Schnee auf der Straße und ein fernes leises Brummen aus der Luft begleiteten mich. Wenn die Bomberverbände genau über einem flogen, konnten die jugendlichen Ohren einen dumpfen Orgelton vernehmen.

Dieses eine Mal stand vor dem Rathaus ein feldgrauer Lastwagen mit laufendem Motor, aber kein Mensch weit und breit war zu sehen. Erst als ich anhielt und neugierig ins Führerhaus hochschaute, sah ich drei Soldaten mit einer Funzel von Taschenlampe offensichtlich auf eine Landkarte blicken.

„Nah, Pimpf, was gibt's?", und ohne auf eine Antwort von mir zu warten, die ich auch so schnell gar nicht hätte geben können, fragten sie: „Sag mal, wo genau geht es nach Westen? Ihr habt hier wohl alle Schilder abgebrochen."

Als ich sie daraufhin fragte, in welche Stadt sie denn fahren wollten, antworteten sie nur wieder: „Nach Westen!"

Mit großer Geste wies ich ihnen den Weg ums Rathaus herum und meinte noch, an der nächsten Kreuzung sei bisher immer ein Wegweiser gewesen, nämlich nach Saalfeld und nach Maldeuten. Wie ich auf die Idee kam, zu fragen, ob sie uns „nach Westen" mitnehmen könnten, weiß ich nicht mehr. Ich weiß nur noch, dass sie so etwas wie „geht nicht" sagten und die Autotür zuknallten. Ob mich damals plötzlich – angesichts der etwas hilflos wirkenden Soldaten – ein bisher schlafender Gedanke weckte, dass wir wohl auch möglichst bald „nach Westen" aufbrechen müssten?

Als ich mich wenige Tage später, etwa gegen Mitte Januar, der Parteizentrale näherte, sah ich im gesamten Gebäude offene Fenster, deren Flügel im kalten Wind wahllos auf und zu flogen. Sie markierten einen offensichtlich von der gesamten NSDAP plötzlich verlassenen, trostlosen Ort, der nur von einigen ziellos herumirrenden Pimpfen bevölkert wurde. Genauso verwirrt lief ich um das ziemlich große Gebäude herum auf den Hof, auf dem täglich mindestens ein Lastwagen gestanden hatte. Nur ein paar deutliche Spuren im Schnee waren zurückgeblieben, sonst erinnerte nichts mehr an das Leben und Treiben des gestrigen Tages. Wo waren die so plötzlich Verschwundenen geblieben, stand als Fragezeichen auf unseren ratlosen Gesichtern. Sie hatten uns doch wie zu den Tagen davor auch heute zum „Dienst“ bestellt, die Jungvolk- und HJ-Führer, die Parteigenossen aus der Zentrale.

„Das wirkt auf mich wie ein lange vorbereitetes Reißaus“, meinte einer von uns Pimpfen, „bis auf Stuhl und Tisch haben sie all ihren persönlichen Kram mitgenommen.“

„Nein, stimmt nicht, das Führerbild, den Adolf, haben sie hängen lassen“, stellte einer von den Reimännern grinsend fest.

„Hat der Stammführer nicht immer gesagt: Wer denkt an Flucht? Der Gauleiter Erich Koch nicht und wir folglich auch nicht“, erinnerte sich ein anderer von uns. „Und nun sind sie alle ganz plötzlich weg, alles verlassen und tot, die Zentrale ausgestorben. Nur die vielen Fensterflügel sind noch lebendig, schlagen mal leise, mal laut gegen ihre ehemaligen Halterungen.“

„Lasst uns – ohne Befehl – zum Bahnhof, da ist immer was zu tun“, schlug ich vor. „Hier hält uns doch nichts mehr!“

Nur noch wenige Züge stoppten kurz oder passierten völlig überfüllt den Bahnhof, auf dem immer noch sehr viele Frauen, Kinder und alte Leute aushielten, auf „ihren“ Zug warteten, nun schon viele Tage lang. Die Helfer vom Roten Kreuz kochten unermüdlich heißen Tee und schenkten dünne Suppen aus. Einige Stunden hatten wir vom Jungvolk dabei geholfen.

Wieder zu Hause angekommen, ergriff auch mich eine planlose Geschäftigkeit. Schon bevor ich unserer Mutter erzählt hatte, dass nur noch der eisige Wind die Räume der Parteizentrale beherrsche, sah ich überall im Kinderzimmer kleine Kleidungsstapel. Mutter hatte mit dem Packen begonnen. Ein paar Koffer sperrten ihre noch leeren Mäuler auf.

Was für ein freudiger Anblick war das all die Jahre gewesen: das Kofferpacken für die Reise an den Strand von Palmnicken oder Sorgenau! Was für ein Gefühl einer sonnigen Freiheit erfasste dann auch uns Kinder, frei vom Zwang der Schule und vom Exerzieren im Jungvolk. Wie stopften wir unsere Rucksäcke voll mit allem, was nicht nach Schule roch!

Jetzt lief ich kopflos herum: „Was soll ich bloß mitnehmen?“

„Pack ein, Karl, was dir wichtig ist, wovon du dich nicht trennen möchtest“, antwortete die Mutter.

„Dann brauche ich fünf Rucksäcke!“, jammerte ich. Und Mutter gab schließlich zu, auch sie brauche fünf Koffer!

„Und was wird aus den Kaninchen?“, jammerte ich weiter.

„Mach die Stalltüren auf und lass sie den ganzen Schuppen bewohnen! Da ist genug Platz und Heu zum Fressen.“

So lief ich zwischen Rucksack und Kaninchenstall immer hin und her.

„Wollmann will gar nicht aus seinem Stall raus“, staunte ich.

„Die Kaninchen können lange Zeit für sich selbst sorgen“, beruhigte mich unsere Mutter. „Futter ist genug im Schuppen.“

Bis zum frühen Abend lief ich noch etliche Male hin und her zwischen Kaninchenstall und Rucksack.

Am späten Nachmittag standen Masuchs vor der Tür, unsere Nachbarn. Mutter ging an die Tür und sprach mit ihrer langjährigen Nachbarin. Die wollten sich nur eben verabschieden. „Das dauert alles nicht lange“, hörte ich dabei Frau Masuch sagen. Fast tonlos sagte sie das. Sie stand wie abwesend vor uns.

„Mein Mann muss hierbleiben. Die Polizeidienststelle macht Schluss. Sammelt den Volkssturm ein.“

Was sie damit sagen wollte, hatte ich nicht verstanden.

Klang alles etwas verwirrt. Ganz klein und leise huschte sie wieder in ihre Wohnung. Mit dem eng um den Kopf geschlungenen Schal bekam sie ein mageres Mausegesicht.

„Mein Mann rät uns“, sagte sie noch und es klang so, als glaubte sie es eigentlich nicht. „Mein Mann sagt, wir sollen mal ganz in Ruhe zum Bahnhof gehen. Bis Langfuhr fahren, da haben wir nämlich Verwandte. Weiter müssten wir nicht, das dauert alles nicht lange, dann sind wir wieder zu Hause. Im Augenblick ist der Russe im Südosten an einer Stelle bei Landsberg durchgebrochen, wird aber ganz schnell wieder zurückgeschlagen.“

Eine noch ungeordnetere Betriebsamkeit als ohnehin schon ergriff nun auch uns alle. Uns wurde dunkel schlagartig klar, dass der Rat des Mohrunger Polizeichefs Masuch auch für uns galt: Aufbruch zum Bahnhof.

2. Teil

Die Flucht bis Stolp

Alles Packen ging ganz plötzlich ganz schnell. So als schaue die persönliche Bedrohung durch die verdunkelten Fenster herein. Doro und Traute schnürte die Angst offensichtlich die Kehlen zu. Die ungewöhnliche Ruhe ihrer Mütter war der Grund dafür. Bei genauerem Hinsehen konnte ich erkennen, wie sie mit den Tränen kämpften. Ich versuchte, Joachim davon zu überzeugen, nicht alle seine vielen kleinen Bleisoldaten, Panzer und Schiffsmodelle einzupacken, weil er doch alles – vielleicht weit und lange – werde tragen müssen.

Als ich aus der Haustür trat, um den Schlitten zu holen, empfing mich eine eisige Dunkelheit. Ich ertastete die bekannte Stelle im Schuppen und zog den Schlitten mit einem kräftigen Ruck auf den glatten knirschenden Schnee, der ihn bis an die Haustür gleiten ließ. Auch als die Augen sich an die Finsternis gewöhnt hatten, konnte ich in den verdunkelten Fenstern der Nachbarn keinen Fetzen Licht schimmern sehen.

Nur die eine Frage beschäftigte mich: Hatten sie alle schon ihre Wohnungen verlassen, war die Verdunklung ihrer Fenster so perfekt oder spielten mir nur meine ängstlichen Augen eine einsame Dunkelheit und eine völlig allein gelassene Familie Stobbe vor. Wo waren sie alle so schnell geblieben, die Reimanns, die Salewskis? Die Frage peinigte mich, musste aber schon deswegen unbeantwortet bleiben, weil gar keine Zeit mehr war, über den Zaun zu steigen.

Immer wieder einmal hatte der Blockwart auf seinen Kontrollgängen beinahe an jedes Fenster geklopft. Die Verdunklung war ihm nicht dunkel genug. Immer wieder schimmerte ihm zu viel Licht nach draußen. „Das weist den Feinden den Weg“, sagte er dann mit ganz ernstem Gesicht. Geglaubt hatte ihm das keiner, aber alle mussten gehorchen und die angeblichen Ritzen verstopfen.

Erst viel später wurde mir die perfide Funktion eines Blockwarts bewusst. Er war der bis in das Alltagsleben eines jeden Volksgenossen verlängerte Arm des „Führers“. Unsere Wohngegend war das Kontrollgebiet von Blockwart Meschkat. Nie habe ich ihn lachen gesehen, nie hatte er ein freundliches Wort zu uns Kindern. Immer war er von der ungeheuren Wichtigkeit seiner Aufgabe so überzeugt, dass keine Zeit für Freundlichkeit blieb. Seine Äußerungen klangen nicht wie Ratschläge, sondern wie Befehle. Mutter Reimann hatte mal gesagt, der Posten eines Blockwarts sei für Leute geschaffen, die zu Hause und im Beruf nichts zu melden hätten. Die ewigen Befehlsempfänger verwandeln sich als Blockwart in temporäre Generäle, jedenfalls in der eigenen Einschätzung.

Wie gerne hätte ich jetzt eine einzige Lichtritze gefunden. Aber weder Blockwart noch Ritze zeigten sich.

Noch während ich unsere drei Koffer auf dem Schlitten zu befestigen versuchte, kroch die Einsamkeit ganz leise an mich heran.

Drei glatte Koffer auf einem glatten Schlitten zu befestigen, überforderte meine Geduld. Wird schon gut gehen, glaubte ich.

Wie die lebendige Kleidersammlung sahen wir alle aus. Wir hatten alles doppelt und dreifach übereinandergezogen. Selbst über die Uniform hatten Joachim und ich noch Pullover und Jacke gezogen. Nie waren wir vorher auf eine solch abenteuerliche Idee gekommen. Aber Mutter hatte uns überzeugt, das Thermometer zeigte minus zehn Grad. Die Gesichter von Doro und Traute bestanden nur aus Nasenspitzen.

Das Verlassen der Wohnung war der Aufbruch zu einer ungewöhnlichen Reise. Eine Flucht wurde erst später daraus. Nur ein Unterschied bestand zu unseren Aufbrüchen an die Samlandküste. Der heutige vollzog sich bei völliger Dunkelheit und vollkommen leise.

Licht aus, Schlüssel zweimal im Schloss drehen, die zwei Stufen im Hausflur: Ein Verlassen der Wohnung wie immer.

Aber ein unbestimmtes, ein fremdes Gefühl machte sich breit. Ein Gefühl der Unsicherheit, das die Frage stellte: Wann sind wir wieder da? Wann sehe ich meine Kaninchen wieder?

In der scharfen Kurve bei Masuchs Wohnung an der Ecke zur Bahnhofstraße kippte der Schlitten um. Alle drei Koffer lagen im Schnee.

„Das geht so nicht“, bestimmte unsere Mutter, „der große, der besonders glatte muss zurück in die Wohnung.“

Ich schleppte ihn wortlos zurück.

„Habe keinen Schlüssel“, rief ich nach einigen Metern.

„Macht nichts, Karl, setz ihn im Hausflur ab“, entgegnete Mutter, „wir sind doch eh bald zurück.“

Mutter hatte mir später nie erzählen wollen, ob sie wirklich an den Satz geglaubt hatte oder ob sie uns Kinder nur beruhigen wollte.

Krachend setzte ich den schweren Koffer genau mitten vor unserer Wohnungstür ab.

Ich werde dann über ihn direkt in unsere Wohnung springen. Danach werde ich sofort in den Schuppen rennen und die Kaninchen begrüßen, hoffte ich.

Immer, wenn ich später den Beginn unserer Flucht zu erzählen versuchte, gab es stets die gleiche Frage: Wie hast du fest daran glauben können, bald wieder über den Koffer in eure Wohnung zurückzuspringen? Das habe ich mich auch selbst noch Jahre danach oft gefragt. Bis zum Beginn unserer langen Fluchtpause in Stolp reichte zeitlich mein Glaube. Verbunden mit dem festen Glauben an die Wunderwaffen aber konnte er sich noch eine Weile halten. Ganz wichtig scheint mir aber im Nachhinein ein anderer einfacher Aspekt. Mit diesem Hoffen auf die baldige Rückkehr war mir das Herz nicht so schwer beim Verlassen der Wohnung und der Stadt. Ich bin mir nicht sicher, ob wir ohne diesen aus späterer Sicht so unverständlichen Glauben je die Kraft gehabt hätten, unser geliebtes Mohrungen zu verlassen.

Die zwei verbliebenen Koffer konnten wir auf dem Schlitten halten und erreichten die nicht befahrenen völlig verschneiten Bahnschienen. Die Straße machte hier eine scharfe Kurve und führte – jetzt parallel zu den Schienen verlaufend – auf das etwa hundert Meter entfernte Bahnhofsgebäude zu.

Warum wir nicht bis zum Bahnhof weiterzogen, weiß ich nicht mehr. War es meine Angst vor der Fülle, die ich kannte? Vor den frierenden Menschen auf dem Bahnsteig und vor einem Warteraum, der ein Lagerraum geworden war, voller Flüchtlinge, die den gesamten Fußboden besetzt hielten?

Waren es die beiden kleinen Mädchen, die wegen der Kälte jammerten, weil ihnen der Frost in die Nasen kniff?

Vor allem war es wohl der Güterwagen, der hinter den vielen verschneiten Gleisen in einiger Entfernung, aber direkt vor uns stand. Im Näherkommen erkannten wir, dass er einer der letzten Wagen eines endlos langen Güterzuges war. Bis zur Spitze des Zug-Ungetüms konnte ich nicht sehen. Deutlich zu hören war aber ein rhythmisches Zischen und Schnaufen der fernen Lokomotive. So als übte sie schon mal die Weiterfahrt.

Ein Zug unter Dampf wirkte elektrisierend auf uns.

Plötzlich waren die großen Koffer gar nicht mehr so schwer, die ich über die Gleise schleppte. Als auch der Kinderwagen mit Klein-Heidrun zum Viehwaggon getragen war, standen wir hilflos umherblickend im eiskalten Dunkel vor dem Güterwagen.

Plötzlich tauchte das schwankende dünne Licht einer Taschenlampe auf, das sich aus Richtung Bahnhof langsam näherte. Ein Bediensteter der Eisenbahn kontrollierte offensichtlich den Zug.

Als er uns sah, stutzte er kurz, sagte aber zunächst nichts. Beleuchtete uns dann alle mit seiner Lampe.

„Wir dürfen keine Flüchtlinge mitnehmen, nur Bedienstete der Eisenbahn." Und er ergänzte: „Züge fahren keine mehr. Eisenbahner-Züge sind immer die letzten, die die Bahnhöfe verlassen."

Nun geschah etwas völlig Unerwartetes. Nachdem er den Kinderwagen und die beiden Mädchen etwas länger beleuchtet hatte, riss er die schwere Schiebetür des Waggons auf, vor dem wir standen.

„Schnell rein", sagte er noch, als er uns in den Viehwagen hochhalf. Bevor mir bewusst wurde, dass hier gerade unsere Rettung stattfand, hatte er die schwere Schiebetür schon wieder krachend geschlossen.

Ein dünnes flackerndes Licht einer Stalllaterne aus der linken hinteren Ecke des Waggons machte mir weiter Mut. Ich sah im matten Schein der Lampe auf einer Strohschütte in der Ecke eine junge Frau und einen Mann sitzen. Die Frau hielt einen kleinen Jungen im Arm. Ganz zögernd und unsicher grüßten sie zurück. Es war mehr eine Art Kopfnicken. Dann wandten sie sich wieder ab.

Die größte Überraschung des Viehwagens erkannten wir einen Augenblick später, wobei wir fast gleichzeitig riefen: „Ein Ofen, schau mal: ein Ofen!“

Ein kleiner, nur milchkannengroßer eiserner Ofen stand mitten im Waggon und streckte sein langes Rohr durch die Seitenwand des Wagens nach draußen.

Unsere neuen Mitreisenden hatten ihn in einen dunkelrot glühenden Zustand versetzt.

Bis auf einen Meter konnten wir uns gefahrlos nähern. Wer dichter heranging, fing auch an zu glühen.

Wir fassten uns an den Händen und bildeten einen Kreis um den glühenden Mittelpunkt. Getanzt haben wir dabei nicht um ihn herum, aber uns allen war nach einem Freudentanz zumute.

„Aufpassen, wenn der Zug einen plötzlichen Satz nach vorne macht“, sagte der Mann auf der Strohschütte. „Du wirst gegen den Ofen gedrückt“, fuhr er fort, während er mich mit ernster Miene anblickte. „Der Zug stolpert nämlich, wenn er anfährt, hätte mich gestern auch beinah erwischt, konnte noch im letzten Moment zur Seite springen.“

„Wo kommt ihr denn her?“, wollte ich wissen.

Aus Allenstein seien sie gestern aufgebrochen, sie seien Polen aus der Gegend von Lodz. Er arbeite schon vier Jahre bei der deutschen Reichsbahn in Allenstein.

„Ich wollte nicht noch einmal den Krieg erleben“, sagte er ganz leise und in ganz dankbarem Ton: „Ich bin so froh, dass sie uns mit nach Westen genommen haben.“

Er hatte seine anfängliche Schüchternheit weitgehend abgelegt. Während er noch sprach, kam er in unsere Wagenecke herüber und brachte uns einen großen Strohballen. Er schnitt die Halterungen ab und breitete das Stroh zu einem dicken Teppich auf dem Boden aus.

„In dieser Ecke sind Sie am besten vor dem glühenden Ofen geschützt", erklärte er der Mutter und der Tante.

Der Ofen müsse glühen, meinte er noch, sonst könne er gegen die Kälte gar nichts ausrichten. „Holz haben wir genug gebunkert", und dabei wies er auf einen riesigen Holzstapel in der ziemlich dunklen rechten Ecke.

Was der für ein gutes Deutsch sprach, fiel mir erst jetzt auf. Wie sich herausstellte, hatte er vier Jahre fast nur deutsch gesprochen. Und auch ein bisschen für die Partei habe er gearbeitet. Daher also hatte er uns beide in unseren Jungvolk-Uniformen auch so freundlich betrachtet.

Das „Stolpern" des Zuges beim Anfahren erlebten wir gleich darauf als unverständlich und gefährlich. Die Freude, dass er sich bewegte, ging unter im lauten Krach des „Stolperns". Es war mehr ein kräftiges Ruckeln und Poltern, so als wollte ein Teil des unendlich langen Ungetüms sich erst einmal weigern, mitzukommen. Langsam ruckelten sich dann alle zusammen und nahmen doch gemeinsame Fahrt auf.

Zugfahren, mit dem Zug fahren: was war diese Fortbewegung in unserem kindlichen und jugendlichen Alltag für ein herausragendes Ereignis. Liebevoll vorbereitet, mit wochenlanger Vorfreude bedacht, so war es alle Jahre an die Samlandküste gegangen.

Die äußeren Unterschiede zu unserer jetzigen Zugfahrt im Viehwagen könnten größer nicht sein: eine Fahrt im funzeligen Flackerlicht der kleinen Stalllaterne durch die inzwischen tiefschwarze Nacht, auf einer Strohschütte am Boden.

Gerade zog die Notbeleuchtung des Mohrunger Bahnhofs als ein paar Lichtritzen langsam an uns vorbei. Die undichten Wände des Waggons, die im Vorbeifahren kurz das

Notlicht des Bahnhofs anzeigten, riefen zugleich in meinem Hinterkopf die Elendsbilder der vergangenen Tage wieder hervor: die wartenden und immer noch auf einen Zug hoffenden vielen Frauen und Kinder.

Früher war die Eisenbahn ein Sehnsuchtsvehikel unserer Kinderzeit. Autos für Privatpersonen existierten ja nicht. Mit der heutigen Nacht bekam die Eisenbahn eine ganz neue reale Bedeutung: Sie wurde zur Lebensretterin.

Lange konnte ich diesem Gedanken nicht nachhängen, denn der Zug führte sich gerade wie ein Trakehner auf, der vor einem doppelten Oxer scheut. Alles machte auf mich den Eindruck, als drehten wir uns krachend im Kreise. Alles war besser, als schlapp in der Dunkelheit stehen zu bleiben. Dann wieder schien die Zugmaschine die Richtung gefunden zu haben: immer weiter nach Westen. Schon die Soldaten vor Tagen auf dem Marktplatz hatten diese Richtung ganz deutlich benannt, obwohl sie im Ganzen sehr schweigsam gewesen waren.

Immer weiter gen Westen.

Ob wir in der Zwischenzeit alle etwas geschlafen hatten, wusste ich nicht mehr. Ob wir überhaupt bei dem ständigen Gerummel hätten schlafen können, war die Frage. Denn als Schlafwagen machte unser Waggon eine recht schlechte Figur.

Ein seltsames lautes Knattern war plötzlich um uns herum. Aus den Wochenschauen der Jugendfilmstunden kannte ich dieses Geräusch gut. Aber hier waren wir nicht im Film am Sonntagvormittag, sondern in einem Eisenbahnerzug in der nächtlichen Finsternis. Die Weichselbrücken dürften nicht weit sein, fiel mir spontan ein.

„Die Weichselbrücken", hauchte der Pole von der anderen Strohschütte herüber. Er hatte wohl das Glück eines größeren Lochs in der Waggonwand.

Wir würden beschossen von russischen Tieffliegern. Daher führen wir auch schon eine ganze Weile nicht mehr. Man dürfe sich nicht bewegen, meinte unser polnischer Mitfahrer noch. „Die Dunkelheit schützt dich etwas besser, wenn du dich nicht bewegst", sagte er.

Immer wieder schossen die Flugzeuge über uns hinweg. Wir hörten, wie die MG-Garben peitschten. Aber sie trafen uns nicht. Vielleicht waren wir noch viel zu weit von den Brücken entfernt, wir gehörten ja zu einer riesigen Menschenmasse von mehreren Hunderttausend, die sich da auf Straße und Schiene auf das Nadelöhr der Brücken zubewegten.

Vielleicht waren wir auch erst auf der Höhe der Nogat-Brücken bei Marienburg, und diese Luftangriffe waren nur die „Einstimmung" für die Weichselbrücken.

Hoffentlich bomben sie die Brücken nicht weg, dann wären wir verloren.

Das werde eher nicht passieren, meinte der Pole mit Nachdruck, der Russe wolle ja selbst noch nach Westen hinüber. So hatte er uns zu beruhigen versucht, aber in dieser von Todesangst erfüllten Situation konnte ich keinerlei Ruhe finden.

„Die vielen Menschen in den Trecks auf den Straßen müssen bei solchen Luftangriffen ja ständig den Tod vor Augen haben", stellten die beiden Mütter fest und drückten dabei Doro und Traute ganz fest an sich.

Wie man heute nachlesen kann, sind die Brücken tatsächlich erst gegen Ende März 1945 von den letzten zurückweichenden deutschen Soldaten gesprengt worden.

Im Schneckentempo überquerten wir bald darauf die Weichsel bei Dirschau, offenbar gerade in einer Feuerpause gelangten wir in den als sicher eingeschätzten „Westen".

Unsere Viehwagen machten auch bei so langsamer Fahrt weiterhin einen angsteinflößenden holpernden Krach, der uns aber dem Feind nicht verraten konnte. Alle Aktionen waren ausschließlich sichtbestimmt. Die größte Dunkelheit war unser bester Freund.

Die Eisenschienen der Dirschaubrücke klangen mir in den Ohren wie eine dunkle Siegesmelodie. Sie erhob sich über das Gepolter des fahrenden Zugungeheuers, bestimmt für Ohren, die sich an das Melodische noch erinnerten.

Ein herzzerreißender Schrei, ein furchtbar schriller, kreischender Ton erfüllte ganz plötzlich unseren dämmerigen Waggon. Traute war mit dem Handrücken ihrer linken Hand an den glühenden Ofen geraten. Nun war doch passiert, was nie hätte passieren dürfen. Wie sie später erklärte, sei sie nur eben kurz aufgestanden, um sich auf die andere Pobacke zu setzen. Im gleichen Augenblick müsse der Rüttelzug wieder einen seiner schlimmen Sätze gemacht haben.

Es müssen entsetzliche Schmerzen gewesen sein bei der Empfindlichkeit des Handrückens. Die Haut hing zum Teil in blutroten Fetzen am Handrücken. Alle wollten irgendwie helfen. Der polnische Vater war sofort mit seiner Stalllaterne da.

Trautes Mutter musste sich hinlegen. Sie hatte einen Schock erlitten. Unsere Mutter und die beiden Polen versuchten, einen Verband zu finden und anzulegen. Das Schreien und Weinen der kleinen Cousine war inzwischen einem ständigen Wimmern gewichen. Als die Beruhigungstablette zu wirken begann, fiel das kleine Mädchen völlig erschöpft in sich zusammen.

„Wir machen einen Stopp in Stolp", wusste der Pole. So hätte es vor Tagen geheißen. Dieser Satz machte die Tante wieder ansprechbar und beruhigte uns alle etwas. Dort würden wir sicherlich schon am Bahnhof einen Arzt finden, war die große Hoffnung.

Unsere Hoffnung: Stolp war ja nicht einmal hundert Kilometer entfernt. Für einen fahrenden Eisenbahnzug ein gutes Stündchen, mit Haltestellen. Leider wagte keiner für unser unberechenbares Ungetüm eine Zeitansage abzugeben.

Es dauerte dann tatsächlich noch einige Stunden bis zum frühen Morgen. Erst dann kroch unser Zug in den Stolper Bahnhof.

Ein riesiges Chaos empfing uns. Wir waren ja nicht der einzige Eisenbahnerzug aus dem Osten. Immer wieder fuhren auch Züge, mit den großen roten Kreuzen bemalt, ein und aus.

Später war es uns wie ein Wunder erschienen, dass uns offensichtlich eine Krankenschwester zwischen den Menschenmassen schon beim Aussteigen wahrgenommen hatte. Indem sie Traute über das Haar strich, sagte sie nur: „Ich zeige Ihnen den Weg zur Ärztin, vom Bahnhof aus nur über die Straße, das erste Eckhaus." Schon war sie wieder in der Masse Mensch verschwunden. Mein wochenlanger eigener Hilfsdienst auf dem Mohrunger Bahnhof fiel mir ein. Jetzt waren wir die glücklich Beschenkten auf der anderen Seite der Hilfsaktionen.

Die Tante mit Kinderwagen und Traute vorweg und wir als Kleintreck hinterher durch den Schneematsch des Bahnhofs mit den glatten Koffern auf dem Kinderschlitten. Nur mit meiner größten Anstrengung war es möglich, sie auf dem Schlitten zu halten.

Auf dem Bahnhofsvorplatz herrschten ein eisiger Wind und eine völlige Leere. Das Eckhaus mit der Arztpraxis war weithin sichtbar, weil sich vor dem Eingang eine Art kleines Heerlager gebildet hatte, aus Schlitten, Koffern, Fahrrädern, Kinderwagen. Die dazu passenden Menschen waren nirgends zu sehen. Es war totenstill um uns herum.

Die überfüllten Wartezimmer und das An- und Abschwellen des Sprache gewordenen Flüchtlingselends, das sich aller Räume bemächtigt hatte, wunderte uns nicht. Die Hinweise vor der Tür waren ja deutlich genug.

Trautes Verbrennungen des Handrückens galten als akuter Notfall, sodass sie sehr schnell zur Ärztin ins Behandlungszimmer geholt wurde. Ebenfalls sehr schnell stellte die Ärztin eine Verbrennung zweiten Grades fest und befand, eine Weiterfahrt sei völlig ausgeschlossen. Die Wunde müsse täglich versorgt werden. Eine Weiterfahrt war uns nämlich in der Zwischenzeit in Aussicht gestellt worden. Eine Weiterfahrt mit unserem Eisenbahnerviehwagen allerdings nur in den ländlichen Raum Stolps. Wir sollten verteilt und untergebracht werden zwischen den Flüsschen Stolpe und Wipper, zwischen den Orten Stolpmünde und Rügenwalde. Warum wir nicht weiter nach

Westdeutschland verfrachtet wurden, weiß ich nicht mehr genau. Ich glaube, es hieß, schon hier in Hinterpommern seien wir vor allen Feinden sicher.

Im Behandlungszimmer hatte sich offensichtlich zwischen der Ärztin, der Tante und unserer Mutter ein persönliches Gespräch entwickelt. Da wir ja zum Verbandswechsel täglich erscheinen müssten, wäre es doch sinnvoll, hier in der Nähe zu wohnen. Diese Logik war so simpel wie richtig, nur momentan völlig unrealistisch. Die Ärztin überlegte eine Weile mit geschlossenen Augen und sagte dann: „Sie wohnen bei mir. Oben im dritten Stock habe ich eine große Wohnung. Da haben Sie erst mal eine Bleibe für die nächste Zeit."

Wie Mutter uns dann am Abend von dem Angebot berichtete, klang es immer noch so, als habe sie alles nur geträumt.

Sie wolle mal mit gutem Beispiel vorangehen, hatte die Ärztin noch hinzugefügt. Denn die Partei hatte vor Tagen schon angekündigt, Stolp würde über kurz oder lang Flüchtlingszentrum werden. Alle müssten viel enger zusammenrücken.

Jede Stolper Familie habe die Pflicht, eine Familie aus dem Osten bei sich zu beherbergen.

Das Glück hatte uns wieder sanft im Arm.

Auf dem Weg in den dritten Stock, den wir hinter der Sekretärin neugierig nach oben stiegen, gab es eine weitere glückliche Neuigkeit. Schon bei der Aufnahme in der Arztpraxis war mir aufgefallen, wie behutsam und mütterlich die Sekretärin mit der kleinen völlig in sich zusammengesunkenen Traute umgegangen war. Jetzt verkündete sie: Tante Luise und ihre beiden Mädchen möchten bitte zu ihr mit nach Hause kommen. Platz für sieben Personen sei denn doch nicht in der Wohnung der Frau Doktor. Ihre Wohnung sei nur wenige hundert Meter von der Arztpraxis entfernt. „Und deiner kranken Hand, Traute, können wir dann ständig helfen."

Eine hohe Altbauwohnung tat sich vor uns auf mit dunklen Mahagonimöbeln und dicken Teppichen.

Erst gegen Abend tauchte die Ärztin oben in ihrer Wohnung auf. Mutter hatte sie auf etwa fünfzig Jahre geschätzt. Mit ihren strubbeligen Haaren und dem eingefallenen Gesicht wirke die Ärztin aber viel älter, als sie wohl tatsächlich sei. Das sei ja kein Wunder bei der Endlospraxis.

„Das geht schon so die ganze letzte Woche, ohne Pause von morgens bis abends spät." Und damit verschwand sie in einem der vorderen Zimmer.

Wir durften zwei Zimmer bewohnen und die Küche benutzen. Sie brauche die in der letzten Zeit nicht mehr. Frau Schumann, ihre tatkräftige Sekretärin, versorge sie mit. Die koche so gern und könne das so gut.

„Ich", sagte die Ärztin, „habe nie gerne gekocht. Als mein Mann noch lebte, hat der sich mehr ums Kochen gekümmert als ich. Vor zwei Jahren schon ist er an der Ostfront gefallen. Und als mein Sohn sich unbedingt zur Waffen-SS melden musste – ein halbes Jahr ist das auch schon wieder her –, da hab ich nicht mehr so recht gewusst, für wen ich denn überhaupt noch kochen soll. Kaum das Notabitur hinter sich und weg war der Bengel. Alle aus seiner Klasse sind sie dem ‚Rufe des Führers' gefolgt, kaum älter als siebzehn Jahre."

Sie sagte das in einem leisen, ganz traurigen Ton, aus dem nicht viel Hoffnung herauszuhören war.

Ihr Sohn habe doch hin und wieder das Elend in ihrer Praxis miterlebt, wenn gerade einer der Verwundeten kollabiert sei. Aber gegen die jahrelange Propaganda einer siegreichen deutschen Wehrmacht habe selbst die Realität einer Arztpraxis am Bahnhof keine Überzeugungskraft. „Was die Jungs sehen, wollen sie nicht glauben, und was sie glauben, halten sie für wahr."

Eine verständliche Philosophie der Resignation, meinte unsere Mutter dazu.

In der Schlacht um unsere Reichshauptstadt Berlin sollen die Jungs eingesetzt werden, habe es geheißen, berichtete die Ärztin eines Abends weiter.

Solche Gedanken gingen ihr wohl ununterbrochen im Kopf herum, denn jeden Abend erzählte sie ein Stückchen mehr von der unendlichen Geschichte ihrer ganz persönlichen Kriegserlebnisse.

Schon am zweiten Abend hatte sie zu mir gesagt: „Komm mal mit, Karl, ins Zimmer meines Sohnes. Du darfst alles benutzen, was dir gefällt: die Schiffsmodelle und die Flugzeugmodelle, auch die Bücher. Betrachte es als dein Zimmer, nur alles muss wieder an den Platz zurück, an dem du es gefunden hast."

Dann murmelte sie noch etwas leiser vor sich hin, was ich nur zum Teil verstand: „... kommt ja doch nicht mehr zurück", oder so ähnlich.

Ich fühlte mich wie in einen Traum verwandelt. Wie der Prinz im Märchen. Großzügig lud ich meine Geschwister zu mir ins Zimmer, die begeistert kamen und blieben.

Meine Schatzsuche begann: Vorsichtig nahm ich Schrank und Schubladen in Augenschein und landete schließlich beim großen Bücherbord. Hier traute ich meinen Augen nicht, alle fünfundsechzig Karl-May-Bände standen da, aufgereiht nebeneinander. Was für einen traumhaften Schatz hatte ich da entdeckt!

Wir alle in meiner Mohrunger Klasse hatten uns im letzten halben Jahr oft ausgemalt, wie es sein müsste, wenn jemand alle Karl-May-Bände besäße. Wir waren nämlich seit vielen Wochen von einem Karl-May-Tausch-Rausch ergriffen gewesen. Nur der abrupte Schulschluss setzte auch dieser Aktion ein jähes Ende.

Mit vor Aufregung zitternden Fingern griff ich ins Bord und hielt tatsächlich den „Schatz im Silbersee" in der Hand. Schon viele Monate lang hatte ich diesen Band zu ertauschen versucht, aber gelungen war es mir nie.

So wurde Stolp meine Karl-May-Metropole. Ich konnte schmökern, bis mir der Po und die Augen schmerzten. Keiner stellte die üblichen Fragen: Wie weit hast du schon gelesen, wann bist du denn nun endlich fertig? Ich hab den Band schon vorbestellt.

Hier stellte jetzt keiner irgendwelche berechtigten oder unberechtigten Forderungen. Hier gab es keinen, der Ansprüche hätte stellen können. Hier gab es nur Karl May und mich. Beim Reiten mit Winnetou oder Old Shatterhand blieb sogar der sonst permanente Hunger auf der Strecke.

Unsere Mutter sagte später einmal, ich sei so tief in Karl Mays Welt versunken, dass sie schon Angst hatte, ich könnte nicht mehr auftauchen.

Nach der Behausung im Viehwagen mit dem gefährlichen glühenden Ofen in der Mitte kamen wir uns jetzt vor, wie ins Paradies versetzt. Auch die Zentralheizung, die wohl vom Keller aus befeuert wurde, funktionierte wie in Friedenszeiten. Diese Arztwohnung gab uns ein Stück Mohrunger Wohlbefinden zurück. Und ich mitten drin als lesender Nutznießer.

Der Krieg schien wieder weit entfernt stattzufinden. Aber eine große Nervosität schien mir über der Stadt und ihren Menschen zu liegen. Ob es an der von Flüchtlingen überfüllten Stadt, an den leeren Kaufmannsläden, an den immer knapper werdenden Nahrungsmitteln lag, weiß ich nicht. Ob jeder glaubte, er müsse sich beeilen, um noch bei irgendeinem Bäcker irgendein Stück Brot zu ergattern. In allen Straßen, die Joachim und ich fast täglich kurz erkundeten – ihr müsst doch mal an die frische Luft –, sahen wir fast nur durch den Schneematsch hetzende Menschen.

So friedlich das Wohnen für uns in der großen Arztwohnung war, so friedlos erschien uns die Stadt, als eine Stadt im Ausnahmezustand. Vielleicht hing es damit zusammen, dass wir alle die immer näher rückende Ostfront als ständig über uns schwebende Bedrohung fühlten, verbunden mit dem immer kleiner werdenden Glauben an die V2, des „Führers Wunderwaffe“.

Oft in den gut vier Wochen des Stolper Zwischenstopps besuchten wir Tante Luise und die kleinen Kusinen. In den Buchmanns hatten sie ein auffallend kinderliebes Ehepaar gefunden. Nicht selten habe sie das schon erlebt, sagte unsere Mutter zu ihrer Schwester, dass kinderlose Eheleute besonders kinderlieb seien. „Vielleicht fällt es einem auch nur deswegen so auf, weil es einem unlogisch erscheint.“

Aber schnell waren sie sich einig: Leben und Logik seien zwei feindliche Vettern.

Als äußere Erscheinung war Frau Buchmann das genaue Gegenteil ihrer Chefin. War diese klein und hager, war die Sekretärin eine große kompakte Frau. Sie lachte gern und viel. Ich staunte dabei immer über ihre dann gewaltig wackelnde Vorderseite. „Ja“, sagte sie dann oft, „ich weiß, ich bin zu dick. Aber ich koche und esse doch so gern. In der letzten Zeit habe ich auch schon etwas abgenommen, weil uns auch unsere Verwandtschaft vom Lande nicht mehr so fett beliefert. Ich sitze auch einfach zu viel.“

Unsere Mutter sagte in solchem Zusammenhang immer: Das ist ja eine Seele von Mensch. Sie umschrieb mit dem alten christlichen Begriff der Seele eine selbstlose, immer hilfsbereite soziale Haltung. Die traf auf die Buchmanns nun wirklich zu: wie selbstverständlich boten sie unserer Tante ihre Wohnung an. Niemand hatte sie darum gebeten. Jeder, der ihr Zuhause kannte, hätte sich eigentlich wundern müssen, dass sie sich in die kleine Wohnung Flüchtlinge holten. Das kleine Zimmer könnten sie entbehren und die Wohnküche sei groß genug für alle, daher heiße sie ja auch so. Und schon wieder bewegte ihr herzliches Lachen ihre enormen Brüste.

Ihr Mann war ein Unikum. Mit seiner starken Brille – er war extrem kurzsichtig – glich er dem gutmütigen Zirkusclown. Wie dieser hatte er immer das passende Sprüchlein parat. Das klang oft ganz lustig, war aber gleichzeitig ernst gemeint. Er war kein billiger Spaßmacher, sondern wie seine Frau ein liebenswürdiger Mensch.

Schon als wir das erste Mal bei ihnen in der Wohnung waren, fiel mir die riesige Landkarte auf, die er an der Wand über der langen Küchenbank angebracht hatte.

Lauter kleine schwarze und rote Fähnchen bevölkerten die Karte und machten damit den Frontverlauf der Ostfront sehr anschaulich sichtbar.

Immer wieder kam er bei seinen militärischen Kommentaren auf den Ort Schitomir zu sprechen, durch den eine Zeit lang die Front verlaufen war. Diesen Ort mochte er zu gern, weil er von seinem Reim: „Schitomir – schiet ik dir" so begeistert war.

„Lang, lang ist es her", sagte er denn auch gleich hinterher, denn der im Nordwesten der Ukraine gelegene Ort hatte bis vor einem guten Jahr eine strategische Rolle gespielt: Gegen Ende des Jahres 1943 fiel er schließlich in die Hände der russischen Streitkräfte.

Ganz gewissenhaft sorgte Alfred Buchmann für seine Fähnchen-Front auf der Landkarte. Genau nach Rundfunk- und Zeitungsmeldungen versetzte er täglich seine „Soldaten" und wurde dabei immer einsilbiger. Sogar an „Schitomir ..." hatte er schließlich keine Freude mehr.

„Guck mal, Karl, in so kurzer Zeit laufen die Fähnchen auf uns zu: vorige Woche noch in Graudenz und heute schon in Stargard. Schau dir das mal an: das sind ja nur gute hundert Kilometer südöstlich von Stolp, und schon an Dirschau vorbei. Daher lässt der Stationsvorsteher, mein Chef, Waggons zusammensammeln für unseren Zug."

Es ginge aber, habe sein Chef gesagt, nach Gotenhafen zurück. Die Küstenregion werde weiterhin mit Erfolg von der deutschen Wehrmacht verteidigt.

„Herr Buchmann, wo bleibt Hitlers Wunderwaffe?"

„Ach, mein Jung, ach, mein Jungchen!", antwortete er mit einem Gesicht, dem die Hoffnung abhanden gekommen war. Bei diesem Mann, der bisher immer so viel Zuversicht verkörpert hatte, raubte mir seine neue Haltung nun endgültig den Glauben an den sogenannten Endsieg.

„Elbing scheint schon seit Tagen Frontstadt zu sein, wahrscheinlich sind die ersten russischen Panzer bis ans Frische Haff durchgebrochen. Da gab es unterschiedliche Meldungen. Dabei gilt seit Wochen: die über die Stellungen unserer Soldaten schlechtesten Nachrichten kommen der Wahrheit am nächsten."

Aber Gotenhafen und Danzig würden gehalten, weil von dort aus große Rettungsaktionen gestartet werden sollten für die Hunderttausend Kurlandkämpfer und die anderthalb Millionen Flüchtlinge. Alle warteten auf Schiffe Richtung Westen über eine gefährliche Ostsee.

Etliche Tage waren seit dem Gespräch mit Alfred Buchmann über seine politischen Einschätzungen vergangen, da gesellte sich zu meiner geistigen Nahrung durch Karl May eine mir unvergessliche Erbsensuppe. Es gab nämlich in der Hauptstraße vom Bahnhof in die Stadt einen Mittagstisch, nicht weit von „unserer" Arztpraxis entfernt. Frau Buchmann hatte vor Jahren, zu Beginn des Krieges, einen Kochkurs bei der Anbieterin belegt.

„Karl, du bist viel zu dünn und siehst so verhungert aus", hatte die liebenswürdige Frau Buchmann schon am zweiten Tag unserer Bekanntschaft zu mir gesagt, „ich versuche, dir eine dicke warme Mahlzeit pro Tag zu verschaffen." Da erzählte sie die unwahrscheinliche, wie ein Wunder klingende Geschichte von dem immer noch existierenden Mittagstisch. Der Polizeipräsident, ein paar Würdenträger der NSDAP und ein SS-Offizier waren die täglichen Essensgäste. Immer wenn einer mal fehlte, durfte ich seinen Platz einnehmen. In meiner Jungvolk-Uniform passte ich gut in das Ensemble des Tisches.

Die Belieferung soll aus alten Wehrmachtsbeständen erfolgt sein. Selbst Frau Buchmann wusste nichts Genaues, weil alle schwiegen, die etwas über dieses Essenswunder hätten wissen können.

Erbsensuppe und Karl May wurden zur begeisternden Stolper Symbiose für mich.

Es gab selbstverständlich für dieses auserwählte braune Häuflein nicht etwa jeden Tag die gleiche Erbsensuppe. Viele Eintopfvarianten hatte die erfahrene Köchin auf Lager und auch Gerichte mit den guten pommerschen Kartoffeln, die die kleinen Fleischrationen dick unter sich begruben. Die Namen der Mahlzeiten im Einzelnen habe ich vergessen, nur mein Liebling, die Erbsensuppe, bleibt immer mit Stolp verbunden.

Seit dem einmal jährlich gefeierten sogenannten „Tag der Wehrmacht" auf dem Mohrunger Kasernengelände, bei dem wir Pimpfe auf den Panzern herumkriechen durften, kannten und liebten wir die Erbsensuppe. In der Mittagszeit holte uns dann die dampfende „Gulaschkanone" von den Panzern. Die duftende Erbsensuppe bekamen wir, mit großer Kelle geschöpft, ins Kochgeschirr gekippt. Seit dieser Zeit hatte diese Suppe ihre Spitzenposition für mich. Dass sie mich in Stolp wieder einholte, war daher ein beglückendes Gefühl in dem kalten und kargen Alltag.

Auf unseren Stolper Erkundungsfeldzügen spähten Bruder Joachim und ich auch immer mal wieder in den Bahnhof. Dann wunderten wir uns jedes Mal, wie leer die Bahnsteige waren: keine Flüchtlinge weit und breit. Nur wenige Züge passierten, langsam schnaufend, den Bahnhof, meist Richtung Westen.

Schon für uns hatte es ja geheißen: Alle Flüchtlinge des Allensteiner Eisenbahnerzuges werden im Stolper Umland untergebracht, was nur für uns wegen Trautes verbrannter Hand nicht zutraf.

Auch die Stadt selbst wirkte nicht überfüllt, war völlig unzerstört wie einst unser geliebtes Mohrungen. Erst Anfang März soll die Rote Armee in Stolp einmarschiert sein und die gesamte Innenstadt niedergebrannt haben.

Wir waren zu der Zeit schon in Gotenhafen.

Neben den glücklichen Rettungssituationen, die Stolp auf unserer Flucht aus Ostpreußen für uns bereitgehalten hatte, gab es auch eine unvergesslich schreckliche Begegnung auf der Hauptstraße. Durch den eisigen Wind und den dreckigen Schneematsch der Straßen schob sich plötzlich völlig lautlos ein unendlicher Zug hunderter menschenähnlicher Gestalten in Viererreihe.

Joachim und ich hatten vor Tagen einen kleinen Gemüseladen ausgespäht, aus dem immer mal ein paar Kartoffeln für uns abfielen.

Und nun standen wir mit den gefüllten Hosentaschen und dem Rücken an einer Hauswand und hatten keine Erklärung für diesen jammervollen Anblick, der die gesamte Fahrbahn beanspruchte. Gespenstisch schob sich die Masse in einer blau-weiß gestreiften Sträflingskleidung an uns vorbei. Ließ uns beide ratlos umherblicken, bis ein Passant sagte: „Die sind aus dem KZ-Stutthof auf ihrem letzten Marsch in den Westen". Und er fügte hinzu: „Das sind alles Juden".

Wir beide verstanden nicht einmal die Worte. Was meinte der mit „Konzentrationslager"? Die inhaltlichen Zusammenhänge waren uns ebenfalls völlig fremd. Nur Gefühle der Ahnungslosigkeit, der Unsicherheit und Angst zogen mit herauf.

„Warum ‚letzter Marsch'", fragte Joachim. Darauf sollten wir bald eine Antwort erhalten. Eine Antwort, die sich unmittelbar vor unseren Augen vollzog, die aus so unmenschlicher Grausamkeit bestand, dass sie mich mein ganzes Leben verfolgt hat. Völlig lautlos und plötzlich brach einer aus dem blau-weißen Zug zusammen. Seine Kameraden versuchten, ihn weiter mitzuschleifen, mit „weiter, weiter"-Rufen vom bewaffneten Wachpersonal angetrieben, das in großen Abständen seitlich des Elendszuges marschierte. Kaum war diese Szene teilweise an uns vorbeigezogen, peitschte ein Schuss durch den trüben Tag. Mitten auf der Straße war eine kleine blau-weiße Erhebung entstanden, um die fast alle Nachfolgenden einen kleinen Bogen machten. Einige bückten sich und hielten etwas in der Hand, offenbar eine Art Fuß-Umkleidung.

Schweigend und verwirrt erreichten wir beide die warme Wohnung der Ärztin.

An diesem Abend blieb selbst „Winnetou III" unaufgeschlagen.

„Morgen Abend müssen wir hier weg", habe sein Chef bestimmt, verkündete Alfred Buchmann mit zitteriger Stimme. Auf unsere fragenden Gesichter hin sagte er schnell: „Ihr kommt alle mit, in einem der Waggons bringe ich euch schon noch unter. Ihr seid alle bei der Bahn beschäftigt, wenn es dunkel ist."

Mit einem Fähnchen in der Hand zeigte er mir, dass die Front sich schon in Richtung Schneidemühl und auch nach Schlochau, also auf Stolp zu bewege.

Auch die Ärztin war wohl über die immer näher heranrückende Front informiert worden, denn in den letzten

Abenden unseres Stolper Fluchtpunktes schlich sie mit glasigen Augen und großen Gesten durch die Wohnung. Mit leerem Blick bedeutete sie mir, ich solle gut auf die Modelle der Flugzeuge und Schiffe und auch auf die Bücher ihres Sohnes aufpassen. Es käme so viel weg in letzter Zeit.

Ich wusste gar nicht, was ich darauf antworten sollte. Es war für mich eine fremde Situation, wie ich sie bisher nur aus Träumen kannte.

Unsere Mutter meinte: „Die arme Gestresste hat zu viele Tabletten geschluckt, um durch den Tag zu kommen, und jetzt am Abend ist sie total verwirrt."

Am Nachmittag unseres letzten Stolper Tages guckte Frau Buchmann kurz zu uns herein, um die Einzelheiten für den abendlichen Aufbruch zu besprechen.

Ohne auf die Ärztin zu verweisen und ihr beängstigendes abendliches Herumflattern in der Wohnung, sagte ihre Sekretärin, die Frau Doktor sei seit Jahren tablettenabhängig. Sie wolle Stolp auch nicht verlassen. Sie werde hier gebraucht, vor allem wenn Stolp Frontstadt werde.

Als Frau Buchmann bei ihrem Besuch zufällig sah, wie ich den „Winnetou" wieder ins Regal zurückstellen wollte, sagte sie: „Ich seh es dir doch an, Karl, du hast höchstens die Hälfte des Buches gelesen. Dann nimm es mit, dein Rucksack wird schon nicht platzen." Auf mein fragendes Gesicht hin und auf das Zitat des Satzes der Ärztin, ich solle auf die Bücher gut aufpassen, reagierte sie spontan: „Ja, eben, wenn du das Buch mitnimmst, bist du sein bester Aufpasser."

Und dann erhielt ihr stets freundliches Gesicht durch ein paar steile Falten von der Nase in die Stirn hoch plötzlich ein ganz ernsthaftes trauerndes Aussehen. Dann sagte sie mit fester Stimme: „Hier wird auf diese Bücher keiner mehr aufpassen und keiner wird sie mehr lesen. Nur ‚Winnetou' wird überleben, Karl, nur der dritte Band."

Geglaubt habe ich ihr das damals nicht, aber sie sollte leider recht behalten, schon im folgenden Monat März wurde die

Stadt fast völlig zerstört. Ich hatte „Winnetou III“ gerne eingepackt, wenn auch mit etwas schlechtem Gewissen. Ich besitze das Buch immer noch. Es hat einen Ehrenplatz in meiner Bücherwand.

3. Teil

Die Flucht nach Gotenhafen

Am Abend begann dann in tiefschwarzer Dunkelheit und eisiger Kälte unsere weitere Flucht. Dick vermummt und schwer beladen zogen wir wieder in Richtung Bahnhof. Aber dieses Mal lief ich ohne jede Angst vor einer ungewissen feindlichen Zukunft hinter dem sicheren Schritt von Alfred Buchmann her, der sich immer mal wieder zu seinem Gefolge umdrehte. Mit dem spärlichen Licht seiner abgedunkelten Taschenlampe ließ er uns hin und wieder den Weg erkennen. Genau genommen war es nicht einmal ein Weg, auf dem er uns führte, sondern nur ein breit ausgetretener Trampelpfad durch den Schnee. Kein Mensch – außer uns – war in diesem abgelegenen Gelände unterwegs.

Unbemerkt gelangten wir an einen der geschlossenen Viehwagen gegen Ende des wieder unendlich langen Zuges, in dem wir ebenso unbemerkt verschwanden. Frau Buchmann gab der für uns mitgeführten kleinen Stalllaterne schnell noch Feuer, bevor sich die beiden in Richtung Lokomotive in der Dunkelheit entfernten.

Kurz bevor wir die Schienen erreichten, erleuchtete ein riesiger glutroter Feuerball den Himmel im Osten. Mit diesem Anblick kehrte die Angst wieder heim.

Die Front könne das noch nicht sein, beruhigte uns Alfred Buchmann. Aber wer veranstaltet sonst solch ein Feuerwerk!

„Hoffentlich fahren wir bald“, meinte Joachim in bittendem Ton.

Tatsächlich setzte sich der Zug in Bewegung, allerdings nur für wenige Meter. Und das allerdings ohne zu holpern und zu stolpern.

Es müssen viele Stunden gewesen sein, die wir für die gut hundert Kilometer zurück nach Gotenhafen unterwegs waren. An jedem noch so kleinen Bahnhof hielt der Zug, wohl um neue Bahnbedienstete einzusammeln. Langsam füllte sich daher auch unser Waggon. Jeder nahm, wenn möglich, auf seinem Koffer Platz. Nur wir als die Ersten fanden zwei Gartenbänke vor, die sogar Rückenlehnen besaßen. Wir waren davon überzeugt, dass es sich dabei um ein Buchmann'sches Arrangement handelte.

Aber keiner der Zugestiegenen beneidete uns um unser vornehmes Gestühl. Alle waren froh, mitgenommen zu sein.

„Gotenhafen wird weiter erfolgreich verteidigt.“ – Das war die frohe Botschaft, die alle hier mit Hoffnung erfüllte.

In unmittelbarer Nähe eines der Hafenbecken waren wir abgestellt worden. Als wir nämlich am nächsten Morgen die schwere Schiebetür des Waggons öffneten, wurde – vor allem für uns Kinder – eine unüberschaubar weit ausgedehnte Hafenanlage sichtbar. Joachim und ich hatten sofort Lust auf eine erste Erkundungstour. Mit der mütterlichen Ermahnung „Lauft nicht zu weit weg!“ machten wir uns davon. Nach der Nacht im kalten dunklen Gefängnis des Viehwagens hatten wir große Freude daran, wieder den Spähtrupp zu spielen.

Ich spürte plötzlich statt der immerwährenden Angst einen Hauch von Freiheit, der auch die hier besonders eisige Kälte in der Hafengegend nichts anhaben konnte. Erst im Windschutz einer riesigen Lagerhalle machten wir Halt, um uns die Umgebung genauer auszugucken. Völlig verlassen stand am ersten Kai eine breite Holztreppe, eine Art Gangway. Aber kein Schiff war zu sehen. Das fanden wir sehr enttäuschend, weil es doch in Stolp geheißen hatte, Tausende Verwundete und Flüchtlinge würden jeden Tag in den Westen verschifft.

Während wir noch nach der Wahrheit suchten, stand auf einmal ein rundum bewaffneter Soldat mit der Aufschrift „Feldjäger“ vor uns. Der musste uns schon einige Zeit beobachtet haben, sodass er wusste, wo wir herkamen. Bevor wir uns trauten, ihn auszufragen, sagte er, die meisten Schiffe kämen erst im Schutze der Dunkelheit in den Hafen und führen auch bei möglichst schlechter Sicht wieder ab. Die russischen U-Boote beherrschten leider inzwischen die Ostsee.

„Wartet es mal ab, was hier los ist, wenn wieder irgendein ‚Dampfer‘ festmacht, dann ist die Pier voller Frauen und Kinder, die das Schiff stürmen wollen. Dann beginnt unsere Arbeit, halbwegs für Ordnung zu sorgen.“

In der Zwischenzeit waren Flüchtlinge mit ziemlich großen Schlitten und umfangreichem Gepäck zu uns gestoßen.

„Damit kämt ihr nicht an Bord“, sagte der Uniformierte gleich zu ihnen.

Ich hatte den Eindruck, der soldatische Ordnungshüter war froh, nicht mehr zu uns kleinen Pimpfen reden zu müssen. Er sprach jetzt nur noch direkt mit den jungen Müttern. Und die erzählten, dass die Stadt Gotenhafen – anders als der Hafen im Augenblick – überfüllt sei mit Trecks durch Tausende von Flüchtlingen, die alle nach Westen zu entkommen versuchten auf vollkommen verstopften Wegen und Straßen.

Gotenhafen werde immer mehr zum Sammelbecken für die letzten Flüchtlinge aus ganz Ostpreußen, denn die Rote Armee solle bei Elbing schon das Haff erreicht haben.

Damit sei Ostpreußen endgültig abgeschnitten vom übrigen Reich. Für die nun Eingeschlossenen gäbe es nur noch den Weg des Todes über das Haff, um auf der Nehrung erst einmal bis Danzig und Gotenhafen durchzukommen.

„Da kommt die ‚Samland‘ schon wieder zurück“, sagte der Feldjäger und setzte sein Fernglas ab. Noch ehe das Schiff festgemacht hatte, war die Pier schwarz von Menschen. Hupende Rote-Kreuz-Autos versuchten, einen Weg durch die Menschenmassen zur hölzernen Gangway zu finden. Für uns Pimpfe wurde das zu einem Zauberei-Erlebnis, die Zauberei aus dem Nichts ins Chaos.

Die Lagerhallen und Schuppen seien ringsherum voll von Flüchtlingen, die wegen der Kälte nicht draußen warteten, erklärte der Feldjäger.

„Nur für Verwundete“, ertönte eine Lautsprecherstimme, „wir sind voll.“

„Die fahren schon seit vielen Tagen neben Verwundeten vor allem auch aus Pillau und Gotenhafen Kurlandkämpfer ins Berliner Umland. Und jetzt sind wohl auch noch Flüchtlinge aus Königsberg und Umgebung an Bord. Neben Gotenhafen ist Pillau das andere nördlichere Sammelbecken."

Das alles erklärte er noch im Weggehen.

Ein Bild voller Verzweifelter direkt vor unseren immer noch über die rasende Schnelligkeit des Szenenwechsels, wie im Zeitraffer, staunenden Augen. Laut war das Schreien einiger Mütter nach ihren in der Masse plötzlich verschwundenen Kindern, begleitet vom ständigen Klagen vieler Kinder über den eisigen Wind und ihre eisigen Füße.

Ein aufregendes Trauerspiel war es, dem Joachim und ich beeindruckt und betroffen zuschauten. Wir beide fühlten, dass hier ein ganz anderes Schauspiel stattfand als in den Jugendfilmstunden, nämlich vollkommen gegenwärtig und unser eigenes Leben betreffend.

In den nächsten Tagen würden wir selbst dort warten.

Aus den Viehwaggons hatte uns das Rote Kreuz herausgeholfen und uns in der nahen riesigen Lagerhalle einen Schlafplatz zugewiesen. Irgendwo zur Mitte der Halle hin lag unser Plätzchen: eine dünne Strohschütte auf dem Zementboden und der Luxus einer Wolldecke für jeden. Die gesamte Halle war so ausgebucht. Unzählige Plätze nebeneinander, Mütter, Kinder, Großeltern: ein grauer lebender Teppich mit schmalen Pfaden zwischen den Liegeplätzen. Oft mussten wir den Storchengang versuchen, um über Koffer und Kinder nach draußen zu kommen. In der ersten der zwei Nächte in der Halle bin ich immer wieder aufgewacht, weil direkt neben unseren Schlafplätzen irgendjemand so erschütternd und herzzerreißend jammerte und stöhnte, dass allein schon das Hören Schmerzen verursachte. Gegen Morgen verstummten dann diese Klagetöne, und im Morgengrauen trugen zwei Sanitäter eine tote alte Frau vom Schlafplatz nebenan aus der Halle.

Wo ist unsere Oma geblieben, fragten die Kinder von nebenan, noch schlaftrunken.

Schon am ersten Tag wunderten Joachim und ich uns auf unseren Erkundungstouren im Hafengelände über die kübelähnlichen Gebilde am Straßenrand. In fast gleichen Abständen zueinander begleiteten sie uns. Jetzt ganz plötzlich erfuhren wir ihre Funktion. Während wir die überall herumstehenden Panzer, Autos und Geschütze bewunderten, verschwanden sie ebenso plötzlich wieder. Jedenfalls schien es uns so, denn dichte Nebelschwaden hüllten uns ein und versperrten die Sicht. Fauchend schoss aus den einzelnen Kübeln eine undurchschaubare Masse in die Luft hoch. Nach ganz kurzer Zeit lag ein dichtes Nebelmeer über den Hafenanlagen.

Das leise Brummen aus der Luft hätte uns warnen müssen. Aber in unserer noch kindlichen Naivität überhörten wir die gefährlichen Geräusche und bestaunten dieses neue einmalige Verhüllungsschauspiel.

Das ferne Knattern eines Maschinengewehrs oder mehrerer, zusammen mit dumpfen oder peitschenden Schüssen weit entfernt, beeindruckte uns wohl wenig, denn wir setzten unsere Erkundungen weiter fort. Angst stellte sich offensichtlich nicht ein, wir hielten alles für ein spannendes Abenteuer.

Bis völlig überraschend ein lautes pfeifendes Zischen um unsere Füße herumtanzte, mehrfach gegen den Bordstein knallte und liegen blieb. Bis zum heutigen Tag hat sich dieses seltsame Geräusch in meinem Kopf eingenistet. Ein daumengroßer Granatsplitter lag neben uns im Straßengraben, ganz scharfkantig und nadelspitz. Einige Wochen habe ich diesen Todesboten mit mir in meiner Hosentasche getragen. Als ich ihn dann irgendwann einmal vorzeigen wollte, war er unbemerkt durch das Loch in der Hosentasche verschwunden, das er sich vorher selbst geschnitten hatte.

Später hieß es, Panzer der Roten Armee hätten Teile der Hafenanlagen kurzzeitig beschossen, bevor sie wieder zurückgedrängt wurden. Ein kleines Andenken also hatten wir beide davon abbekommen.

Die Hafenanlage, in der wir lagen, war von einer weiten Anhöhe umgeben, bis zu der die Panzer vorgerückt gewesen sein mussten. Nach diesen Informationen flatterten uns beiden die Hosen dann doch vor Angst.

Kurz darauf bestaunten wir beide einen Trupp Soldaten, die von oben aus dem weiten Kessel herunterkamen. Ungewollt stellte sich bei mir sofort ein Vergleich ein, nämlich zu den bisher nur auf den Mohrunger Paraden marschierenden Kolonnen. Je näher sie uns kamen, desto größer erschien mir der Gegensatz zu den Parade-Soldaten der Heimat. Diese Gotenhafen-Soldaten liefen – zwar noch in Dreierreihe – jeder, so gut er noch konnte, kein Gleichschritt. Jetzt ganz aus der Nähe sahen wir einen elenden Haufen von unterschiedlich Uniformierten, die müde und teils schwer beladen waren mit Patronengurten, Karabinern und Tornistern und sogar – zu zweit – ein leichtes Maschinengewehr mitschleppten. Irgendein Dienstgrad schlurfte vorweg, gab Tempo und Richtung an. „Nach Westen" fiel mir ein, ich glaubte damals fest daran, dass die Straße, die sie begingen, nur nach Westen führen konnte.

Spätestens jetzt beim Anblick dieses zusammengelesenen Haufens von deutschen Soldaten, die irgendwo, wie mir schien, übrig geblieben waren, also spätestens jetzt waren mir die strahlenden Helden aus den „Wochenschauen" gänzlich abhanden gekommen. Welchen russischen Panzer hätten wohl solch ausgemergelte, schlecht bewaffnete Gestalten unschädlich machen können?

In einer der nächsten Nächte auf unserem kleinen harten Schlafplatz in der riesigen Lagerhalle träumte ich von einem fernen Meeresrauschen und einer warmen ganz hellen Sonne, die mich ganz stark blendete. Als ich mit einem Ruck erwachte und automatisch beide Hände – noch halb im Schlaf – vor die Augen hielt, glitt tatsächlich ein blendendes Licht über die vielen schlafenden Gestalten. Als ich den Kopf etwas zu heben wagte, sah ich zwei Soldaten mit Stahlhelm und Maschinenpistole in der einen Hand und in der anderen mit großen Taschenlampen bewaffnet, deren grelles Licht wie das von Suchscheinwerfern über die unzähligen Schlafinseln huschte und in der Halle eine blitzende, aber lautlose Gewitterstimmung erzeugte.

Plötzlich setzten sich beide Lichtkegel an einer von unserem Platz etwas weiter entfernten Stelle fest und beschienen einen dort liegenden Körper, der sich dennoch nicht rührte. Offenbar kam den beiden Stahlhelmen das verdächtig vor, denn sofort waren sie bei der angestrahlten Gestalt. Rissen ihr Kopftuch und Schal von Kopf und Gesicht und einen Augenblick lang holte das gleißende Licht der Taschenlampen einen Männerkopf aus dem Kleiderhaufen heraus. Mit einem Fußtritt halfen sie der Figur auf die Beine und während sie ihn aus der Halle abführten, fielen nach und nach die anderen Verkleidungsstücke von ihm ab und zum Vorschein kam die dreckige Uniform eines deutschen Soldaten.

Das alles geschah fast völlig geräuschlos, sodass wohl nur ganz wenige die Szene miterlebt haben können.

Viele Fragen verscheuchten mein Wiedereinschlafen: Wie war es möglich, dass ein Wehrmachtsangehöriger bisher unter uns Flüchtlingen unentdeckt bleiben konnte? Warum hat er überhaupt irgendwann seine Truppe verlassen, hat ihm der tägliche Kampf an der Front, das Sterben der Kameraden so stark zugesetzt, dass er für sich nur diesen einen Ausweg sah, dem Sterben zu entkommen? Wie lange war er als Deserteur schon auf dieser gefährlichen Flucht? Wusste er, was er da tat? War er auf sich allein gestellt oder hatte er noch Mitwisser und Helfer?

Wie die beiden Tage vorher waren wir beiden Brüder wieder unter den Ersten, die aus dem Menschengewirr in der Halle nach draußen entflohen. Die wenigen Bäume, die dort standen, waren uns bisher gar nicht aufgefallen. Jetzt aber glaubten wir, unseren Augen nicht trauen zu können, so unerträglich war das Bild, das uns traf. Zwei wie menschliche Gestalten aussehende Gegenstände hingen von zweien der Bäume herab. Wir trauten uns nicht, näher heranzugehen. So grauenvoll war der Anblick von zwei an dicken Stricken hängenden Menschen. Im eisigen Wind schwankten sie starr und steif leicht hin und her. Als wir es doch schließlich wagten, uns ein paar Schritte zu nähern, entdeckten wir auch die Schilder, die vor ihren Körpern baumelten.

„Ich bin ein Verräter“ stand in großen schwarzen Buchstaben darauf.

Schockiert und entsetzt schlichen wir beide davon. Ich war mir sicher, dass der Erste der beiden Gehängten der Soldat aus unserer Halle war. Seine dreckige und zerrissene Uniform erkannte ich wieder. Er hatte noch ein ganz junges Gesicht, was ich nachts in der dunklen Halle nicht hatte sehen können.

Der Gedanke: „Der ist ja kaum älter gewesen als ich“ durchzuckte mich ungewollt. Und: „Vielleicht hatte der vorher auch nur Karl May gelesen, war als Freiwilliger eingerückt und hatte es nur wenige Wochen später im Feuerhagel der vorrückenden russischen Infanterie einfach nicht mehr ausgehalten.“

Mein kleiner Bruder war völlig verstört und verstummt und kämpfte mit den Tränen. Ich berichtete ihm kurz von der nächtlichen Szene, um ihm die tödlichen Konsequenzen einer solchen Flucht eines Soldaten verständlich zu machen. In seinem Gesicht stand nämlich das große „Warum“. Warum sind Menschen so grausam zueinander? Wen oder was soll er denn verraten haben? Wer hat den beiden Stahlhelmen befohlen, ihre Soldaten-Kameraden am nächsten Baum einfach aufzuhängen?

Solche und ähnliche Fragen, die keine Antworten fanden, bewegten unsere Herzen.

Das Grübeln über die mörderischen Grausamkeiten musste – Gott sei Dank – ganz schnell neuen Aktivitäten weichen: Aus irgendeinem Lautsprecher in unserer Lagerhalle ertönte nämlich die Anweisung, zur Anlegestelle an den Hafen zu kommen.

Augenblicklich strömten wieder die Menschenmassen zum Hafenbecken. Aus einiger Entfernung betrachtet, in die wir abgedrängt wurden, kam mir die hetzende graue Menschenflut wie anrollende Wellen eines stürmischen Meeres vor. Weil noch kein Schiff zu sehen war, beruhigten sich die wilden Bewegungen etwas. Das übliche Warten begann.

Ein ziemlich groß erscheinender Frachter tauchte nach recht kurzer Zeit aus dem eisigen Dunst über dem Wasser auf. Die breite Holztreppe wurde als Gangway ans Schiff herangeschoben und mit dicken Tampen befestigt. Das war auch dringend nötig, denn ein wilder Sturm auf die Treppe begann, die unter diesen Flüchtlingsmassen auseinanderzubrechen drohte. In der lauten drängenden Masse war sich jeder der Nächste. Wer noch die Kraft besaß, alle anderen brutal wegzudrängen, war schnell ganz oben auf der Treppe und störte sich offensichtlich wenig am Schimpfen und Fluchen der Weggeschobenen.

Als ein alter Mann seinen Krückstock als Waffe einsetzte, war das Geschrei der Drängler groß. Zwei von ihnen wollten den Alten über die Brüstung werfen, worüber ein wildes Handgemenge entstand.

Dem setzte die Stimme des Kapitäns ein schnelles Ende, dessen Lautsprecher-Ansage den Krach und das Geschrei der Flüchtlinge übertönte. Plötzlich trat eine gespannte Ruhe auf Kai und Treppe ein. Jeder hoffte auf seine Rettung und wollte deshalb möglichst jedes Wort des Kapitäns verstehen.

Wir und Tante Luise mit dem Kinderwagen standen weit hinter der drängenden Masse, neben anderen Müttern mit Kleinkindern. Es war ja für uns völlig unmöglich, in den allgemeinen Verdrängungskampf einzugreifen. Die enttäuschten und langen Gesichter von Joachim und mir machten sichtbar, dass wir keine Hoffnung hatten, noch auf dieses Schiff zu gelangen.

In unsere hoffnungslos erscheinende Lage hinein sagte die Lautsprecherstimme: „Mütter mit Kinderwagen und Kleinkindern nach vorne! Bitte, machen Sie Platz.“

Gleichzeitig erschienen die Feldjäger und sorgten – recht handgreiflich – für die Herstellung der Gasse.

Wieder war ein Wunder geschehen.

Tante Luise mit dem Kinderwagen vorneweg, den die Soldaten die Treppe hochtrugen, gefolgt von den beiden kleinen Mädchen, die ängstlich und unsicher an den Händen ihrer Mütter hingen. Als Joachim und ich dann das Schiff entern wollten, beladen mit dem Schlitten und den zwei großen Koffern, traf uns der kritische Kontroll-Blick der Schiffswache. „Gehört ihr auch noch zu dem Kinderwagen da vorne?“ Er stellte sich uns breitbeinig in den Weg.

Erst als Doro – schon von Bord aus – rief: „Das sind doch meine Brüder!“, half er uns und auch unseren Koffern, an Bord zu gelangen. Nie hatte ich meine kleine Schwester mit so hoher bittender, aber fester Stimme rufen hören.

An Deck herrschte ein chaotisches Durcheinander von, wie mir schien, plötzlich ganz glücklich aussehenden Menschen.

Alle Flüchtlinge an Bord buchstabierten, wie mir schien, den gleichen Satz: „Wir sind gerettet“, ohne es vielleicht wirklich schon glauben zu können.

Während sich unsere Mutter und Tante Luise voll Zuversicht in den Armen lagen und Dankbarkeit für die unerwartete Rettung bezeugten, fing Klein-Heidrun im Wagen laut an zu weinen.

Ihr ist bestimmt zu kalt, waren sich die beiden Mütter einig, und: Noch dicker kann ich sie gar nicht einpacken, aber dieser scharfe eisige Wind pfeift überall durch.

„Sie müssen ganz schnell unter Deck. Ich nehme den Kinderwagen und gehe voran“, bestimmte ein gerade vorbeikommender Marinesoldat.

Als er ziemlich flott zupackte, warnte Tante Luise mit besorgter Stimme, er möge doch vorsichtig sein mit dem Baby. Er habe selbst ein Baby zu Hause in Nürnberg, habe das allerdings erst einmal gesehen auf dem letzten Kurzurlaub vor gut einem Jahr. „Aber ich weiß, wie sich das anfühlt“, sagte er mit dem stolzen Blick eines jungen Vaters.

Der Einstieg in den dämmerigen tiefen Bauch des Frachters war abenteuerlich und gefährlich zugleich. Es ging auf einer wackeligen Holzkonstruktion nach unten, halb Treppe, halb Leiter, recht steil.

Was vom Deck aus betrachtet in der dämmerigen Tiefe des Schiffes kaum zu erkennen war, nahm jetzt beim Hinuntersteigen immer deutlicher Gestalt an: Die gesamte Ladefläche des Schiffes war mit Militärfahrzeugen zugestellt. Neben Einheits-LKWs mit Plane standen da noch

Mannschaftswagen, Kübelwagen und ein Panzerspähwagen, der es Joachim und mir sofort angetan hatte, kaum, dass der junge Marinesoldat uns die einzelnen Fahrzeuge benannt und ihre Funktionen erklärt hatte. Wegen der „Begradigung“ der Kurlandfront konnte dieses Material abgezogen werden und solle jetzt in Berlin fahren, erklärte er uns noch.

Unten angekommen, fanden wir uns zwischen den Autos auf einer weichen Lage aus Heu wieder. Zum Dieselgestank der Motoren, an den wir uns inzwischen gewöhnt hatten, trat hier unten ein leicht moderiger Geruch des zu einem großen Teil feuchten Heus.

Joachim und ich krochen eine ganze Weile zwischen und unter den Militärfahrzeugen umher auf der Suche nach einem möglichst trockenen Lagerplätzchen. Dabei trafen wir auch auf einige Soldaten, die uns immer gleich weiterschickten. Auf einem etwas freieren Abschnitt quartierten wir uns dann ein. Wir waren ja unter den Ersten und hatten noch die freie Platzwahl.

Schon nach kurzer Zeit hatte der Kapitän den Strom der Flüchtlinge auf sein Schiff gestoppt, weil alle möglichen Plätze neben und unter den Autos von uns Flüchtlingen wimmelnd besetzt waren.

Die dicke Heuschütte dämpfte das Geschrei und Gekreische der vielen Kleinkinder etwas. Auch das immer gleichmäßige dumpfe Hämmern der wohl im Leerlauf sich ausruhenden Schiffsmotoren klang neben den spitzen Tönen des „Kinderchors“ geradezu wohltuend. Dieses Konzert der vielstimmigen Geräusche wurde mir erst später am Abend voll bewusst, als die hohen Kreischtöne eingeschlafen waren und unsere Ohren ein wenig mehr zur Ruhe kamen.

Durch den Kopf ging mir auch die Frage, ob das Gejammer all der weiter am Hafenbecken zum Warten Verurteilten immer noch anhielt. Bis hier nach unten ins Schiff jedenfalls drang es nicht.

Auch an Buchmanns musste ich wieder denken. Bei der Ankunft in Gotenhafen hatten sie uns kurz „Auf Wiedersehen“ gesagt. Ob sie wohl auch noch an irgendeinem Kai warteten?

Alfred Buchmann hatte noch irgendeine Aufgabe im Dienste der Reichsbahn zu erledigen. Daran erinnere in mich noch, auch daran, dass er selbst nicht genau wusste, worum es da gehen sollte. Er habe auch gehört, deutete er dabei an, dass es auf der Schiene wieder zurückgehen könnte mit einer unbekannten wertvollen Fracht. Es sei ja wohl noch möglich, nach Westen durchzukommen, meinte er bei der Verabschiedung. Ohne seine Fähnchen stecken zu können, konnte das nur seine Hoffnung sein.

In all den Wirren dieses letzten Kriegsjahres und den Nachkriegsjahren hat es ein Wiedersehen mit diesen beiden so freundlichen und so überaus hilfsbereiten Menschen nie mehr gegeben.

Joachim und ich blieben nicht lange auf unserem Heulager. Wir kletterten nach oben, um das Deck zu erkunden.

Wie in Stolp und in Gotenhafen wollten wir auch hier auf dem Schiff unsere Umgebung kennenlernen, was hier anders als im Hafen ohne Lebensgefahr geschehen konnte.

„Warum fahren wir denn nicht endlich ab“, fragte Bruder Joachim laut und ungeduldig. Ein an der steilen Holztreppe arbeitender Matrose fühlte sich wohl angesprochen, denn er sagte: „Wisst ihr nicht, dass wir erst mit Beginn der Dämmerung ablegen können, weil die Flieger der Russen von oben und ihre U-Boote von unten uns dann viel schwerer orten können.“ Seit der Katastrophe der „Gustloff“ führen alle unsere Schiffe nur noch im Schutze der Dunkelheit. Auch sei das Fahren im Geleit nicht mehr üblich. Jeder versuche, allein und unbeleuchtet nach Westen durchzukommen. So werde unser Käpt’n es heute auch machen.

„Nun ist mein Koffer auch noch weg“, jammerte ein alter Mann, indem er drohend seinen Krückstock schwang. „Ich sollte die steile Holztreppe nach unten, irgendein Bengel bot mir seine Hilfe an und hat mir den Koffer heruntertragen wollen, und plötzlich waren Koffer und der Lorbass weg. Die Treppe war für mich viel zu steil und zu klapperig. Ich war dabei so mit mir beschäftigt, dass ich nicht auf den Koffer aufpassen konnte. Als ich mich schließlich umdrehte, stand ich allein vor der Treppe.“ Und er jammerte laut weiter: „Man hat mir meine letzte Habe geklaut. Jetzt habe ich gar nichts mehr. Meine Frau ist gestorben. Als es hieß, wir müssten fliehen, der Russe steht vor der Tür, da hat sie einen Herzschlag erlitten. Meine Tochter mit ihren Kindern ist hier irgendwo in Gotenhafen zurückgeblieben. Nur mich haben die Menschenmassen hier auf dieses Schiff geschoben.“

Er wirkte so völlig verzweifelt, dass wir beide spontan beschlossen, ihm zu helfen. Sein einziger Koffer müsse ja auf dem Schiff sein, wir würden den schon finden. Er beschrieb mit seinem Stock in der Luft die vermeintlichen Ausmaße. Es sei ein dunkelbrauner Pappkoffer, dessen eine Ecke schon ein bisschen „aufgepliesert“ sei.

Also die etwas schadhafte Ecke als Erkennungsmerkmal. Denn dunkelbraune mittelgroße Pappkoffer gab es in Massen, wir hatten sogar zwei von der Sorte.

Seine zweite Sorge war, wie er hier in der Eiseskälte an Deck überleben solle, wo er doch nicht in den wenigstens windgeschützten Schiffsbauch hinunterkomme. Wir entdeckten dann ziemlich schnell ein geschütztes Eckchen hinter dem Steuerhaus. Dort konnte der alte Herr erst einmal bleiben. „Hier wart ich auf euch und meinen Koffer“, sagte er noch und: „Seid ihr beide hier allein an Bord? Ihr macht ja einen richtig selbstständigen Eindruck.“

Das müsse man in diesen Zeiten auch sein, wo all die Parteibonzen sich ganz plötzlich verkrümelt hätten. Immer hingehalten hätten sie uns mit solchen Parolen wie: Keiner müsse seine Heimat verlassen. Die russischen Armeen würden gerade zurückgeschlagen. Der Schlimmste von den Partei-Größen sei unser ostpreußischer Gauleiter gewesen, der Erich Koch. Der hätte bestimmt, Ostpreußen wird nicht evakuiert, und über Nacht sei der schnell in seinen Privatflieger gestiegen und Richtung Westen abgehauen, erklärte er uns.

Jetzt hatte sich der alte Herr in seiner geschützten Ecke richtig in Zorn geredet. Er ließ uns beide nachdenklich zurück. Ich spürte, dass er recht hatte. Mir fiel dabei die Mohrunger Parteizentrale ein mit den einsam und verlassen im Wind schlagenden Fenstern.

Als wir uns weiter in Richtung Vorschiff voranpirschten, stieg uns ein schon lange nicht mehr erlebter Essensgeruch in die Nase. Sofort wurde das Knurren des Magens lauter und das ewige Hungergefühl stärker. Kurze Zeit später hatten wir auch schon die Quelle der Düfte erspäht.

Auf einer schmalen, nach unten führenden Treppe tauchte ein merkwürdiger Kopf auf. Kaum hatte dieser Mensch das Deck erreicht und uns kurz angeschaut, da verschwand er auch schon wieder nach unten, erschien aber gleich darauf wieder mit seiner lustigen Kopfbedeckung.

Noch auf der halben Treppe streckte er beide Arme aus und sagte leise zu uns: „Kommt mal hier herunter!“ Erst jetzt konnten wir erkennen, dass er in jeder Hand zwei Pellkartoffeln hielt. Er gab uns die noch ganz warmen Leckerbissen in die Hand und sagte: „Ihr seht so verhungert aus und ich habe so viele Kartoffeln.“

Es folgte ein Festmahl im Sitzen auf der schmalen Treppe, sodass wir nicht gesehen werden konnten – außer vom Koch. Beim Essen dieser noch warmen Köstlichkeiten fiel mir spontan ein, wie wir früher bei Tisch herumgemäkelt hatten, wenn an einer Pellkartoffel nur ein kleines Stückchen Pelle beim Schälen vergessen worden war. Dann hieß es, solch eine Kartoffel mit Schale verderbe einem ja den ganzen Appetit. Jetzt hatten wir beide keinen Augenblick gezögert, die Kartoffeln so zu verspeisen, wie sie uns der Koch geschenkt hatte. Selbst das gelegentliche Knirschen zwischen den Zähnen klang wie Musik in den Ohren.

Zum einen sähen wir so verhungert aus und zum anderen erinnerten wir ihn an seine beiden Söhne, die auch am liebsten in der Jungvolk-Uniform herumliefen. Die träumten, als er vor knapp einem Jahr auf Kurzurlaub zu Hause gewesen sei, immer noch davon, sich freiwillig an die Front zu melden, zum Kampf für Führer und Vaterland.

„Jetzt und hier erlebt ihr am eigenen Leib unsere wirkliche militärische Lage, da ist nix mehr vom siegreichen Kampf für Führer und Vaterland übrig geblieben. Die Parole heißt vielmehr: Jeder rette sich, wer noch kann."

„Mensch, Kurt", mischte sich da offenbar ein Dienstgrad ein, der gerade vorbeiging, „lass doch die beiden Pimpfe mit deinen politischen Prophezeiungen in Ruhe! Mach ihnen Mut, nicht Angst!"

Als wir mit neugierigen Blicken am gläsernen Ruderhaus angekommen waren, öffnete sich die Tür und eine tiefe Stimme rief: „Kommt rein, ihr beiden, ihr seht so interessiert aus. Wir haben gerade alles startklar gemacht. In einer Stunde legen wir ab. Daher ist ein bisschen Zeit, wenigstens den jungen ‚Touristen' die christliche Seefahrt etwas nahezubringen." Schmunzelnd hatte der Kapitän das gesagt und hinzugefügt, dass er als Junge einst so zur Seefahrt gefunden habe. Wie wir beide sei er damals von einem ‚kinderlieben' Steuermann in die Zentrale geholt worden. Er sei so beeindruckt gewesen von der Technik und der Navigation, dass er gleich nach der Schule angeheuert habe. Freilich sei das eine andere, eine friedlichere Zeit gewesen.

Trotzdem habe er bis heute diese Entscheidung nicht bereut, wenn auch von ‚christlicher Seefahrt' momentan gerade nicht die Rede sein könne.

„Wie immer das mit dem Kampf um die Weltherrschaft ausgeht, Jungs – und es sieht im Augenblick recht schlecht aus für uns –, ob ihr beide, wenn ihr wolltet, noch auf einem deutschen Kriegsschiff werdet Dienst tun können, ist eher unwahrscheinlich. Aber eine Handelsflotte, also Schiffe wie dieses, wird es auch in Zukunft reichlich geben."

In der momentanen militärischen Situation komme es auf ganz neue Manöver und Positionsbestimmungen an. „Am Kartentisch wird noch gearbeitet, wie ihr sehen könnt."

Sie müssten bei Dunkelheit fahren und möglichst dicht unter Land.

„So können wir den russischen U-Booten am sichersten entkommen“, erklärte er weiter. Denn die offene See gehöre inzwischen leider den feindlichen U-Booten.

Auch müsse ohne Geleit gefahren werden, dabei falle man am wenigsten auf. Für einen allgemeinen Geleitschutz seien auch keine Schiffe mehr da, alles sei zur Evakuierung von Verwundeten und Flüchtlingen bereitgestellt worden.

Schon länger hatte er nicht mehr zu uns gesprochen, sondern zu seinen Leuten, dem Wachhabenden, dem Rudergänger und dem Navigator am Kartentisch. Wir genossen dafür den weiten Blick über den Hafen aufs Meer, das mit der beginnenden Dunkelheit immer schwärzer wurde.

Während wir über die vielen verschiedenen „Geräte“ hier auf der Kommandobrücke staunten, hatte ich die gefährliche Lage, die seine Worte beschrieben, gar nicht so recht verstanden oder wollte sie nicht verstehen. Die Ohren wollten erst einmal nichts mehr hören von dem ewigen Kriegsgeschrei. Alles wurde immer noch überstrahlt von dem Erlebnis, der Flüchtlingsmasse Gotenhafens entkommen zu sein, unterwegs auf dem Weg nach Westen.

Mit den Worten: „Nun geht mal wieder zu euren Müttern“, wurden wir weggeschickt. „Es ist ja eigentlich auch verboten, Privatpersonen auf die Kommandobrücke zu holen, aber ihr beide seid ja in Uniform“, stellte er fest und lachte dabei.

Und mit ernstem Gesicht fügte er hinzu: „Lange werdet ihr diese Kluft sowieso nicht mehr tragen dürfen. Ich glaube, das wird für euch zur großen Enttäuschung werden. Hitler kann uns und euch nichts mehr bieten. Er soll sich in irgendeinem Bunker in Berlin verkrochen haben. Eine Hitlerjugend ohne Hitler kann es dann nicht mehr geben.“

Verwirrt durch diese Prophezeiungen trat ich wieder auf das kalte Deck und sah in die ratlosen Augen meines kleinen Bruders.

„Der Koffer des alten Mannes“, erinnerte ich ihn, und das war die Ablenkung aus der politischen Finsternis.

Warum ich spontan an „Emil und die Detektive“ denken musste, kann ich heute nur vermuten. Es war wohl das besondere Gefühl, einem „Verbrechen“ auf der Spur zu sein. Sonst hatte unsere Koffersuche ja wenig reale Gemeinsamkeiten mit Erich Kästners unvergesslicher Verbrecherjagd quer durch Berlin. Als Viertklässler hatte ich das Buch geradezu verschlungen, weil ich es so spannend fand. Es soll damals von den Nazis schon verboten gewesen sein, aber bis nach Mohrungen war diese Kunde offensichtlich nicht gedrungen.

Überall auf dem gesamten Deck saßen die Flüchtlinge auf ihren Koffern oder benutzten sie als Kopfkissen. Ganz unauffällig inspizierten wir alles. Aber ohne Erfolg.

Schließlich kamen wir auf unserer Suche unten im Schiff an, bei unserer Mutter, der Tante und den Mädchen, und erzählten ihnen von der neuen Aufgabe als Koffer-Detektive.

„Na, dann sucht mal den Koffer hier im Heu“, meinte die Mutter, „bei der Größe der mit Heu zugeschütteten Ladefläche wird es euch nicht viel besser ergehen als bei der Suche der Nadel im Heuhaufen.“

Ich hatte den Eindruck, Mutter und Tante Luise waren ganz froh, dass wir eine Beschäftigung hatten, die uns nicht ständig an Kälte und Hunger erinnerte.

Wir krochen mit Eifer und aufgerissenen Augen über das Heu und unter den vielen Autos hindurch. Meist unfreundlich und fragend beäugt von den hier lagernden Familien. Immer mal wieder auch laut gefragt: „Sagt mal, sucht ihr was!“ Wenn wir dann auch laut „ja“ sagten und weiter gefragt wurden: „Was sucht ihr denn?“, antworteten wir: „Das können wir nicht sagen, das ist geheim“. Dann schüttelten viele verständnislos den Kopf oder sagten: „Spinner.“

Je länger unser erfolgloses Suchen andauerte, umso aussichtsloser erschien uns die Aktion. Schließlich glaubten wir nicht mehr an ein glückliches Ende. Wir fingen an, uns zu fragen, ob der Alte überhaupt mit einem Koffer an Bord gekommen war. Vielleicht hatte er ihn schon irgendwo im Hafen stehen gelassen – oder er war ihm sowieso zu schwer geworden. Vielleicht hatte er auch gemeint, mit dem Koffer nicht schnell genug voranzukommen und somit das Schiff zu verpassen. Vielleicht hatte er ja auch gar keinen Koffer besessen und in einer senilen Phase – wie Mutter es nannte – die Koffer-Geschichte erfunden. So etwas gebe es bei sehr alten Leuten, hatte Mutter gemeint.

Beim weiteren Nachdenken über den alten Mann fiel mir ein, dass es auch sehr unwahrscheinlich war, dass man jemandem einen Koffer in die Hand drücken konnte, da bei den Flüchtlingen gar keine Hand frei war, sondern jeder alle Hände voll eigenem Gepäck hatte.

Aber wir hatten auch weder Lust noch den Mut, ihn näher auszufragen, noch überhaupt zu ihm zu gehen und unsere Erfolglosigkeit zu melden.

Während wir beide in der fortschreitenden Dämmerung des Nachmittags unschlüssig herumstanden, fing die Schiffsmaschine plötzlich laut an zu hämmern.

Ich stürzte an Deck, Joachim hinterher, denn wir waren uns sicher: Das Ablegen stand jetzt unmittelbar bevor. Obwohl wir das Leben in der Dunkelheit ja schon seit Wochen gewohnt waren, wirkte die mit dem Ablegen verbundene Geschäftigkeit gespenstisch. Die dicken Tampen flogen wie aus dem Nichts an Bord. Fanden dennoch ausgestreckte Arme und Hände, die die Taue entgegennahmen und aufschossen.

In inzwischen fast vollkommener Dunkelheit schlich der Frachter aus dem Hafen, Kurs: Westen. Alle Lampen an Bord waren ausgemacht oder kriegsbedingt abgedunkelt.

Unheimlich fanden wir es, nicht die Weite des Meeres vor uns zu sehen, sondern gegen eine graue Wand zu fahren und von den mächtigen seitlichen Wellenbergen geschüttelt zu werden.

Als wir so an der Reling standen und immer noch ängstlich ins ziemlich hoch spritzende schwarze Wasser starrten, standen auf einmal zwei größere Mädchen neben uns. Joachim und ich waren ihnen schon ein paar Mal flüchtig begegnet, weil sie offensichtlich auch wie wir immer auf dem Schiff umherliefen. Aber erst jetzt, wo sie so dicht bei uns standen, konnten wir erkennen, dass sie völlig verweinte Gesichter hatten.

Mit zitternder Stimme fragte die eine von ihnen, ob wir einen kleinen Jungen hier irgendwo gesehen hätten. Was mit dem Jungen sei, wollten wir wissen. „Er ist weg, wir haben ihn verloren", jammerten sie. „Was heißt ‚weg'", fragten wir.

„In dem dichten Gedränge, als das Schiff ‚gestürmt' wurde, war er an der Hand der Großeltern noch hinter unserer Mutter und uns. Aber als wir uns auf dem Frachter umdrehten, war er weg", wiederholten sie, immer noch schluchzend. Wo denn die Großeltern seien, wollten wir wissen. „Die sind auch weg", sagten die beiden.

Dann sei er aber doch nicht allein, sondern bei Oma und Opa, beruhigten wir die beiden. „Die sind womöglich abgedrängt worden und haben das Schiff nicht mehr geschafft."

Sie waren wohl so fixiert auf die Suche ihres kleinen Bruders, dass sie unsere Beruhigungen offensichtlich gar nicht begriffen hatten. Denn sie sagten: „Helft ihr mit beim Suchen!", so als habe unser Gespräch gar nicht stattgefunden.

Wir konnten ihren Schmerz zwar gut nachempfinden, helfen konnten wir ihnen aber nicht. Dennoch nickte ich.

Schattenhaft tauchte an Backbord voraus die Halbinsel Hela auf und ihr abgedunkeltes Leuchtfeuer. Es ging langsam weiter durch die Nacht nach Westen, immer nach Westen.

Müde vom ständigen Umherstreifen, vom angestrengten Starren in die inzwischen schwarze Nacht, durchgeschüttelt von Wind und Wellen und schon wieder von knurrendem Hunger gepeinigt wegen des schon so lange zurückliegenden Glücks mit den beiden Kartoffeln, traten wir wortlos den Rückzug nach unten ins Heulager an.

Die Mädchen schliefen, dicht zusammengerollt unter Decken und Mänteln.

Mutter reichte jedem von uns ein hartes trockenes Stück Brot und Reste aus den von Stolp mitgebrachten und in Gotenhafen nachgefüllten Wasserflaschen.

„Kaut die Knüste langsam“, sagte sie, „dann habt ihr mehr davon. Es sind die letzten.“

Als wir beiden Jungs uns in unsere Decken wickelten und eine trockene Stelle im Heu gefunden hatten, sah ich noch gerade im schwachen Licht der schaukelnden Glühbirne, wie Tante Luise sich mit einer Stoffwindel von Klein-Heidrun zu schaffen machte. In dem schwankenden zitterigen Licht konnte ich erst beim zweiten Hingucken erkennen, dass sie die Windel unter ihrer Kleidung verschwinden ließ. Mutter hatte wohl meine erstaunte Haltung gesehen und sagte: „Die oben in einer kleinen Pütz ausgedrückten und noch feuchten Windeln versucht Tante Luise, am Körper zu trocknen. Saubere Windeln haben wir schon länger nicht mehr. Wir trocknen sie abwechselnd, immer eine Windel über dem Bauch und eine über Rücken und Po.“

Von einem ohrenbetäubenden rasselnden Lärm wurden wir irgendwann in der Nacht aus dem Schlaf gerissen. Sofort saß uns allen eine entsetzliche Angst im Nacken. Die Angst, die ja seit den Wochen der Flucht unser ständiger, nicht wegzuscheuchender Begleiter war. Immer lief diese Angst als Schatten hinter uns her, nie konnten wir ihr endgültig entfliehen. Durch allerlei kleine Aktivitäten konnten wir sie manchmal kurzzeitig vergessen, aber loswerden kann man einen Schatten eben nie.

Alle Mütter und Kinder schrien – halb noch im Schlaf – laut jammernd und kreischend durcheinander. Sprachfetzen waren zu verstehen: „Das Schiff ist getroffen“, „wir gehen unter“, „das Wasser ist schon über uns.“

Auf einen Schlag war das tödliche Geräusch wieder verschwunden, eine Todesstille breitete sich über uns aus. Auch die Schiffsmaschine war plötzlich verstummt, oder schien es mir nur so.

Augenblicklich erstarb auch das Jammern und Schreien.

Wir Kinder waren hochgesprungen, unsere Mutter

kniete und in der kurzen Stille hörte ich, dass sie das „Vaterunser“ betete, während Tante Luise die beiden Mädchen im Arm hielt und versuchte, sie zu beruhigen, obwohl sie selbst noch immer vor Angst zitterte.

In die Stille hinein erklang die ruhige Stimme des Kapitäns aus den Lautsprechern: Wir haben geankert, weil sämtliche Positionslampen gelöscht werden mussten. Feindliche Flugzeuge sind im Anflug. Alle Flüchtlinge sollen versuchen, unter Deck zu kommen.

Schon wenige Minuten später waren die pfeifenden Geräusche der Flugzeuge zu hören und das Trommeln ihrer Maschinengewehre. Aber die Todesstöße trafen uns nicht, sie rauschten an Steuerbord vorbei. Es bewahrheitete sich wieder: in der tiefschwarzen Nacht ist ein vor Anker liegendes Schiff so gut wie nicht auszumachen, zumal unser Frachter keine hellen Aufbauten hatte.

„Das klang tatsächlich furchterregend“, sagte der Fahrer des LKWs unweit unseres Liegeplatzes. „Aber so rasselt es eben immer, wenn die schwere Ankerkette abläuft.“

Mutter, Tante Luise und wir beiden Jungs waren vom dem gerade Erlebten noch so mitgenommen, dass wir gar nichts erwidern konnten.

Als ganz plötzlich auch die Flugzeuge abgedreht hatten, rollte ich mich wieder in meine Decke, um zu schlafen. Dabei beschäftigten mich die Gedanken an den Untergang der „Gustloff“ noch lange. Diese Katastrophe war in unseren letzten Tagen in Stolp publik geworden. Der Gedanke an das Unvorstellbare eines sinkenden Schiffes verhinderte lange Zeit das Einschlafen und verließ mich nicht. Der grauenhafte Klang solcher Todesschreie hing mir noch in den Ohren. Und als Albtraum stand über aller Hoffnung und Verzweiflung die Frage: Werden wir durchkommen oder trifft uns das Schicksal der „Gustloff“?

Noch eine weitere Frage kroch mir in jener Nacht ins Bewusstsein: Wo sind eigentlich unsere U-Boote geblieben, unsere Helden wie Günther Prien? Weitere Fragen eines Pimpfs lauteten: Wo überhaupt ist unsere stolze Kriegsmarine geblieben? Warum ist sie nicht da zu unserem Schutz? Ausdruck meiner völlig enttäuschten Jungvolk-Seele.

Das erneute rasselnde Geräusch der Ankerkette einige Stunden später rief keine Gedanken an Untergangs-Szenarien mehr hervor, sondern war Ausdruck der Hoffnung, doch noch im sicheren Westen, in Kiel, anzukommen.

Langsam, aber stetig pirschte sich der Frachter durch hohe Wellenberge voran, in einem trüben von Schneeschauern begleiteten Tag, der uns weitgehend unsichtbar machte. So erreichten wir nacheinander die Höhe von Stolpmünde, Rügenwalde und schließlich Kolberg ohne Feindberührung.

Auf der Höhe der Festung Kolberg tauchte wie aus dem Nichts ein riesiger Bug an Steuerbord auf, ein deutscher Zerstörer als Geleitschutz. „Einen gibt es tatsächlich noch“, sagte ich halb kritisch, halb bewundernd zu Joachim, als wir gerade wieder an der Reling standen.

Das Kriegsschiff hatte offenbar die Aufgabe, uns durch die große Pommersche Bucht zu schaffen bis hin zur Insel Rügen.

Während wir beide noch das von Waffen starrende Äußere des Zerstörers bestaunten, tauchte der Koch mit einem riesigen Kochtopf aus seiner tiefen Kombüse auf, bis oben hin mit Pellkartoffeln gefüllt.

„Jeder bekommt zwei Kartoffeln, so lange der Vorrat reicht. Anordnung vom Käpt'n!“ „Und ihr“, sagte er zu uns, „ihr beide seid wieder die Ersten.“ Schon die warmen Knollen in den Händen waren eine Art Friedensbote.

„In Kiel nehmen wir neuen Proviant an Bord, die Kartoffeln hier müssen weg. Was sagte unser Winterhilfswerk immer: ‚Keiner soll hungern und frieren‘.“ Seine Kochmütze wackelte über seinem grinsenden Gesicht. Alle Flüchtlinge bissen hungrig und begeistert in die noch warmen Kartoffeln und dankten dem Koch und seinem „Winterhilfswerk“.

Inzwischen kam die Insel Fehmarn in Sicht.

Der Zerstörer drehte ab und ein Schnellboot übernahm unseren Frachter und mit jeder Seemeile in Richtung Westen wuchs unsere Gewissheit, nun endlich gerettet zu sein.

Als wir dann schließlich in die Kieler Förde fuhren – begleitet von zertrümmerten Werften – und am Bahnhofskai festmachten, leuchteten die müden Augen aus unseren elenden Gesichtern. Wir waren wirklich im „Westen“ angekommen. Den Kapitän sah ich damals zum ersten Mal lachen.

Zwei alte Lastwagen, die Ladeflächen mit feldgrauen Planen überspannt, wie wir sie aus dem Bauch des Frachters schon gut kannten, standen für uns Flüchtlinge bereit. In den zweiten schon wurden wir wegen Klein-Heidrun eingeladen. Wieder hieß es: Kinderwagen zuerst! Und wieder rettete uns unser kleiner Engel vor einem langen Warten in der eisigen Kälte auf der Pier.

Eine holperige Fahrt durch die Trümmerwüste von Kiel begann. Noch nie hatten wir eine solche Trümmerstätte gesehen, mit hohen Schuttbergen zu beiden Seiten der Straße, auf denen Menschen verloren herumkrochen, so als suchten sie ihre heile Vergangenheit. Das einzige stehende, alle Trümmer überragende Gebäude war ein riesiger grauer Betonklotz, ein Luftschutzbunker.

Der Fahrer hatte uns über unser neues Ziel informiert. Es gehe quer durch Schleswig-Holstein nach Husum, also wieder: immer nach Westen.

Von der Fahrt durch die froststarrende Landschaft bekamen wir fast nichts zu sehen, weil die offene hintere Plane wegen der Kälte geschlossen worden war.

Endlich hielt der klapperige Lastwagen mit kräftigem Ruck auf dem Vorplatz des Husumer Schlosses, dem Massenquartier und der Sammelstelle für uns Ostflüchtlinge.

„Wir können eigentlich keinen mehr in Husum oder dem Husumer Umland unterbringen, alles ist hier restlos überfüllt, die Menschen hier hungern und frieren“, wurde uns mitgeteilt – und:

„Die Nordseeinsel Pellworm ist neu für die ‚Flüchtlings-Invasion‘ freigegeben, dort dürfen wir sie hinschicken." Als die Tante und die Mutter noch zögerten, schrien Bruder Joachim und ich wie aus einem Mund laut: „Hurra, hurra, da lass uns hinfahren, da heult der Wind so gruselig, immer schreien die Möwen und das Meer rauscht so herrlich!"

Diese einseitigen Geografie- und Wetterkenntnisse über die nordfriesische Inselwelt gingen zurück auf unsere jahrelange Hörspiel-Bekanntschaft. Der Hörfunk war ja – neben der nationalsozialistisch bestimmten „Jugendfilmstunde" stets zur Kirchzeit am Sonntagvormittag – das einzige Medium, das uns Kinder einen Blick über Mohrungen und das Masurische Hügelland hinaus erlaubte, daher also bedrängten wir die Tante und die Mutter: Ja, da auf die Insel lasst uns „gehen", zum Sturm, zum Meer und zu den Möwen.

Bald hatten wir beiden Jungs das kleine Dampferchen ausspioniert, die Fähre nach Pellworm. Wir fanden sie im Husumer Hafen, ohne auch nur einen Tropfen Wasser unterm Kiel, im Hafenschlick liegen, eine traurige Position für ein Schiff. Natürlich hatten wir schon von Ebbe und Flut gehört, aber die konkrete Anschauung vor Ort versetzte uns dennoch in ungläubiges Staunen darüber, ob der Dampfer sich aus diesem bemitleidenswerten Zustand je wieder würde erheben können.

Er konnte, denn tags darauf standen wir an der Reling des kleinen Dampfers und freuten uns über die mächtige Bugwelle und die Weite des Wattenmeeres. Ungefähr zwei Stunden dauerte damals die Überfahrt, vorbei an der Insel Nordstrand und an der klitzekleinen unbewohnten Hallig Südfall.

Mitten auf der Fahrt fing das Schiffchen ganz plötzlich furchtbar an zu schaukeln. Das ist das „Rummelloch", hieß es, eine besonders flache Stelle. „Immer verdreht es einem hier den Magen, vor allem, wenn es so richtig kachelt", meinte ein offenbar alter Pellwormer, dem sie gerade in Husum einen Zahn gezogen hatten. Mit einem Taschentuch vorm Mund saß er deshalb an Deck und stöhnte in Abständen. „Da gibt es wohl nicht mal einen Zahndoktor auf der Insel“, folgerte Joachim. Große Sympathie löste diese vermeintliche Tatsache bei uns beiden aus, denn mit der Mohrunger Zahnärztin hatte ich schon ganz schlechte Erfahrungen gemacht.

4. Teil

Pellworm

Pellworm kam in Sicht: die lang gestreckte Deichkante, die kurzen Masten der Fischerkähne im kleinen Hafen und ganz verschwommen in der Ferne die dicke Turmruine der Alten Kirche. Sie sollte noch in unserer nun beginnenden Pellwormer Lebenszeit eine wichtige Rolle spielen.

In dem größten Gasthaus und Hotel der Insel, direkt an der Pier gelegen, nahm ein sogenannter Flüchtlingsbeauftragter die nun fällige Aufteilung der etwa zwanzig Familien vor. Ob das alphabetisch geschah, weiß ich nicht mehr. Jedenfalls müssen unsere beiden Familien die ersten Verteilten gewesen sein, denn wir sollten in dem Kirchspiel der Alten Kirche untergebracht werden, ganz am anderen, am westlichen Ende der Insel. Wir wurden auf den bereitstehenden langen Leiterwagen des Bauern Paul Nommsen verfrachtet, saßen auf dicken Strohballen, wohl noch mit einigen weiteren Familien zusammen, die auch für die westliche Region der Insel bestimmt waren. Ich weiß nicht mehr, ob wir auf dieser langen holprigen Fahrt gefroren haben, es war ja erst Mitte März. Die beiden braunen Kaltblüter hatten es nicht eilig und Lorenz, der Knecht und Kutscher, ließ sie gewähren. Über sieben Kilometer waren zurückzulegen, eine Fahrtzeit von deutlich über einer Stunde.

In den ersten Wochen hatten wir bei Marie Nommsen, der Ehefrau von Paul, das Ansehen von Pensionsgästen. Für die ausgemergelten Flüchtlinge war es das Paradies an der Westküste: Unsere Mutter hatte noch schnell, bevor wir von zu Hause fliehen mussten, alle Sparbücher geleert. So hat sie hier für unsere Kost bezahlen können, und solange das Geld reichte, haben wir die gleichen fetten Bratkartoffeln, den Speck, die frische Kuhmilch, die daraus gerade geschlagene Butter genossen, das gleiche Essen wie die Bauersleute, allerdings nicht am selben Tisch.

Je spärlicher dann das Geld floss, umso mehr waren wir auf uns selbst angewiesen. Inzwischen hatte uns der Bauer eine eigene primitive Kochstelle gebastelt. Wir mussten jetzt weite Wege gehen zum nächsten Bäcker oder zum Kolonialwaren-Händler, zu einem der damals üblichen Tante-Emma-Läden, in dem man alles, was damals zum

Verkauf angeboten wurde, kaufen konnte: vom Kamm bis zur Leberwurst. Ich meine, er hieß Heinrich Dietrichsen, genannt ‚Hein Diesen'. Wenn man seinen Warenwunsch genannt hatte und das Gewünschte vorrätig war, damals eher die Ausnahme, dann schlurfte der alte Hein los, zog eine der großen Holzschubladen auf, holte die runde Kaufmannsschaufel, riss eine Papiertüte vom Haken und füllte die Linsen, das Salz oder den Zucker in die Tüte. Und nie hieß es: Darf es etwas mehr sein? Das war die gängige Frage erst weit nach der Währungsreform. Hier bei Hein Diesen galt die Genauigkeit.

Zum wichtigen Bestandteil unserer Ernährung wurde die Schüssel mit der täglich frischen Kuhmilch, die uns die Bäuerin überließ und deren dicken Rahmmantel die Mutter abschöpfte. Der Sahnemantel wurde so lange mit der Gabel bearbeitet, bis sich die Flüssigkeit zu Butter verdickte. So haben wir Kinder jedenfalls keinen Hunger mehr gelitten. Das ehemals bäuerliche Speckbrot am Morgen verwandelte sich allerdings jetzt in das Vierfrucht-Marmeladenbrot, was den Bauern am Nebentisch immer wieder zu dem Spruch animierte: „Marmeladenbrot, Marmeladenbrot: gibt spitzen Arsch und frühen Tod!"

Er war der Einzige, der danach wiehernd lachte, selbst von seiner Frau immer mit dem Vorwurf in der Stimme zur Ordnung gerufen, immer mit denselben Worten: „Aber Paul!"

Dabei kaute er noch auf der dicken Wurstscheibe, die er sich gerade in den Mund geschoben hatte.

Inzwischen waren die Geschwader der britischen Kampfflieger ausgeblieben; die – bei klarer Sicht – in großer Höhe, in der Sonne glitzernd, fast täglich über Pellworm hinweggezogen waren. Keine glänzenden Silberstreifen schaukelten mehr auf uns herab, die wir eifrig gesammelt hatten. Der Krieg war zu Ende, der „Führer" des Tausendjährigen Reiches lag inzwischen als verkohlte Leiche vor seinem Berliner Bunker.

Die Insel fürchtete um ihre Ruhe, es ging das Gerücht um, dass die Engländer Pellworm inspizieren würden, für die – allerdings wenigen – Nazis der Insel das verdiente Ende ihrer politischen Posten. Die wenigen „Führerbilder“ wurden abgehängt. Alles, was sonst noch nach Drittem Reich roch, wurde versteckt oder gar vergraben. Bruder Joachim und ich waren ja in Jungvolk-Uniform geflohen und auch immer irgendwie stolz auf diese Kluft und ihre Bedeutung gewesen, denn nichts anderes war uns ja jahrelang eingebläut worden, als stolz zu sein auf des Führers Uniform.

Ein größeres Siel floss am Nommsen'schen Anwesen vorbei und wurde nun das nasse Grab für Fahrtenmesser, Koppelschloss und rotweiße Schnur (Zeichen des Jungscharführers). Die momentane Traurigkeit darüber wich schnell der Neugier auf die angekündigten englischen Soldaten, allerdings weiß ich bis auf den heutigen Tag genau die Stelle, wo wir die Embleme des Nazireiches versenkten: Die Einmaligkeit der Aktion, verbunden mit der Traurigkeit über den Verlust dieser geliebten Besitztümer, die bei den Erwachsenen Statussymbole heißen, mögen der Grund dafür gewesen sein.

In freundlicher Siegerpose kamen die Briten in den nächsten Tagen, inspizierten wohl vor allem die großen Gehöfte, vielleicht weil sie meinten, hier Beschlagnahmungen vornehmen zu können. So sollen sich bei diesen „Besuchen“ kuriose Szenen abgespielt haben: Säcke, gefüllt mit gehorteter Schafwolle, die aus der Bodenkammer in den Garten als neuem Versteck geworfen wurden, weil es hieß, die gucken sich vorwiegend auf dem Dachboden um. Nun betraten die Herrn Sieger allerdings, nicht wie sonst üblich, die Häuser durch die Ställe, sondern vornehm durch den Haupteingang, durch den Garten also, sodass ihnen die Wollsäcke direkt vor die Füße fielen.

Was sie alles von den Höfen geschleppt haben, weiß ich nicht mehr, hat uns Kinder auch nicht sonderlich interessiert. Die hochbeinigen Jeeps allerdings sehr viel mehr. Die verbreitete Angst vor Plünderungen oder Festnahmen durch die feindlichen Invasoren erwies sich als völlig unbegründet.

„Die sind schon wieder zum Festland zurück." Ganz schnell verbreitete sich diese beruhigende Meldung, und der gewohnte, zur Insel gehörende äußere Frieden fand nun auch ein Plätzchen in den Herzen der etwa zweitausend Einheimischen und der ebenso zahlreichen Flüchtlinge.

Was für die Insel insgesamt zutraf, das spielte sich im Kleinen auch in der Schule an der Alten Kirche ab: Zu den etwa dreißig einheimischen Schülerinnen und Schülern kamen von einem Tag auf den anderen noch einmal gut dreißig Flüchtlingskinder dazu. Die einklassige Schule platzte aus ihren wenigen Nähten, d. h. der für ungefähr 30 bis 40 Kinder ausgelegte Raum musste jetzt mit der etwa doppelt so großen Schülerzahl fertig werden. Wie das in der Praxis funktioniert hat, ist mir bis heute ein Rätsel; ich erinnere nur genau: es hat!

Erheblichen Platz in dem einzigen Klassenraum beanspruchten – neben den Schülerbänken und einer Art Lehrertisch – auch noch ein alter Konzertflügel und ein hoher, großer, runder eiserner Kohleofen.

Je weiter ich mich von dieser Schule entfernte, schließlich selbst Lehrer wurde, umso größer wurde mein Staunen über die Leistungen des Lehrers Walter Groß, unseres Papa Groß, unter diesen chaotischen – durch uns Flüchtlingskinder verursachten – Verhältnissen. Er hatte sich hier über Jahre ein kleines pädagogisches Imperium geschaffen: alles nur ausgerichtet zum Wohle der ihm anvertrauten Schülerinnen und Schüler, und obwohl er leicht körperbehindert war, er hatte einen etwas verkrüppelten Fuß – war also daher nicht zur Wehrmacht eingezogen worden –, konnte er trotzdem schnell zur Stelle sein, denn bei so vielen Schülern war er meist überall gleichzeitig nötig.

Morgens, in die Tasten greifend, spielte er irgendeine beliebige Melodie an, entweder aus dem Kirchengesangbuch oder aus einem Volksliederbuch, und so lernten wir fast nebenbei im Laufe der Monate einen festen Liederschatz kennen, der nur in der für uns recht früh beginnenden Weihnachtszeit die entsprechende Ausprägung erhielt. Das von ihm gestaltete schulische Weihnachtsfest bildete nämlich den Höhepunkt des Schuljahres.

Joachim und ich hielten es anfangs für eine Zumutung, in die einklassige Volksschule zu gehen, aber als unsere kleine Schwester Doro uns nun schon mehrfach „schöne Grüße“ von Lehrer Groß übermittelt hatte: Wir sollten es ruhig versuchen, er könne auch den beiden Stobbes-Jungs sogar im Englischen noch was beibringen, wagten wir es tatsächlich. Dieses für mich nur knappe Jahr in der Schule an der Alten Kirche zu Pellworm sollte bestimmend für mein weiteres Leben werden und nahm mich in eine mir bis dahin völlig fremde Lernwelt auf. Der Unterschied zwischen dem Unterricht im Herder-Gymnasium und dem Schulalltag bei Papa Groß konnte nicht größer sein. Der Unterricht im Mohrunger Herder-Gymnasium war bestimmt von unkindlichem Drill und der ständigen Angst vor den strengen meist alten, ausgedienten Lehrern.

Hier an der Schule bei der Alten Kirche auf Pellworm waren auch wir Flüchtlingskinder sofort angenommen, trotz der Fülle gefordert und gefördert. So richtete Lehrer Groß für die Oberstufe, eine Stunde vor dem offiziellen Unterricht, so etwas wie ein literarisches Kolloquium ein. Hier lernten wir zum Beispiel einige Novellen, etwa Theodor Storms „Schimmelreiter“, kennen. Wie Lernen ohne Druck und Angst Spaß machen kann, haben wir so bei Lehrer Groß gelernt.

Als ältester Flüchtlingsjunge durfte ich nach wenigen Wochen „Hilfslehrer“ sein. Unter seiner Anleitung habe ich versucht, den mittleren Schuljahrgängen in der (hoch)-deutschen Sprache etwas weiterzuhelfen, die Umgangssprache auf der Insel war nämlich fast ausschließlich das dort übliche Westküsten-Platt. Auch fürs Rechnen beschäftigte Lehrer Groß einen „Hilfslehrer“, das war der Bauernsohn Harro Clausen, ein Schnellrechner, der im Umgang etwas schwierig war, sehr wortkarg, hinter seiner dicken Brille immer ein verschmitztes Lächeln praktizierte. All diese „Lehrveranstaltungen“ fanden meist gleichzeitig statt. Das wiederum war nur möglich, weil dann eine absolut ruhige Unterrichts-Atmosphäre herrschte, nur die gedämpften Stimmen des Chefs und seiner beiden Lehrerlehrlinge waren vernehmbar: Harro zum Beispiel auf der linken Seite der Bankreihen, ich in der rechten Ecke des Raumes und unser aller Lehrer ganz hinten im Klassenraum, mit der Oberstufe beschäftigt.

Papa Groß wirkte nie überfordert, er hatte immer jede Menge Humor zur Verfügung, probierte an uns Neuen so manchen alten Gag aus: So schickte er uns nacheinander, jeden einzeln, vorher auf unbedingte Geheimhaltung verpflichtet, mit einem alten Kartoffelsack mit schwerem, kaum zu schleppendem Inhalt zur nur etwa fünfzig Meter entfernten Turmruine, dem bekannten Wahrzeichen der Insel, mit der Aufgabe, den Sack-Inhalt mit dem am Fuße der Ruine liegenden „Steinhobel" zu bearbeiten. Wenn man dann ausgepowert mit den Worten zurückkam: Da liegt ja gar kein Steinhobel, dann hat er sich ausgeschüttet vor Lachen und uns klargemacht, dass man nicht einmal einem Lehrer alles glauben darf. Es hieß dann: „Denk doch mal nach, einen Steinhobel kann es doch gar nicht geben, erst denken, dann handeln!" Das war praktische Pädagogik, wie mir allerdings erst viel später aufgegangen ist; damals habe ich mich echt geärgert über meine Leichtgläubigkeit.

Auch der Spaß, den er gerne mit dem Schüler Harro machte, ist mir im Gedächtnis geblieben. Er rief dann etwa „Harro, meine Seele, komm mal her", als Anspielung auf den Anfangsvers des von uns an manchem Morgen gesungenen Kirchenliedes: „Harre, meine Seele". Das alles habe ich nie als verletzend empfunden, es wirkte vielmehr wie eine (sich versteckende) Anerkennung.

Schon im April 1946 ging mit meiner Konfirmation in der Alten Kirche die knapp einjährige Schulzeit bei Lehrer Groß zu Ende. Und es begann die über ein Jahr lange Wartezeit auf einen der begehrten Plätze für die beiden neu eingerichteten Internats-Gymnasien „für begabte Flüchtlingskinder" in Timmendorfer Strand oder in St. Peter-Ording.

Wieder sollte ich – jetzt in meinem sechzehnten Lebensjahr – etwas mir bis dahin völlig Unbekanntes kennenlernen.

Eines Tages traf ich im Krämerladen von „Hein Diesen" einen Herrn mittleren Alters, an seiner Kleidung aus Wehrmachtsbeständen als Flüchtling erkennbar, der mich ohne Umschweife fragte, ob ich ihm nicht ein bisschen helfen wolle. Ich muss wohl ein ziemlich bedeppertes Gesicht gemacht haben, denn er fügte sofort hinzu, dass sei gar keine richtige Arbeit, sondern nur eine Beschäftigung für zu Hause, und zwar mit Stroh.

„Ich weiß ja, dass ihr an der Alten Kirche bei Bauer Nommsen untergekommen seid, und der hat reichlich Stroh." Woher er das alles wusste, konnte ich nie in Erfahrung bringen. Er sei mit seiner Familie am Westertilli gelandet bei Bauer Knut Petersen, ich solle ihn bald mal besuchen, dann könnten wir alles Weitere in Ruhe besprechen. Und ich erfuhr dabei seltsame Dinge: Es stellte sich heraus, dass es sich bei dem Herrn um einen geflohenen ehemaligen Landrat handelte. Ob er sich hier als alter Nazi zurückgezogen hatte oder als höherer Offizier, wusste keiner, für unsere zukünftigen gemeinsamen Tätigkeiten war es auch völlig unerheblich; gewusst hätte ich es dennoch gerne.

Dieser verborgene Landrat stellte mir seine neue, genau in die Zeit passende Idee vor, nämlich die Produktion von Schuhen aus Stroh. Das klang zuerst sehr märchenhaft und unrealistisch, war es aber gar nicht. Aus leicht angefeuchteten Strohhalmen galt es, fest geflochtene Zöpfe herzustellen. Es mussten zwei unterschiedlich dicke Zöpfe geflochten werden, die dickeren waren für die Sohlen der Schuhe vorgesehen, die dünneren für das Obermaterial. Fertig zusammengenäht hatten diese Schuhe die Form der bekannten holländischen Holzpantinen. Diese fabrikmäßige Produktion der Pantinen habe ich nie gesehen, sie soll irgendwo auf dem Husumer Festland stattgefunden haben, einige fertiggestellte Schuhe in der Familie des Landrates aber schon. Ich war nur angeheuert worden für das Produzieren der Zöpfe, wie mir nach und nach klar wurde. So lieferte ich auf unserem alten Kinderschlitten – es muss also im Winter 1946/47 gewesen sein – jede Woche so viele Zöpfe ab, wie ich innerhalb einer Woche flechten konnte.

Mein Verdienst dafür fand in Form einer wöchentlichen Nachhilfestunde im Fach Latein statt: Immer, wenn ich meine Zöpfe abgeliefert hatte, begann die Lateinstunde. Ich hatte ihm nämlich von meiner Angst erzählt, den erhofften möglichen Neustart auf dem Gymnasium wegen der völlig vergessenen lateinischen Sprache nicht zu bestehen, denn meine letzte Mohrunger Lateinstunde war ja inzwischen über zwei Jahre her. Da er ehemaliger Schüler eines humanistischen Gymnasiums gewesen war, traue er sich diese Aufgabe zu. Das war ein Beispiel für eine bargeldlose Win-Win-Situation der Nachkriegszeit.

Nicht nur bis zum Westertilli, sondern sogar bis auf die Hallig Süderoog hatte sich meine desolate Latein-Situation herumgesprochen: Der Leiter des dortigen Jugendlagers, ein jugendbewegter, immer hilfsbereiter, stets freundlicher Mann – wir Jugendlichen durften ihn alle nur: ‚Onkel Hermann' nennen – hatte irgendwo ein Latein-Lehrbuch für Anfänger aufgetrieben. Zusammen mit meinem Bruder Joachim habe ich die abenteuerliche, kilometerweite Wattwanderung zu seiner Hallig in den Pellwormer Jahren ziemlich regelmäßig unternommen, und gleich, als wir auf einem der ersten Besuche auf dieses Thema mit ihm zu sprechen kamen, schenkte er mir dieses Buch.

So also kam zum Buch jetzt auch der Lehrer-Landrat, der übrigens einen juristischen Doktortitel besaß und einen langen Schmiss über die ganze rechte Wange hatte. Seinen Namen habe ich vergessen.

So plötzlich, wie er in meinem Leben aufgetaucht war, so plötzlich war er auch wieder verschwunden. Als ich mit meiner wöchentlichen Stroh-Zopf-Lieferung an seine Tür klopfte und niemand öffnete, sagten die Nachbarn, die seien rüber zum Festland, wohin genau, wüssten sie nicht. Was lag näher für den alleingelassenen Strohschuh-Arbeiter, als sich „selbstständig" zu machen. Ich wurde für eine kurze Zeitspanne der Strohschuh-Produzent an der Alten Kirche. Zwei große Schuhmacher-Nadeln wurden aufgetrieben, und ich fing an, zunächst einmal die Familie mit Schuhen zu versorgen. In dem Maße, in dem die Qualität der Schuhe zunahm, nahmen auch die Bestellungen aus der Nachbarschaft zu. Denn es hatte sich herumgesprochen, welch warme Füße diese Pantinen erzeugten, und bei trockenem Wetter konnte man sogar draußen damit herumschlorren. Jetzt arbeitete ich nicht für den Zuwachs an Lateinvokabeln, sondern für begehrte Naturalien aus der Landwirtschaft, zur großen Freude unserer Mutter, die ja drei Kinder sattkriegen musste. Meine Produktion dauerte nur wenige Wochen, dann wurde meine „Kunst“ nicht mehr nachgefragt.

Im Gegensatz zu meiner einmaligen Strohschuh-Schusterei war die Verarbeitung von Schafwolle auf den Bauernhöfen der Insel üblich. Alle Bauern besaßen Schafe, die die Aufgabe hatten, vor allem das Gras des Außendeichs kurz zu halten und zu düngen, was zur Stabilität des Deiches unbedingt notwendig war. So gehörte auch in jedes Bauernhaus ein Spinnrad. Ich jedenfalls habe keinen Bauernhof erlebt, in dem nicht mindestens ein Spinnrad seine Fäden spann.

Als wir beiden Jungs eines Abends – schon bald nach unserer Zuweisung zum Nommsenhof – der spinnenden Gerda eine längere Zeit ganz aufmerksam zugesehen hatten, sagte ich zu ihr: „Das kann ich auch.“ Ich hatte mich, wie ich sehr bald merkte, völlig überschätzt. Ohne Gerdas Hilfe, der wohl mein naiver Eifer gefiel, hätte ich das Rad nicht einmal zu einer einzigen Umdrehung bewegen können. Sie zeigte mir, wie ich das einfache Holzpedal treten müsse, damit das schnurrende Geräusch des Spinnrades wie aus den Grimm'schen Märchen hörbar würde. Bei diesem ersten Kennenlernen des Spinnrads hatte ich insofern Glück, als Gerda gerade beim „Doppelieren“ war. Dabei galt es, aus zwei schon gesponnenen dünnen Fäden einen dickeren Wollfaden zu machen, wie er für Winter-Wollsocken nötig war. Aus zwei Knäueln, die rechts und links auf dem Fußboden neben der Spinnerin in Töpfen untergebracht waren, damit sie nicht weglaufen konnten, wurden die beiden Fäden zur Spindel hin zusammengeführt. Und mit entsprechender Drehung der Spindel umeinandergedreht.

Schnell wurde unserer Mutter klar, dass die Arbeit mit dem Spinnrad kein Spielzeug für ihre beiden Jungen war, sondern eine wichtige Bedeutung für unser tägliches Leben hatte. Die Mohrunger Unterwäsche wurde langsam porös und wies schon manches Loch auf, da wären dickere Wollstrümpfe und dünnere Unterhemden die wollene Rettung, vor allem gegen die Kälte des kommenden Winters.

Tagsüber hatte keiner auf dem Hof Zeit für das Spinnrad. So störte mich niemand, wenn ich es aus der Ecke der Diele befreite und in Gang setzte. Konzentriert und tagelang hatte ich versucht, aus dem zur Verarbeitung bereitliegenden Stück Schafwolle einen Faden zu spinnen. Ich hätte aufgegeben, wenn es mir nicht viel Spaß gemacht hätte, einen einigermaßen gleichmäßig dicken Faden zustande zu bringen. Immer wieder riss der entstehende Faden plötzlich ab oder hatte sich ungewollt zu einem Tampen verdickt.

Irgendwoher bekamen wir recht bald ein altes Spinnrad geliehen, weil sich wohl meine große Liebe und auch mein inzwischen erworbenes Können herumgesprochen hatten.

Wolle war plötzlich reichlich vorhanden. Alle wollten dafür Karls Wollknäuel haben, um möglichst den ganzen Abend stricken zu können.

Was waren das, als der Herbst kam und die Tage kürzer wurden, für märchenhafte Abende, wenn zwei Spinnräder surrten und klapperten und die Stricknadeln in den Händen hohe Töne sangen und die Petroleumlampe alles in ihr warmes Licht tauchte.

Meine ersten Weihnachtsferien, die ich in unserer neuen Wohnung im „Parlament“, einer Flurbezeichnung im Nordwesten der Alten Kirche, erlebte, hatten auch immer noch etwas mit der Spinnerei zu tun. Ich freute mich schon darauf, statt mathematische Aufgaben zu lösen, mich wieder ans Spinnrad zu setzen, um den flockigen Haufen Wolle auf dem Schoß in einen möglichst dünnen Faden zu verwandeln. Und die weitere Verwandlung des so entstandenen Wollknäuels in ein Stückchen Speck und ein Säckchen Mehl zu bewirken, das der benachbarte Bauer dafür bot.

Auch die Bäuerin Marie Nommsen war wohl noch interessiert, denn eines Tages erschien Gerda und traf mich direkt am Spinnrad an. Ob die Bäuerin sie wegen der Wolle geschickt hatte oder sie selbst Mutters Hilfe als Flickerin brauchte, weiß ich nicht mehr.

Sie fragte mich gleich, ob ich denn selbst schon in den Genuss eines Wollhemdes gekommen sei oder nur immer für andere arbeite. Als ich ihr antwortete, dass ich gar nicht so sehr interessiert sei, ein solch kratzendes Ding über den nackten Rücken zu ziehen, sagte sie nur: „Fass mal an!" Schon hatte sie ihren Pullover bis unters Kinn hochgekrempelt und zum Vorschein kam ein großes helles Wollhemd. Es umhüllte makellos ihre üppige Vorderseite. Als sie mein bewunderndes und zugleich schockiertes Gesicht sah, sagte sie: „Zwei rechts, zwei links."

Dann meinte sie, aber bloß gucken sei nicht genug, ich solle mal fühlen, wie warm es darunter sei. Ich war wie hypnotisiert und schon spürten meine Hände die Wärme ihrer Taille, ihres Rückens und ihres breiten Hinterns.

Obwohl ich in keinem Wollhemd steckte, stieg eine gewaltige seltene Wärme in mir hoch. Ganz schnell hatte Gerda das dicke Hemd wieder über ihre wippenden Brüste und ihren runden Bauch gezogen, sich noch einmal, geheimnisvoll lächelnd, zu mir umgeschaut und war zu unserer Mutter ins andere Zimmer getreten. Ganz lange noch spürte ich die wohlige Wärme in mir hochsteigen.

Neben dem Krippenspiel war die Ankunft des Weihnachtsmanns der zweite Höhepunkt der schulischen Weihnachtsfeier. Zweimal durfte ich dieser Weihnachtsmann sein: Weihnachten 1945 und 1946. Da meine jüngeren Geschwister noch bei Herrn Groß in die Schule gingen, hatte ich auch als Entlassener immer noch Kontakte zu dieser einmaligen Zwergschule, und das sollte so bleiben bis zum Weggang auf das Internats-Gymnasium nach St. Peter-Ording im Juni 1947.

Ob es mir in der Erinnerung nur so vorkommt oder ob es der Wirklichkeit entsprach, ist von heute her schwer zu entscheiden, jedenfalls schien sich unser eher trister Klassenraum in ein Weihnachtsmärchen zu verwandeln. Schon die gesamte Adventszeit hindurch wuchs das Weihnachtsmärchen: an den Wänden selbst gemalte Bilder, von der Decke leuchteten die Papiersterne, auf allen Bänken waren Kerzen angezündet, was heute aus Sicherheitsgründen kein Lehrer mehr riskieren würde. Damals haben sich die Schülerinnen und Schüler an der Alten Kirche in der Weihnachtszeit offenbar in geradezu himmlische Weihnachtsengel verwandelt, jedenfalls hat die Schule bis auf den heutigen Tag nie Feuer gefangen.

Je näher die Weihnachtsferien heranrückten, desto mehr verwandelte sich der Klassenraum in Bühne und Zuschauerraum, geteilt durch ein Stück Stoff als Vorhang, der sogar auf- und zugezogen werden konnte. Ein quer von Wand zu Wand gespannter Tampen machte es möglich.

Im Laufe der Jahre hatte sich hier ein Krippenspiel- und Weihnachtsfundus angesammelt, der fast keine Verkleidungswünsche offenließ: für Josef, Maria und das Kind in der Krippe, für die Engel und auch für den Weihnachtsmann.

Mein Bruder Joachim gab den Josef als alten klapprigen Mann, von den weiten Wegen ermüdet. Unsere Schwester Doro war einer der Erzengel, zusammen mit der Bauerntochter Annelene Nommsen. Die dicht an dicht stehenden Eltern – zum Sitzen war kein Platz mehr – waren immer ganz gerührt von dem intensiven Spiel und von der Darbietung der mehrstimmig versuchten vielen Weihnachtslieder. Und dann zum Abschluss die Ankunft des Weihnachtsmanns mit dichtem weißen Bart, großer schwarzer Brille – ich durfte ja auf keinen Fall erkannt werden –, pelzbesetzter Zipfelmütze und riesigem Mantel, Kartoffelsack über dem Rücken, dicke Rute in der Rechten. Zusammen mit meinen sorgfältig eingeübten Ermahnungen für einzelne kleine Rabauken oder auch großem Lob für die „Guten“ verfehlte der Weihnachtsmann als Erziehungshelfer seine echte Wirkung nicht.

Auch die schweißtreibende Wirkung der Weihnachtsmannkluft auf mich selbst ist mir im Gedächtnis geblieben. Als ich mir dann endlich hinter der Bühne – schweißüberströmt – Bart und Mütze abriss, blickte ich in die aufgerissenen Kinderaugen von Doro und Annelene, denen damit ihre Weihnachtsmann-Welt und ihr Kinderglaube so abrupt abhandenkamen. Noch immer nach so vielen Jahren höre ich ihren ungläubig klingenden Ausruf:

„Ach, das war ja Karl!“

Diese Naivität mit dem Glauben an den Weihnachtsmann war kein Wunder in der Nachkriegszeit, zumal in der Abgeschiedenheit der Insel ohne alle die heute so selbstverständlichen Medien. Es gab weder Fernsehen, Rundfunk noch Zeitungen für uns.

Das Jahr 1946 machte nicht nur einen vorübergehenden Strohschuster aus mir, sondern auch einen zeitweisen Dreschmaschinen-Arbeiter. Die Dreschmaschine war ein Gemeinschaftsgewerk und auf ihrer rumpelnden und krachenden Rundreise über die Bauernhöfe der Alten Kirche war ich angestellt als „Kaff-Düvel“. Denn diese Maschinen gaben nicht nur weit ins Land reichende Geräusche von sich, sondern sie waren auch unterschiedlich eingehüllt in dichte Staubwolken. Und die Stelle an der Maschine, wo dieser Staub und Dreck am dichtesten waberte, war mein Arbeitsplatz. Zwar musste ich nicht die Spreu vom Weizen trennen, aber für die Spreu, also den Kleinabfall, war ich schon zuständig. Das Zeug strömte ununterbrochen unten aus dem Dreschkasten raus und musste von mir entfernt werden.

„Dat is dat Kaff“, sagte der Bauer, „und du bist de Düvel dartou.“

Neben der üppigen Verpflegung über Tag brachte der Düvel abends immer ein Säckchen voll Weizenkörner mit auf die Nommsen-Warft. Wenn Lorenz, der Knecht, dann zur Norder-Mühle fuhr, mit großen Säcken voll Korn des Bauern, durfte ich mitfahren, und auch mein Korn wurde in Mehl verwandelt.

Unser Leben bei Bauer Nommsen verschob sich immer weiter in die Nordwestecke des Hauses, in der ein kleines Zimmerchen für uns vier Personen hergerichtet wurde. In die Außenmauer ließ der Bauer eine Öffnung brechen. Mit einer einfachen Holztür versehen, war sie unsere separate Haustür. Über zwei kurze Stufen führte sie unmittelbar in „unsere" Einzimmerwohnung von geschätzten fünfzehn Quadratmetern. Bestückt war dieses Wohnzimmer mit zwei eisernen Etagenbettgestellen aus Wehrmachtsbeständen, einem kleinen Tisch mit drei Hockern, einem Stuhl und dem in der Nachkriegszeit immer noch berühmten König eines Haushaltes, der „Hexe": Heizkörper und Kochherd zugleich. Der Anschluss an den einzigen Schornstein des Hauses musste durch das Schlafzimmer der Bauersleute gebrochen werden. Die große Länge des Ofenrohrs war einer der Gründe für das fast ständige Räuchern des Rohres. Die von Sonne und Wind getrockneten Schafsködel, die wir am Deich sammelten und die zusammen mit den zum Trocknen aufgestellten Kuhfladen unser Kohle- und Holzersatz sein mussten, auch diese mögen das Räuchern und Qualmen mit verursacht haben. Nur wenn Lorenz sich im Pesel seines Herrn nicht wohlfühlte und bei uns einkehrte, den unterm Kittel versteckten Holzscheit hervorholte und die Hexe zum Glühen brachte, ließ der Rauch uns in Ruhe und zog zum Schornstein hinaus.

Die Nordwestecke der Warft zierte noch ein freistehendes Bauwerk, unser Holzklo. Zusammengebaut war es aus einzelnen Brettern mit Ritzen und Astlöchern, auf denen der Wind sein Lied pfiff und der Sturm um den nackten Hintern heulte. Stets war also in dieser Toilette ganz reine Luft, die vor allem im Winter mit arschkaltem Zugriff daherkam. Das Ausheben des meist zu vollen „Tante-Meier-

Eimers“ aus der Tiefe und das Ausleeren an vorbereiteter Position auf dem großen Misthaufen vor der Stalltür wurde immer mehr zu meiner Aufgabe, weil bei mir ein schon starker Arm und ein noch schwacher Geruchssinn zusammenkamen.

Mit dem Stichwort Winter kommt auch die Erinnerung an die Elemente Wasser und Licht wieder hoch. Wir haben die heutigen Selbstverständlichkeiten von öffentlicher Wasserversorgung und elektrischen Leitungen auf der Insel nicht mehr erlebt, denn gegen Ende des Jahres 1951 konnten wir Pellworm verlassen und eine Wohnung auf dem leer stehenden riesigen Kasernengelände in Rendsburg beziehen.

Die Emaille-Waschschüssel war das Hygiene-Gefäß der Insel, Badezimmer gab es nicht im nordfriesischen Bauernhaus in jener Zeit. Bauer Nommsen hatte eine Pumpe an der Mauer zum Schweinestall, die in der trockenen Jahreszeit meist kein Wasser hergab. Mit dem Trick, bei Beginn der Pumperei etwas Wasser in den Pumpenschaft zu gießen, bei gleichzeitig ganz kurzen schnellen Pumpbewegungen, gelang es oft, das relativ saubere Wasser in die Eimer zu kriegen. Sonst diente die nächste Kuhle als Wasserreservoir. Jede Fenne hatte nämlich eine künstlich angelegte Tränkekuhle für das Vieh, aus der auch das Wasser für den Hausgebrauch geschöpft wurde.

„Mama, Klaus hat wieder in die Kuhl gepieschert“, so verpetzte Annelene ihren kleinen Bruder öfter mal. Mit der mütterlichen Entgegnung: „Klaus, du schast dat nich“ kam dieser Dialog dann immer an sein Ende. Auch die Kühe auf der Fenne zeigten in dieser Hinsicht wenig Verständnis. Die Tränkekuhlen für den menschlichen Wasserbedarf hatten die Bauern zwar meist mit einem Zaun versehen, der ja aber zum Trinken immer einen offenen Zugang haben musste. Auch das Wasser aus der Pumpe sollte nur abgekocht getrunken werden, woran wir Kinder uns nie gehalten haben, denn das kalte Pumpenwasser im Sommer aus der hohlen Hand zu trinken, war ein seltener Genuss.

In der langen dunklen Jahreszeit war eine funktionierende Petroleumlampe ein ganz großer Schatz. Wenn die Stube mal richtig mollig warm war, wir um die Lampe hockten und Mutter den kleineren Kindern eine Geschichte vorlas, dann gingen die Gedanken in die Welt und die Flüchtlingskinder waren plötzlich Zauberer oder Königskinder. Manchmal trat für mich dann auch Theodor Storm in die Stube.

Lehrer Groß hat meinen Bruder Joachim – und mich, aber vor allem ihn – auch musikalisch gefördert. Joachim wollte so gerne Klavierspielen lernen. Er träumte davon, auch mal so als Könner am Flügel zu sitzen wie unser Lehrer. Er muss sich sehr geschickt angestellt haben, meiner Erinnerung nach lernte er sehr schnell. Er durfte den alten Flügel auch stundenlang bespielen. Bald kam eine wöchentliche Klavierstunde bei der Frau Pastor an der Neuen Kirche dazu, bezahlt von unserem Ende 1946 aus französischer Gefangenschaft entlassenen Vater, der als Architekt gleich wieder eine Arbeit – in Rendsburg – fand.

Mein musikalisches Können war, verglichen mit dem des Bruders, recht dilettantisch, aber zu Spielversuchen am Tenorhorn, das auch zu Lehrer Groß' Dachboden-Requisiten gehört haben muss, zu Tenorhorn-Tönen also hat es denn doch gereicht. Wobei mir sehr meine gut einjährige Zugehörigkeit zum Mohrunger Fanfarenzug der Hitlerjugend zu Hilfe kam. Der Ansatz (zum Erzeugen eines Tones) machte überhaupt keine Schwierigkeiten, weil das Mundstück des Tenorhorns einen viel größeren Durchmesser hatte als das der Jungvolk-Fanfare. Nur die Bedienung der drei Ventilknöpfe war neu und anfangs recht schwierig. Aber nach einigen Wochen eifrigen Übens war ich so von meinen erzeugten Tönen begeistert, dass ich immer weiter neue Lieder probiert habe, denn gegenüber den wenigen Schmettertönen einer Fanfare konnte man jetzt jeden Ton erzeugen, eine begeisternde Erfahrung.

Auch für meinen Bruder fand sich auf dem Dachboden noch ein Blechinstrument, ein altes, aber intaktes Flügelhorn. So haben wir im Duett geübt, was Lippen und Ohren hergaben, und ließen die nicht immer ganz richtigen Töne weit über die Insel fliegen. Das kam auch Harros Vater zu Ohren, der – wie wir jetzt erst erfuhren – mit seiner gesamten Familie schon lange Zeit Blasmusik machte. Die Einladung zu Clausens erfolgte umgehend und so wurde zusammen mit uns beiden ein fünf Mann starkes Blasorchester geboren. Einmal in der Woche war Probe, und nach einigen Probewochen wurden wir sogar zum Spielen im sonntäglichen Gottesdienst eingeladen; denn – das hatte ich noch nicht erwähnt – wir spielten ausschließlich Lieder aus dem evangelischen Gesangbuch. Wenn ich an die gemeinsamen Übungsabende bei den Clausens zurückdenke, verbindet sich ihr damaliges so auffallend in sich zurückgezogenes Leben für mich heute sofort mit dem Begriff evangelikal. Gebet und Kirchenlieder bestimmten auch unsere Veranstaltungen, in den Spielpausen angereichert durch einen gut – wenn auch etwas sauer – schmeckenden geschälten Boskop. Vater Clausen sezierte die Äpfel gekonnt und verteilte die zu kleinen Schiffchen geschälten Apfelstücke ganz gerecht an alle Orchestermitglieder. Das war für uns zwei Flüchtlingskinder immer ein Festtags-Schmaus, denn lange nicht auf allen Warften wuchsen Obstbäume. So wurde ein Apfelstück zur Delikatesse. Mindestens einen Herbst und Winter lang haben wir zusammen gespielt, und jedes Mal – so meine Erinnerung – waren Äpfel zwischen den Tönen vorhanden.

Ganz oft haben Joachim und ich der Alten Kirche ein Abendständchen gebracht, mit „Guten Abend, gute Nacht“ oder „Der Mond ist aufgegangen“. Von der Klöndör des Stalles aus, die uns gleichzeitig als Notenständer diente, galten unsere Töne dann vor allem der Jansen-Warft, die sich gute zweihundert Meter in östlicher Richtung vor der Stalltür des Nommsenhofs erhob. Sie war – glaube ich – die höchste Warft der Insel und ebenso von höchster Wichtigkeit für uns größere Jungs, denn dort waren die vier Bauerntöchter zu Hause, die von den meisten Jungs an der Alten Kirche sehr gemocht wurden, so auch von uns beiden. Wiebke und Irene, die beiden ältesten, waren gerade aus der Schule entlassen, Christel und Jutta waren noch unsere Schulkameradinnen.

Wenn sie dann manchmal schon nach den ersten Tönen auf ihrer Warft sichtbar wurden oder sogar zu uns herüberwinkten, haben wir besonders kräftig geschmettert. Wir wussten, dass sie unsere Musik leiden mochten, und hofften, dass sie auch uns selbst damit meinten. Jedenfalls lernten wir auf diese Weise, was es heißt, Eindruck bei Mädchen zu machen.

Einen noch größeren Eindruck konnte ich im Frühjahr 1947 hervorrufen durch mein plötzlich so echt amerikanisch wirkendes Aussehen. In einem der „Care"-Pakete, welche alte Königsberger Freunde unserer Eltern, die in den Dreißigerjahren in die USA ausgewandert waren, in regelmäßigen Abständen schickten – wohl fast zwei Jahre lang –, lag eine hellbraune Lederjacke. Sie war mir zwar etwas weit, aber so angezogen war ich trotzdem auf Pellworm eine einmalige Erscheinung. So sammelte ich schnell – vor allen bei Irene – eine Menge Sympathiepunkte. Irene musste schon auf dem elterlichen Hof tüchtig mitarbeiten – wie übrigens alle Bauernkinder ihrem Alter entsprechend auch.

Diese Pakete aus den USA lösten jedes Mal wieder regelrechte Begeisterungsstürme bei uns aus. Alle vier versammelten wir uns zum Auspacken voller Neugierde und Erwartung. Jeweils einer von uns durfte behutsam die zum Teil dicke Verschnürung zu lösen versuchen. Oft war ein Aufschnüren nicht mehr möglich, dann musste die Schere ran. Die Spannung stieg und erinnerte mich stets an das Weihnachten unserer Kindheit in Mohrungen, nur lebte der Weihnachtsmann jetzt irgendwo in Amerika.

Zwischen Pralinen, Schokoladentafeln, Zucker, Kaffee und Tee lag fast jedes Mal eine Packung amerikanischer Zigaretten. Die sollten bald zu einem besonders wertvollen Geschenk werden, das uns Wirtschaftsgeld für mehr als einen Monat bescherte und von mir mit besonderer Freude in die Hand genommen wurde. Da las ich dann so exotische Namen wie „Lucky strike“ oder „Camel“. Nicht nur die Namen dieser Zigaretten waren mir unbekannt, auch merkwürdige blanke Schuhe förderten wir zutage, Schuhe mit silbern glänzenden Metallzacken unter den Sohlen, die irgend jemand sehr viel später als Golfschuhe identifizierte.

Schon vor der Zeit der Pakete mit den begehrten amerikanischen Zigaretten hatte Lorenz, Bauer Nommsens Jungknecht, mehrfach auf mich eingeredet, ich solle doch mitkommen zum Tanz im Gasthaus zur Hooger Fähre. Lorenz war nur einige Jahre älter als ich und meinte, mir würde es auch gefallen, alle jungen Leute von ganz Pellworm kennenzulernen. Mit den vielen reichen Bauernmädchen zu tanzen, das wär doch was, und dabei lächelte er verschmitzt und gönnerhaft. Er fügte noch an, die Jansen-Mädchen seien auch ganz oft da.

Ob der mit seinen großen Ohren etwas von Irene und mir gehört haben könnte, ging mir durch den Kopf. Wo ich doch so sehr versucht hatte, unsere Zuneigung geheim zu halten. Und das schon deshalb, weil es bei manchen Bauern nicht gern gesehen wurde, wenn sich ihre Töchter mit den Flüchtlingsjungen „herumtrieben“.

Als Lorenz bemerkte, dass aus den Paketen auch solche Kostbarkeiten wie amerikanische Zigaretten ans Tageslicht kamen, sagte er nur, da sei ich der König auf dem Tanzboden. Nun gebe es einen Grund mehr, ins Gasthaus zur Hooger Fähre mitzukommen. Da ich wohl immer noch etwas unsicher geguckt hatte, sagte er: „Na, Mensch, Junge, mit deinen Amerikanischen wirst du schnell ein reicher Mann. Hast wohl noch nichts von der Zigaretten-Währung gehört!“

Die Abgeschiedenheit Pellworms mag der Grund dafür gewesen sein, dass ich noch keine amerikanischen Zigaretten-Marken kannte und von einer Zigaretten-Währung auch keine Ahnung hatte, zumal auf der Nommsenwarft alle Nichtraucher waren.

Da stand ich dann an einem Wochenende – im Frühling 1947 muss das gewesen sein – auf den alten Tanzdielen der

Hooger Fähre und fühlte mich in meiner hellbraunen amerikanischen Lederjacke und mit der Schachtel amerikanischer Zigaretten in der Hosentasche wie ein echter Amerikaner.

Lorenz hatte mir inzwischen für die Verkaufstaktik und die Preise Anweisungen gegeben. Ich solle die Zigaretten nur einzeln verkaufen, weil zum einen die Nachfrage sehr groß sein werde und dies zum anderen einen höheren Weiterverkauf erschwere. Es gebe nur einen festen Preis für die einzelne Zigarette, der betrage zwölf Mark, hatte Lorenz durch Freunde vom Husumer Festland erfahren. „Gehandelt wird nicht!"

Als sich meine Anwesenheit herumgesprochen hatte – Lorenz musste die Lawine ausgelöst haben –, war ich in nicht einmal einer Stunde alle meine Zigaretten los. Dieses erste Mal hatte ich nur zehn Stück mitgenommen und musste schon Vorbestellungen für das nächste Wochenende annehmen. Der Verkauf vollzog sich leise und zügig und in der Regel auch ohne Murren über den angeblich zu hohen Preis. Die große Nachfrage und auch Lorenz' wacher Blick auf das Kaufgeschehen aus einiger Entfernung ließen keinen Streit entstehen. Lorenz war nämlich ein recht großer, sehr kräftiger Bursche, dessen wachendes Auge mir ganz sicher geholfen hat. Denn ein Umgang mit der bäurischen Jugend hier auf dem Tanzboden hätte ganz schnell zu einem Kräftemessen werden können.

Danach hatte ich ganz locker ein paar Mal mit Irene getanzt, obwohl ich doch gar nicht tanzen konnte. Ich merkte aber noch beim Auffordern zum letzten Tanz, dass Irene mich immer noch mit ihren großen blauen Augen ganz freundlich anblickte. So fühlte ich mich sehr wohl und genoss ihre Nähe beim Tanzen, nur die Füße gehorchten mir überhaupt nicht.

Schon gleich beim ersten Tanz hatten wir uns zum nächsten Wochenende verabredet, obwohl sie es ganz sicher noch nicht sagen könne.

Schnell verabredete Treffen waren trotzdem immer möglich, entweder mit kleinen Zetteln, übermittelt durch die schulpflichtigen Schwestern, oder auch durch verabredete Signale von Warft zu Warft. Diese Rendezvous bestanden aus langen Erzählungen über die persönlichen Probleme und Freuden des Tages, verbunden mit Händchenhalten und Küsschengeben. Geheimnis war notwendig, wir durften auf keinen Fall gesehen werden, was auf einer waldlosen, flachen Marschinsel nicht ganz einfach war.

Unsere Sehnsucht galt aber nicht in erster Linie den Jansen-Mädchen, wie es vielleicht nach diesen Zeilen scheinen könnte, sondern dem Meer und den beiden nächstgelegenen Halligen: Hooge und Süderoog. Nach Hooge wagten wir es nicht, zu Fuß zu gehen, obwohl man es bei starkem Ostwind hätte tun können. Nach Süderoog aber sind wir oft gelaufen. Da war nur ein größerer Priel zu durchqueren, der meinen Bruder Joachim, der gut einen Kopf kleiner war als ich, ein einziges Mal beinahe das Leben gekostet hatte. Wir waren nämlich nicht mit dem abziehenden Wasser von Pellworm aufgebrochen, also hinter der beginnenden Ebbe her, wie wir es gelernt und auch immer getan hatten, sondern waren durch falsches Lesen des Flutkalenders mit schon auflaufendem Wasser gestartet. Die Kleidung über den Kopf haltend, gegen die schon starke Strömung im Priel ankämpfend, während das Wasser Joachim schon bis an den Hals reichte, schaffte er den Priel mit letzter Kraft. Unser Glück war, dass der Meeresboden unmittelbar nach dem Priel leicht anstieg, bis er schließlich Hallig-Niveau erreichte. So kam keine große Panik im Priel auf, wir wussten, dass er nur ca. zehn Meter breit war. Auf der Hallig angekommen, erwarteten wir die verdiente Standpauke, aber Onkel Hermann sagte nur: „Ich hab euch schon gesehen, wir hatten die Pferde schon angespannt."

Ich weiß nur noch so viel: Wir sind aus dieser Abenteuer-Tour ganz klein herausgekommen. Joachim und ich hielten uns bis dahin für die größten Strand- und Wattläufer. Unsere Eltern wurden telefonisch über unser Wegbleiben benachrichtigt. Der Bezirkspolizist der Alten Kirche, Herr Ehlers, besaß ein Diensttelefon. Denn wir konnten ja in der gleichen Tide nicht wieder zurück nach Pellworm, weil das Wasser schon einige Zeit wieder auflief, es hätte uns doch vorhin schon fast hinweggespült. Vielleicht hatte „unser" Bauernhof schon einen eigenen Telefonanschluss, Bauer Nommsen wollte nämlich auch sonst kein rückständiger Mensch sein.

So hatten wir dieses Mal also besonders viel Zeit für einen Klönschnack mit Onkel Hermann und den Jugendlichen irgendeines Wohlfahrt-Verbandes, die gerade dort einen vierzehntägigen Erholungsaufenthalt genießen durften.

Mit dem nächsten Niedrigwasser hätten wir gegen Abend nach Pellworm zurückwandern können, aber Hermann Neuton Paulsen – so sein vollständiger Name – hatte uns gleich zum Bleiben eingeladen, zwei Kojen seien noch frei, dann könnten wir über Nacht auf der Hallig bleiben und morgen mitkommen auf die Tour nach Süderoogsand. Diese der Hallig weit im Südwesten vorgelagerte Sandbank war bei Hochflut nur zum Teil überflutet, die höher gelegenen Sandflächen waren nur bei besonders starkem Westwind unter Wasser. Hier auf dem höheren Teil stand auch das weithin sichtbare Wahrzeichen, die Bake, eine hochbeinige Holzkonstruktion zur Rettung Schiffbrüchiger. Der erste Bau geht bis in die Mitte des siebzehnten Jahrhunderts zurück, immer wieder durch die großen Sturmfluten zerstört, immer wieder neu und widerstandsfähiger aufgebaut. Seine meterhohen Stelzen trugen einen kleinen Rettungsraum, ausgestattet mit Ess-Konserven, Trinkwasser und jeder Menge Wolldecken. Alles wurde von Hermann Paulsen kurz kontrolliert, obwohl er eigentlich gar nicht dafür zu sorgen hatte. Die Bake, mit einem kleinen Leuchtfeuer bestückt, sei schon vor so vielen Hundert Jahren notwendig gewesen, sagte Hermann Paulsen, weil Schiffe in diesem Gebiet relativ oft strandeten.

Die Weite des Blicks von der Hallig war selbst für unsere Insel-Augen schon einmalig, die von dem noch weiter im Meer liegenden Süderoogsand bei schönem Wetter einfach märchenhaft. Wenn dann der immer frische Wind noch eine bestimmte Stärke erreichte und die Sandkörner sich millionenfach in die Luft über uns erhoben, dann fühlte man sich ganz einsam und klein.

Auf die Hallig zurückgekehrt, saßen wir noch eine Zeit lang am Rande der Sood, löffelten die heiße Kartoffelsuppe und bissen dazu in das frisch gebackene Brot.

„Wenn wir nicht bald Regen kriegen, haben wir kein Wasser mehr“, sagte Frau Paulsen, „dann gibt es auch keine Kartoffelsuppe mehr“, fügte sie mit einem Schmunzeln hinzu. Das klang für die Jugendlichen aus dem Ruhrgebiet bedrohlich, weil sie nicht wissen konnten, dass dann die Wasserkanister von Pellworm aus herangefahren wurden.

Einer der Jungen hieß Johann, genannt Hannes. Da fielen mir spontan Papa Groß und sein Lieblingsdichter ein: Klaus Groth mit seinem Gedicht „Min Jehann“, das wir alle auswendig gelernt hatten und dessen Anfang ich immer noch behalten hatte. So gaben Joachim und ich dem Hannes ein plattdeutsches Ständchen. Er war ganz gerührt, obwohl er – wie ich glaube – kein Wort verstanden hatte:

„Ik wull, wi weern noch kleen, Jehann,
Dor weer de Welt so grot!
Wi seten op den Steen, Jehann,
Weest noch? bi Nawers Sood ...“

Mit den Worten „Denkt an Norbert“, verabschiedete uns am nächsten Tag Onkel Hermann. Wir wussten sofort, was er uns damit sagen wollte: Macht keine Fehler, prüft alles, was mit dem Watt und den Gezeiten zu tun hat, zweimal gründlich, denn die Nordsee verzeiht uns nichts.

Norbert war vor etwa einem Jahr nämlich ganz früh morgens bei ganz dichtem Nebel von Süderoog nach Pellworm aufgebrochen und dort nie angekommen. Einige Wochen später wurde seine Leiche in Eiderstedt angespült. Wir alle kannten Norbert gut. Er war Lehrling beim Bäcker am Schütting, bei dem die Alte Kirche ihr Brot kaufte. Er war nur ein oder zwei Jahre älter als ich und der erfahrenste Wattkenner zwischen Pellworm und Süderoog. Er hatte zu einer der ersten Jugendgruppen nach dem Krieg gehört, die auf Süderoog untergebracht wurden, und er war dort geblieben, weil der Pellwormer Bäcker am Schütting einen Lehrling suchte und Norbert Lust dazu hatte. Jedes Wochenende lief er hinüber nach Süderoog und Montag in aller Herrgottsfrühe wieder nach Pellworm zurück, so auch an jenem Montag, an dem er nicht bei seinem Lehrherren ankam.

„Strandgut des Krieges" war damals eine der journalistischen Metaphern für Menschen, die durch den Krieg Heimat und Familie verloren hatten – wie Norbert Griegoleit aus Allenstein in Ostpreußen. Seine Zuflucht war Süderoog geworden, das Watt zwischen Pellworm und Süderoog sein wöchentlicher Heimweg. Wegen des sehr dicken Nebels und der grauen Dunkelheit des frühen Morgens hatte Onkel Hermann ihm abgeraten, jetzt schon zu gehen, aber dann doch nachgegeben, als Norbert sagte, er werde gerade früh morgens dringend gebraucht. „Ich kenne den Weg wie meine Westentasche", seien seine letzten Worte gewesen. Die Laterne, die er in der morgendlichen Dunkelheit immer mitnahm, um nicht in die Möwennester zu treten, und die er beim Verlassen der Hallig im Queller des Randes stehen ließ, fand einer der Suchtrupps gute hundert Meter südlich der Abgangsstelle nach Pellworm. Er hatte also Süderoog schon an völlig falscher Stelle verlassen.

Lange Jahre noch erinnerte ein einfaches Holzkreuz im Schatten der Turmruine der alten Kirche an Norbert aus Allenstein und Süderoog. Schon lange haben inzwischen Regen und Sturm und eine neue Friedhofsordnung sein kleines Kreuz weggetragen. Ein glatter und dichter Rasen umgibt heute die große Friedhofswarft um die Turmruine und kann dennoch die Erinnerung an Norbert Griegoleit nicht ganz auslöschen.

Auf diesem Rasenteil am Fuß des Turms stand schon ein anderes ganz kleines Holzkreuz seit dem Jahr 1945. Es trug den Namen Heidrun Wieland. Sie war für eine nur kurze Zeit unsere Kusine gewesen, die unsere Flucht, schon schwer krank, noch gerade überlebt hatte, um im Frieden der Insel ihr kurzes Leben ganz friedlich zu beenden, nur wenige Monate alt.

Heidruns Mutter, unsere Tante Luise, war übrigens ganz in der Nähe einquartiert worden, bei den Bauersleuten Dora und Karl Petersen. Ihr Reetdachhaus lag gegenüber dem Nommsen'schen Anwesen, auf der anderen Straßenseite, aber doch in wohl hundert Metern Entfernung, weil zum Nommsenhof eine lange Auffahrt führte. Über diese hinweg war es uns möglich, der Tante zu winken, wenn sie sich gerade vor dem Haus im Garten zu schaffen machte. Vor allem aber hatte unsere Schwester täglichen Kontakt mit ihrer Kusine Traute, mit der sie sich, so oft es möglich war, zum Spielen mit ihren Puppen traf. Jede hatte im Rucksack die Lieblingspuppe mitnehmen dürfen und sie bis nach Pellworm gerettet. Ganz komfortabel wurde das Spielen, wenn die fast gleichaltrige Annelene Nommsen mitspielte, den – von ihrer Großmutter geerbten – hochbeinigen Puppenwagen mitbrachte und alle Hände voller Puppen, große, nickende mit schönem Augenaufschlag und kleine, eher blinde Stoffpuppen. Beim Spielen der Mädchen verschwand die sonst stets spürbare Kluft zwischen Einheimischem und Flüchtling. Bald wurde auch nicht mehr Fliegeralarm gespielt, die Puppen mussten nicht mehr in den Keller. Draußen auf der Warft diente dazu zunächst unser Bretterklo, und wenn im Haus die große Diele der Spielplatz war, der Raum also zwischen dem Wohnteil des Hauses und dem nur durch eine einfache Tür getrennten Teil mit Kuh- und Pferdestall, dann diente hier im Stall die dunkle Ecke unter der breiten und hohen Bank für die Milchkannen als Luftschutzkeller.

Schon bald also wurden aus den Puppen Bäuerinnen, Mägde, Flüchtlingsmütter und Kinder, es wurde gekocht, gemolken, gefüttert. Alles zeugte von großer Harmonie.

Leider war es in der Realität längst nicht so harmonisch, die Länge trägt die Last, heißt es ja: und die Enge der Flüchtlingsbehausungen ebenfalls, die dadurch entstandenen räumlichen Einschränkungen auch für die Bauernfamilien führten im Laufe der Monate und Jahre immer mehr zu täglichen Reibereien. Auf der Nommsenwarft eskalierte die Situation, als das Ofenrohr unserer „Hexe" aus Altersgründen undicht wurde und das Schlafzimmer der Bauersleute anfing zu verrußen. Eines Tages nahm der Bauer kurzerhand das Rohr ab und verstopfte den Rest. Jetzt hatten wir überhaupt keine Kochgelegenheit mehr. Mutter war verzweifelt.

An der Längsseite der großen Küche des Bauernhauses auf der Nommsenwarft gab es einen kleinen Anbau, die Backküche, sie hatte einen offenen Kamin und darin einen Backofen zum Brotbacken, der aber schon lange Zeit außer Betrieb war. Zu unserer Zeit diente der Raum nur noch als Abstellplatz. Nach dem Ärger mit dem Ofenrohr wies der Bauer nun unserer Mutter diesen Raum als Kochplatz zu. Ein kleiner Petroleumkocher war aufgetrieben worden. Auf dem sollten nun die warmen Mahlzeiten entstehen. Wie Mutter das unter diesen primitiven Verhältnissen überhaupt geschafft hat, eine warme Suppe herzustellen, ist mir bis heute unklar.

Ich glaube, die Magd hat immer mal ihr Mitgefühl gezeigt, indem sie Mutter an den großen Kohleherd holte. Dann gab es auch für uns eine heiße und gare Suppe. Das alles war aber nur möglich, wenn die Bäuerin längere Zeit nicht in der Küche herrschte. Sie konnte es nicht ausstehen, wenn Mutter womöglich in ihre Töpfe guckte. Gerda, die Magd, dagegen war uns sehr zugetan, ihre oft von der Arbeit zerrissene Kluft flickte Mutter immer wieder zurecht. Auch Unterwäsche wurde offenbar dabei repariert, denn als ich eines Abends – wohl überraschend – in unsere Stube kam, saß Gerda ganz leicht bekleidet da, weil Mutter wohl an Gerdas Büstenhalter arbeitete. Dass sie eine recht füllige Figur hatte, konnte man auch im täglichen Umgang erkennen. Ihre festen, unter dem dünnen Unterhemdchen hervortretenden Brüste, die ich – zufällig – zu sehen bekam, ließen mich verwirrt und verwundert staunen. Auch musste ich noch ertragen, von Mutter beschimpft zu werden: „Wie konntest du hier so hereinplatzen“, was Gerda offensichtlich anders sah. Sie drehte mir nämlich nur ausgesprochen langsam ihren breiten Rücken zu. So konnte ich den aufregenden Anblick ihrer üppigen Vorderseite einige Sekunden lang bewundern.

Nach meinem tiefen unerwarteten Einblick arbeitete Mutter zunehmend im Mägdezimmerchen an Gerdas Bekleidung. Einen einzigen Stuhl gab es neben dem Bett nur in dem klitzekleinen Kabuff und einen langen Nagel als Kleiderhaken an der Wand. Als Nachttisch neben dem alten Holzbett diente eine Kommode für die wenigen sonstigen Kleidungsstücke. Alles das wussten wir von unserer Mutter, und ihre Schilderung endete meist mit dem Satz: „Die Mitarbeiter leben fast genau wie wir in ganz primitiven Flüchtlingsverhältnissen.“ Das Gesagte bezog sich auch auf die Kammer, in der Lorenz, der Knecht, schlief. In seine Schlafecke hatte ich schon oft selbst einen Blick werfen können. Ein Winkel des Stalles war durch einen Bretterverschlag abgetrennt und mit einer Holztür versehen. Diese Baumaßnahme bildete das Schlafzimmer von Lorenz. Die Kühe und die Pferde waren somit vom Bett aus nicht mehr zu sehen. Nur mit ihren vielfältigen Geräuschen musste der Knecht auch nachts leben, und mit dem Stallgestank. Im Winter war dieser Bretterverschlag allerdings der wärmste Raum des Hauses.

Zur Grundausrüstung der Zimmer gehörten auch noch eine blecherne Waschschüssel, die auf einem Dreifuß aus Metall saß, und eine Wasserkanne.

Eine tägliche Körperpflege nach heutiger Praxis gab es damals in der Nachkriegszeit nirgendwo auf den Halligen und Marscheninseln an der Westküste. Nur wenn die

Hände unübersehbar schietig waren, wurden sie kurz gewaschen. Für das Gesicht reichten am Morgen zwei Handvoll Wasser.

Bevor das Norderzimmer für uns hergerichtet war, schliefen wir im ersten Winter in der kleinen Dachkammer, im Friesenhaus als Giebelkammer über dem Hauseingang gelegen. In diesem langen sibirischen Winter war das Wasser in den Schüsseln bis auf den Boden eingefroren. Das Waschen konnte also nur theoretisch stattfinden. Wir Kinder haben darunter nicht so sehr gelitten, aber für die Erwachsenen muss das Stinken unangenehm gewesen sein. Dieses Giebelzimmerchen war vollkommen zugestellt mit zwei etwas breiteren Betten, durch einen schmalen Mittelgang getrennt, einem Tischchen vor dem Fenster, zwei Stühlen und dem Gestell mit der eingefrorenen Waschschüssel. Aber nicht nur das Wasser in der Schüssel war gefroren, auch ein breiter Rand der Bettdecke stand, eisstarrend, am Morgen vor unseren wach werdenden Augen. So war der Atem der Nacht am Morgen in der Bettdecke als Eiskruste sichtbar. Zu zweit in einem Bett – Joachim und ich, Mutter und Doro – haben wir unter den dicken Daunenbettdecken nicht gefroren, auch wenn die auf der „Hexe“ erhitzten Ziegelsteine lange schon wieder abgekühlt waren, seit wir sie abends vor dem Schlafengehen dort in die Betten gelegt hatten.

In unserem damaligen Giebelzimmer herrschte tagsüber in der Frostzeit ein milchiges Dämmerlicht, denn die Scheiben des kleinen Fensters waren mit einer so dicken Eisschicht überzogen, dass wir lange hauchen mussten, bis ein kleines Guckloch entstand.

Die begeisternde Weihnachtsfeier mit unserem Lehrer Groß war nun schon wieder viele Tage alt und der Heilige Abend rückte unaufhaltsam näher. „Ein ganz trauriges Weihnachten wird es werden“, stimmte uns die Mutter ein, „seid nicht zu traurig, wir sind durchgekommen, denkt mal daran zurück, wie viele in Gotenhafen zurückbleiben mussten, als wir mit einem der letzten Frachter Kurs Westen ausliefen.“

Da erschien Lore Matthiessen bei uns auf der Warft und fragte, ob Mutter mal rüberkommen könnte zu ihren Eltern, es gäbe was zu besprechen. Das Häuschen der Familie Matthiessen stand gleich neben dem Bauernhaus von Karl Petersen, der neuen Heimat Tante Luises. Ohne Anführungszeichen spreche ich hier von Heimat, weil unsere Tante eine sehr fürsorgliche Bäuerin in Frau Dora Petersen gefunden hatte. Die Tante und die nach dem Tod von Klein-Heidrun einzige Tochter Traute lebten dort mit vollständigem Familienanschluss: die Integration der Flüchtlinge war hier tägliche Wirklichkeit, würde es heute heißen. Tante Luise half in Haus und Garten und auf dem Feld, so gut sie es als Großstadtbewohnerin aus Königsberg nur eben vermochte. Unsere Tante war eine zierliche, aber damals ganz junge gesunde Frau von Mitte dreißig, der die Arbeit auf dem Bauernhof nicht nur aus Dankbarkeit Spaß machte. Nie hat sie sich als Magd fühlen müssen, schon am Umgangston konnten wir hören, wie freundlich sie immer wieder in die ihr bisher so fremde Arbeit eingewiesen wurde.

„Lüttje Fru Wieland, töv se mal!“, hieß es dann oft, wenn die Tante schon mit der großen Heuharke aufbrechen wollte. Anfangs, als Luise Wieland das Platt noch gar nicht verstand, setzte sie sich – auf diesen Satz der Bäuerin hin – mit Tempo in Bewegung zum angesagten Heuwenden. Großes Gelächter folgte darauf, weil unsere Tante gemeint hatte, „töv se mal“ bedeute: „toben Sie mal los“, oder so etwas Ähnliches, denn genau das Gegenteil war gemeint. Die Bäuerin wollte die Tante zum Warten auffordern. So bewirkte dieser „Übersetzungsfehler“ den freudigen Beginn einer harten Feldarbeit und führte zu einer jahrzehntelangen Bekanntschaft, mit fast jährlichen Besuchen und vielen Telefonaten.

Mit Lore und ihrem Bruder Karl-Heinz waren wir in der Schule bei Herrn Groß zusammen. Die Eltern kannten wir nur flüchtig, ausgenommen unsere Schwester Doro, die manchmal zum Spielen mit Lore zu den Matthiessens hinüberlief.

Mit Freudentränen in den Augen kehrte unsere Mutter wieder zurück und mit dem knappen Satz: „Ich bringe eine freudige Nachricht mit: Eben sind wir zum Heiligen Abend zu Matthiessens eingeladen worden!“ Erst viel später ist mir dazu die Verkündigung des Engels aus der Weihnachtsgeschichte bei Lukas eingefallen. Dort sagt der Engel: „Fürchtet euch nicht, siehe, ich verkündige euch große Freude ...“

Immer denke ich seitdem an die Verkündigung des Engels aus der Weihnachtsgeschichte mit, wenn ich mich an unsere damalige Weihnachtsfreude erinnere.

Diese unerwartete Einladung wurde für uns zur Weihnachtsbotschaft des Jahres 1945. Sie weckte vergessene Lebensfreude. Mit Tannenbaum, Lametta und leuchtenden Kerzen, bei einem üppigen Gänsebraten-Essen und Weihnachtsliedern aus acht Eltern- und Kinder-Kehlen, haben wir viele Stunden zusammengesessen. Die Erwachsenen tauschten ihre so unterschiedlichen Alltagsgeschichten aus, auch die ähnlichen Anschauungen zur Kindererziehung und die gemeinsame Hoffnung auf eine lange zukünftige Friedenszeit. Wir Jungens hatten aus der Schule geschnackt. Und wieder und wieder über Lehrer Groß’ morgendlichen Kampf mit unserem Mitschüler Bruno Lilienthal gelacht.

Mutter Lilienthal wohnte mit ihren drei Kindern der Schule gegenüber in einem einfachen ganz kleinen Haus, einer Art Kate, mit Hühnern, Ziegen und Schafen zusammen. Und recht bekleckert und ein bisschen verwahrlost sah Bruno, der Älteste, schon aus, wenn er morgens zur Schultür hereinkam. Er musste dann unaufgefordert dicht vor seinen Lehrer treten und die Hände vorzeigen, und nur an wenigen Tagen des Jahres durfte er Platz nehmen, in der Regel musste er wieder nach Hause zurück, immer mit den Worten: „Wasch dir wenigstens die Finger!“ Oft musste diese Szene mehrfach wiederholt werden, was das heimliche Vergnügen von uns anderen immer weiter steigerte.

Das Weihnachtsfest in der guten Stube bei Matthiessens war für uns schon deshalb etwas ganz Besonderes, weil dort richtige Möbel standen: ein runder Tisch mit weichem Sofa und zwei Sesseln, ein Kachelofen, der sich ins Zimmer schob und von der Küche geheizt wurde. Er strömte eine festliche Wärme aus. All das hatten wir ja seit fast einem Jahr nicht mehr erlebt: eine wirklich warme Stube. Und das Erlebnis einer so üppigen Mahlzeit lag noch viel weiter zurück.

Matthiessens bewohnten ein nur kleines Haus, verglichen mit den Bauernhäusern. Es war in jenen Häusern alles etwas kürzer als in den Bauernhäusern: also der Wohnbereich und auch der Stallteil. Von unserem Vater hatten wir den Namen Insthäuser früher schon gehört, wenn er – als Architekt – zu einem Gutsherren aus der ländlichen Umgebung von Mohrungen gerufen wurde; diese kleinen Haustypen auf Pellworm hatten wohl in Grundriss und Größe Ähnlichkeiten mit den ostpreußischen Insthäusern.

Vater Matthiessen war ein sehr groß gewachsener Mann. Vor jeder Tür seines kleinen Hauses musste er eine tiefe Verbeugung machen, um hindurchzugehen. Sein Sohn Karl-Heinz soll einmal begeistert zu ihm gesagt haben: „Papa, du könntest ja aus der Dachrinne trinken."

Vater Matthiessen arbeitete am Deich und am Hafen der Insel. Jeden Morgen stieg er an der Kreuzung, wo der Weg der Alten Kirche auf die Taxi-Route traf, in Anton Detlefsens Wagen. Dieses zu der Zeit einzige Motorfahrzeug auf der Insel war ein alter Lastwagen. Die Ladefläche war ringsherum mit Holzbänken zum Sitzen bestückt. Das Ganze war von einer Plane überzogen, die bei kräftigem Wind und starkem Regen an vielen Stellen überfordert war. Dieses Gefährt war die primitive Vorform eines öffentlichen Busverkehrs. Mit Anton im Führerhaus zu sitzen war ein Rallye-Erlebnis besonderer Art, er erzählte ohne Pausen von seinen Kriegserlebnissen und fuhr dabei verteufelt schnell. Gerne lud er junge Frauen nach vorne ein. Welche Themen mag er dann behandelt haben?

Wir Kinder sind ohne Begleitung durch die Mutter nie mit Antons Laster gefahren. Nur wenn wir alle zusammen eine Dampferfahrt nach Husum unternehmen mussten, weil zum Beispiel die Zahnschmerzen nicht weniger wurden, haben wir uns dem Rallye-Anton anvertraut.

Den ganzen Sommer hindurch sind wir Kinder fast immer barfuß gelaufen, möglichst nicht die öffentlichen Wege oder Straßen entlang, sondern querfeldein über die Fennen. Schuhe wurden für die kalten Jahreszeiten geschont. Wie oft bin ich den weiten Weg zum Norderschlachter barfuß gelaufen, an der Nordermühle vorbei: gute acht Kilometer hin und zurück. Da gab es dann schon mal ein Stück Wurst „auf die Hand", und das tat auf dem Rückweg gut. Meist gestaltete der Rückweg sich etwas länger. Die Sprünge über die Gräben waren zwar die kürzeste Verbindung wieder zurück zur Nommsenwarft, aber mit dem Einkaufsbeutel mit der Fleisch- und Wurstration einfach zu gefährlich. Die Gräben waren immer morastig und ganz oft auch sehr tief.

Heute – mit den so empfindlichen Füßen – ist es für mich kaum glaubhaft, dass wir damals kilometerweit völlig schmerzfrei barfuß gelaufen sind. Ich weiß allerdings noch, dass die dicke Hornhautschicht der Füße wie Ledersohlen wirkte.

Nur im tiefen Schlick des Wattenmeeres konnten die Sohlen nicht jede Verletzung verhindern. Etwa auf dem Weg nach Süderoog sank man beim Verlassen Pellworms – fünfzig Meter weit – knietief ein und immer wieder hat eine Muschel Knöchel oder Schienbein geritzt, die Fußsohlen hielten stand.

Seit Herbst 1946 verfolgte mich das Pellwormer Gemeindeamt mit dem Satz, ich müsse nun endlich irgendeiner geregelten Arbeit nachgehen mit meinen fast sechzehn Jahren. Es half mir nichts, dass ich mich ihnen gegenüber als Strohschuhfabrikant, als Erntehelfer und „Dreschmaschinen-Düvel" bezeichnete, das seien alles nur Saison- oder Gelegenheitsarbeiten, die zählten hier nicht. Sie würden sich nach einer Stellung auf einem Bauernhof umschauen. Auch meine Beteuerungen, dass der Besuch des Gymnasiums möglicherweise unmittelbar bevorstände, überzeugte sie nicht. „Das erzählst du uns ja schon ziemlich lange", hieß es nur.

Im Frühjahr 1947 war es dann so weit. Zusammen mit meiner Mutter machte ich den Antrittsbesuch auf dem uns vermittelten Bauernhof. Den Hof und den Bauern Peter Detlefsen kannte ich schon flüchtig, denn er gehörte noch zum Kirchspiel der Alten Kirche. Der Bauer war ein ruhiger freundlicher Mann, der sich schon jetzt sehr über meine zukünftige Hilfe freute. Sein Hof sei ja nicht so groß und die Arbeit daher nicht so schwer. „Du warst dat schon schaffe, min Jung!", meinte er, mich ermutigen zu müssen; wohl auch, weil er ja wusste, dass ich nicht als Bauernsohn auf die Welt gekommen war und nicht schon von früh an in der Landwirtschaft gearbeitet hatte.

Die Pastoren der Landgemeinden in Schleswig-Holstein waren in diesen Jahren gebeten worden, sich um ehemalige Gymnasiasten unter den Flüchtlingskindern zu kümmern. Pastor Beiderwieden von der Alten Kirche kannte mich ja schon einige Zeit und so wusste er genau über die schulischen Wünsche seines letztjährigen Konfirmanden Bescheid. Er regelte den Anfang meiner Wiedereinschulung. Das Schulprojekt musste – wie konnte es anders sein – mit einer Aufnahmeprüfung beginnen. Im späten Frühjahr erhielt ich durch die Vermittlung des Pastors den genauen Prüftermin am Husumer Gymnasium. Völlig verunsichert trat ich meinen Prüfungsweg in Husum an, denn ich war mir über mein umfassendes Nichtwissen ziemlich im Klaren. Ich traf auf sehr wohlwollende freundliche Prüflehrer. Als ich auch in der Lateinprüfung viele Vokabeln des wohl einfachen Textes nicht wusste, wobei ich doch dank meines Übens mit Onkel Hermanns Lateinbuch einige Kenntnisse zu haben glaubte, da war mir klar, diese Prüfungen nie und nimmer wenigstens mit ausreichenden Leistungen bestehen zu können.

Auch im Englischen und in der Mathematik waren die Leistungen katastrophal schlecht, nur im Deutschen konnten sie sich gerade noch zu einem „ausreichend" durchringen. Mit dem größten Bedauern und der gut gemeinten Feststellung, sie hätten ja nur das Pensum für die achte Klasse geprüft, also den Unterrichtsstoff der Untertertia, aus der der Krieg mich vertrieben hatte, bestieg ich ziemlich verzweifelt den kleinen Dampfer nach Pellworm. Ich wollte aufgeben. In Gedanken bezog ich schon die Knechtkammer bei Bauer Peter Detlefsen.

Pastor Beiderwieden wollte nicht aufgeben. Er machte mir vielmehr den Vorschlag, den Leiter dieses Schulprogramms persönlich aufzusuchen und ihm meine Situation darzustellen. Er sei ein sehr sympathischer Mann, bei ihm würde er um einen Gesprächstermin für mich bitten.

So machte ich mich denn – es muss Ende April gewesen sein – auf den für einen Pellwormer jener Tage langen und beschwerlichen Weg nach Plön, dort wohnte der Chef dieses Schulprojekts.

Ich habe bis heute jede Einzelheit dieses Ausflugs noch im Gedächtnis behalten, so ist das wohl, wenn man den Weg einer letzten Chance geht.

Die Nacht im Hotel am Plöner Markt dehnte sich bis zum frühen Morgen, an dem ich mich trotzdem relativ frisch fühlte. Ich hatte aber das scheußliche Gefühl, erneut durchfallen zu können. Der Termin lag am späten Vormittag und das Hotel fast genau gegenüber dem kleinen Haus auf der anderen Seite des Marktes, der majestätisch von der Stadtkirche beherrscht wird.

Auf mein ängstliches Klingeln an der Tür des kleinen Stadthauses im Schatten der großen Plöner Kirche wurde augenblicklich geöffnet und ich stand vor einem weißhaarigen älteren Herrn, der mich mit den Worten begrüßte: „Du also bist der Pellwormer Schüler aus Ostpreußen, der wieder was lernen will. Na, dann komm mal rein!“ Schnell hatte ich meine Aufregung überwunden, weil ich den Eindruck gewann, erst einmal willkommen zu sein und nicht als Zumutung empfunden zu werden. Er bat mich, am Wohnzimmertisch Platz zu nehmen, und stellte mir gleichzeitig eine Frage, die mit der Schule gar nichts zu tun hatte: Was ich denn seit meiner Entlassung aus der Schule an der Alten Kirche so gemacht habe. Als ich von meinen Strohschuhen, von der Dreschmaschine, von Peter Detlefsen und meiner dort schon auf mich wartenden Knechtkammer erzählte, erschien seine Frau, mit der Teekanne in der Hand, und begrüßte mich wie einen alten Bekannten. Der süße Tee spülte das letzte bisschen Unsicherheit aus dem Körper und half mir, meine katastrophalen Husumer Leistungen anzusprechen. Ich raschelte dabei mit den Zeugnisblättern, um die mündlich dargestellte Katastrophe nun auch schriftlich zu bestätigen.

Sehr erstaunt war ich darüber, dass er die Papiere gar nicht sehen wollte. Er saß da, sah mich mit freundlich fragenden Augen an und sagte nichts. Seine Frau dagegen hatte bisher schon eine sehr lebhafte Anteilnahme gezeigt und fragte jetzt nach Eltern und Geschwistern und nach Mohrungen. Sie kannte den berühmten Sohn meiner Heimatstadt, Johann Gottfried Herder, und erkundigte sich nach seinem Geburtshaus, das ich ihr – oberflächlich – beschreiben konnte, weil ich Vater einmal dorthin begleitet hatte.

Sie erwähnte kurz ihren Sohn, der in Ostpreußen in russische Gefangenschaft geraten war.

Deutlich merkte ich, dass sie meine Lage verstanden hatte und ich ihr wohl sympathisch war, vielleicht erinnerte ich sie auch an ihren Sohn.

„Du hörst wieder von mir“, sagte Dr. Weiss beim Abschied und sein Händedruck ließ mich hoffen.

Als ich, erleichtert und von meinem Besuch positiv überrascht, vor die Tür trat, läuteten die Kirchenglocken. Die läuten für mich, schoss es mir durch den Kopf. Dabei wurde mir einen Augenblick später bewusst, dass es nur die zwölf Glockentöne der Turmuhr waren. Immer wenn ich in allen Jahren danach einmal an der Kirche vorbei und über den Plöner Marktplatz gegangen bin, habe ich eine stille Verbeugung vor dem Häuschen gemacht, in dem sich 1947 mein weiterer Lebensweg entschied.

Die tägliche Post hatte im Haus von Paul Nommsen ihren festen Platz in der rechten hinteren Ecke der alten Kommode in der dunklen Diele. Wochenlang blieb die

Ecke leer. Das Warten war zum Albtraum geworden. Je länger das Warten dauerte, desto kürzer wurde mein Glauben an einen guten Ausgang. Auch die Tatsache, dass der Pastor mir immer wieder erneut Hoffnung machte, wurde durch die tägliche Wirklichkeit immer wieder überholt.

Da! Eines Nachmittags – es muss Mitte Mai gewesen sein – war die Ecke nicht leer. Es lag dort ein dünnes Briefchen, an mich adressiert. Mit zitternder Hand öffnete ich den Umschlag, und noch heute läuft es mir eiskalt den Rücken herunter, wenn ich an diesen kaum auszuhaltenden spannenden Augenblick von damals denke.

Ich war in Schule und Internat angenommen worden und sollte mich Anfang Juni in St. Peter Bad melden.

Unsere Mutter übernahm die Absage an Peter Detlefsen, weil ich nicht wagte, der Überbringer der für ihn so schlechten Nachricht zu sein. Er sei ganz traurig gewesen und habe gejammert: „So en gode Jung, ik mag em nich missen, ik mag em nich missen!“, habe er mehrfach wiederholt. Es half ihm nichts, auch wenn ich ihm nun fehlte, er musste ohne den Flüchtlings-Knecht zurechtkommen.

5. Teil

In St. Peter – die Schule

Neugierig wartete ich dann Anfang Juni im Sekretariat der Schule in St. Peter Bad, untergebracht – wie ich erst später erfuhr – in der Einzimmerwohnung einer aus Hamburg vor den Bombenangriffen geflüchteten Schulsekretärin. Dieser kleine Raum war Büro, Lehrer- und Konferenzzimmer zugleich und befand sich in einer alten Villa ganz in der Nähe des Strandhotels, meiner neuen Heimat. Jetzt also stand ich da und wartete, bis die Dame von ihren Papierhaufen aufsah und mich mit strengem Blick fixierte. Ich reichte ihr meine Schriftstücke, die sie kurz nickend zur Kenntnis nahm und mit den Worten quittierte: „Also du bist der Pellwormer!" Wäre der Ton freundlicher gewesen, hätte ich mich darüber freuen können, hier schon erwartet zu werden. Sie fuhr fort: „Du meldest dich jetzt drüben im Internat und morgen früh in der Obertertia." Und da es wie „wegtreten" klang, verließ ich mit scheuem Gruß augenblicklich und ganz schnell den Raum.

Mit meinem alten Flüchtlingskoffer in der Hand war ich sofort als neuer Insasse des Internats zu erkennen. Daher begrüßten mich einige wohl zufällig vor dem Eingang stehende zukünftige Mitschüler schon von Weitem. „Na, Neuling, hast sie ja lebend überstanden." Als sie merkten, dass ich den Sinn ihres Ausspruchs nicht verstanden hatte, erklärten sie mir, ich käme gerade aus der Höhle der Löwin, die sich hier Schulsekretärin nennt. Schüler wären da unerwünscht, Lehrer geduldet, aber der Schulleiter würde sogar manchmal in ihre Entscheidungen einbezogen. Im Nachhinein konnte ich ihre Übertreibungen grundsätzlich verstehen, denn es hatte mich schon gewundert, dass die Schulsekretärin mich nicht an den Direktor der Schule verwies, sondern mich ohne Rücksprache einschulte. Andererseits waren alle Verantwortlichen des Schul- und Internatsprojekts wohl dankbar, dass diese Frau sich so in den Dienst der Schule stellte und das Gelingen eines solchen neuen Schulprojektes dadurch überhaupt erst möglich machte.

Im Internat wurde ich einem der beiden Obertertia-Zimmer im ersten Stock zugeteilt. Drei quietschende

Etagenbetten an drei Seiten des Raumes, ein Tischchen in der Mitte mit sechs Holzschemeln und für zwei Schüler ein schmales Spind war die ganze Möblierung des Zimmers.

An einigen Stellen des ehemaligen Strandhotels wurden noch – den täglichen Wohn- und Unterrichtsbetrieb erheblich störend – Reparaturarbeiten durchgeführt. Wie wir durch einen Vortrag über unser neues Zuhause erfuhren, war der alte Kasten „Strandhotel" in den Kriegs- und Nachkriegsjahren fast vollkommen verfallen. Das Strandhotel war nämlich nacheinander Kriegsgefangenenlager – zunächst für russische Kriegsgefangene, dann für deutsche Offiziere – und dann Flüchtlingsheim gewesen. „Fast alle Scheiben fehlten in den Fenstern, Wasserleitung und Kanalisation waren gestört, die Dächer undicht und Möbel kaum vorhanden", so war es in einer Chronik des Internats zu lesen. Verglichen mit diesen Zuständen wohnten wir inzwischen wie in Luxus-Appartements im Jahr 1947. Das Evangelische Hilfswerk hatte in jenem Jahr das Strandhotel als Heim für uns Flüchtlingskinder erworben und hergerichtet, die – wie wir auf Pellworm – in schulisch abgelegenen Regionen Schleswig-Holsteins gestrandet waren. Damit bildeten wir aus dem Strandhotel zugleich die Kernbelegschaft für das Gymnasium.

Im November 1945 war nach vielen Verhandlungen mit der britischen Militärregierung ein Gymnasium eröffnet worden.

Gegen Ende des Krieges nämlich waren aus dem Berliner Bombenhagel ganze Schulen mit ihren Lehrern nach St. Peter evakuiert worden und bildeten mit den Kindern der einheimischen Bevölkerung die Belegschaft. „In den Veranden und Treppenfluren verödeter Hotels, Fremdenpensionen und Kinderheime saßen die Jungen und Mädchen aller Altersstufen beisammen. Die Räume waren im Winter kaum zu heizen. Kinder und Lehrer hungerten. Es gab weder Bücher noch Hefte. Der Lehrer verließ sich auf sein Gedächtnis, und die Kinder schrieben mit Bleistiften auf Packpapier und Zeitungsrändern", so kann man es weiter in der Chronik nachlesen.

Als in den ersten Nachkriegsjahren viele Berliner Kinder wieder in ihre alte Heimat zurückkehrten, musste die Schule nicht geschlossen werden, weil einmal durch die gemeinsame Initiative von Ministerialrat Muhlmann und durch die Tatkraft des Evangelischen Hilfswerks nämlich mit uns hundert Schülern des Strandhotels die Schule weiter am Leben erhalten werden konnte.

Mein erster Schultag am nächsten Morgen entwickelte sich zu einem echten Alltagskrimi. In der zweiten Stunde hatten wir Englisch beim Schulleiter Direktor Dr. Günther Venslaff. Nach seiner Begrüßung und dem „Sit down" blieb ich stehen und tat damit meine Anwesenheit als neuer Schüler kund. Nachdem ich meinen Namen genannt hatte, sagte er: „Ach, ja, man hat mich schon kurz informiert. Du wirst also noch in diesem Jahr siebzehn Jahre alt, bist damit für die Obertertia zu alt, müsstest daher in die Untersekunda, bist aber vor circa zwei Jahren aus der Untertertia auf die Flucht gegangen, bist also daher gar nicht in der Lage, dort dem Unterricht folgen zu können."

Und gerade in diesem Augenblick meiner größten Panik öffnete sich die Tür einen Spalt, das Gesicht eines jungen Mannes wurde kurz sichtbar, der ganz leise, aber wegen der plötzlich entstandenen Totenstille im Klassenraum doch für alle vernehmbar flüsterte: „Herr Direktor, Ihre Suppe!"

Mit einer sofortigen flotten Drehung hin zu Tür, die man dem etwas hölzern wirkenden Herrn Schulleiter gar nicht zugetraut hätte, war er augenblicklich hinter der Tür verschwunden. „Setz dich schnell wieder hin", riet mein Banknachbar, indem er mich gleichzeitig am Pullover auf die Schulbank hinunterzog. „Wenn er gleich zurückkommt", sagte der Klassensprecher verschmitzt, „frage ich ihn sofort nach seiner Ankündigung aus der letzten Stunde." Und zu mir gewendet: „Dich hat er sowieso nach der Suppe vergessen." Ich solle nur hinter meinem Vordermann tief in Deckung gehen. Wie nach einem Generalstabsplan lief dann alles so ab, wie meine Mitschüler es eingerichtet hatten. Er kam wieder, wischte sich den Mund, wurde nach der englischen Invasion gefragt, kam ins Erzählen und hatte mich total vergessen.

Nach der Stunde, noch schweißtriefend vor Angst, bedankte ich mich bei meinen Klassenkameraden für die perfekte Inszenierung. „Wir haben darin schon Übung", meinten sie, „du bist nicht der Erste, den wir für uns retten. Guck dich hier mal um! Die meisten von uns sind doch in deinem Alter, hier gibt's nur einen Fünfzehnjährigen, den Friedrich, ‚das Baby', da vorn, aber der ist auch nicht von uns aus dem Internat, der wohnt privat in seiner Villa in Böhl. Und wir vom Strandhotel halten gegen den Rest der Welt zusammen."

Mir gefielen diese großen Sprüche damals, vielleicht auch nur aus Dankbarkeit. „Du musst wissen, wenn der Lehrkörper, vor allem der Direx, von unserer Schulspeisung etwas abgezweigt bekommt, denkt er nur an die warme Suppe und vergisst alles, was vorher wichtig schien: ist alles Erfahrungssache. Die großen alten Erwachsenen haben wohl deshalb auch den größeren Hunger als wir ‚kleinen' Jungen. ‚Wer großen Hunger hat, denkt nur ans Fressen!' Sagt das nicht Bert Brecht, oder wenigstens ungefähr so?"

Warum der Chef denn sofort verschwunden sei, wollte ich wissen. Sie erklärten mir: Die Suppe werde vom Fahrer nur eben vor die Tür gestellt, und lange steht sie da nicht; er weiß, er muss schon verdammt schnell sein.

Noch mindestens eine Woche lang habe ich in seinen Stunden in voller Deckung gelebt, dann bin ich vorsichtig und langsam hervorgekrochen und habe mich bis hin zum fernen Abitur immer sicher gefühlt.

Unsere Klasse war damals zunächst in einem der beiden Räume im Erdgeschoss des Strandhotels selbst untergebracht, die anderen drei als Klassenzimmer genutzten Räume befanden sich in der Veranda. Unser Klassenraum war recht düster, weil das Tageslicht nur durch die vorgelagerte Veranda in den Raum gelangen konnte, der nur zwei kleinere Fenster besaß. Für den sprichwörtlichen Schulschlaf und auch für mein Untertauchen war der Raum also hervorragend geeignet.

Die hellen Verandaräume mit den relativ großen Fenstern waren für die Lehrer zwar gut zu überblicken und bei Klassenarbeiten genauer zu kontrollieren, aber im Winter sehr kalt und im Sommer sehr heiß. Bei starker Sonneneinstrahlung löste sich das Teerdach an manchen Stellen auf und eine schwarze klebrige Flüssigkeit bekleckste die vielleicht einzige Hose des gerade dort sitzenden Schülers. Das ziemlich marode Dach wurde anfangs übrigens durch vertrocknete dicke Äste vor dem Einstürzen gesichert. Dennoch war dieser Zustand ein deutlicher Fortschritt gegenüber den aus der Chronik geschilderten Tatsachen. Kein Lehrer musste mehr durch die verschiedenen Ortsteile St. Peters laufen, um seine Schüler zu finden und zu unterrichten, auch wenn weiterhin Vor- und Nachmittagsunterricht stattfinden mussten.

Die Anforderungen im Unterricht waren – entsprechend unserem allgemeinen kriegsbedingten Nichtwissen – nur gering. Auch einige unserer aus dem Krieg übrig gebliebenen Lehrer mussten sich ja erst wieder selbst einarbeiten. Nach meiner Rettung vor dem in Aussicht gestellten Venslaff-Schiedsspruch waren die weichen Forderungen der Lehrer und das tastende Einarbeiten in den Unterrichtsstoff meine eigentliche Rettung als Neuschüler. Vor allem das Debakel der ersten Latein-Klassenarbeit – verbunden wieder mit der erneuten Enttäuschung über die immensen Lücken bei den Vokabeln und den einfachsten grammatischen Konstruktionen – wirkt bis heute dunkel nach. Den Lateinlehrer, einen Mann in einer grauen Wehrmachtsjacke, sehe ich noch vor mir und höre vor allem noch seine Worte bei der Rückgabe meiner ersten Arbeit, die etwa so klangen: „Sag mal, du hast ja so gut wie überhaupt keine Ahnung vom Lateinischen. Wie willst du da jemals zu ausreichenden Leistungen kommen!“ Ich war also – mit anderen Worten – der Negativgipfel der ohnehin katastrophal ausgefallenen schriftlichen Arbeit. Die Aussicht auf die Sommerferien stand bevor, und ich hatte nach dieser blamablen Leistung einen Schwur getan, dessen Auswirkung nach den Ferien sichtbar werden sollte.

Es sollte ein heißer Sommer kommen. Meine Eltern hatten in der Zwischenzeit eine kleine Zwei-Zimmer-Wohnung auf dem Parlament ergattert. Das „Parlament" war der Name für einen Straßenabschnitt und zugleich für die dortige Region – wie schon angemerkt – nordöstlich der Alten Kirche und in Richtung zur Hooger Fähre hin. Den leeren Heuboden mit einer Fensterluke hatte ich hier ganz für mich. Meist auf dem Bauch liegend, habe ich hier vier Wochen lang täglich aus Onkel Hermanns Buch eine Lektion Latein gelernt, systematisch und gewissenhaft ausgerichtet an den Anforderungen meiner neuen Klasse. Der Pauker im Wehrmachtdress sollte mich nie wieder vor der ganzen Klasse so – mit Recht – fertigmachen können. Die große Freude und Genugtuung bei der Rückgabe der ersten Lateinarbeit nach den Ferien erinnere ich noch sehr genau: Überrascht, überrumpelt, ungläubig sah er aus, „mein Freund", der Lateinlehrer, als er mir die zensierte Arbeit wieder aushändigte. Das könne er gar nicht glauben, er habe zunächst daran gedacht, dass ich ja nur geschummelt, also vom Nebenmann abgeschrieben haben müsse. Dann habe er aber feststellen müssen, dass alle meine Klassenkameraden um mich herum schlechtere Arbeiten verfasst hatten. Wie er sich das denn nun erklären solle, fragte er mich. Zuerst wollte ich antworten, die Arbeit sei eben viel zu leicht gewesen. Habe aber im selben Moment noch gemerkt, dass das bei vielen meiner Mitschüler nicht so gut angekommen wäre, die die Arbeit mehr oder weniger „verhauen" hatten. Also sagte ich, ich hätte einfach mal gelernt, wobei das meiste im Leben ja doch Zufall oder Glück sei und das habe nun mal mich getroffen. Alle wunderten sich danach über diese freche naseweise Antwort, ich auch. Vielleicht spiegelte sich darin meine riesige Freude über meine gute Leistung, verbunden mit der klammheimlichen über seine, durch mich jetzt verursachte krasse Fehleinschätzung.

Kurz und gut: ich hatte die zweitbeste Arbeit geschrieben, eine „Zwei plus“ mit zwei Flüchtigkeitsfehlern. Ein „Sehr gut“ war damals eine Mondzensur, selbst der winzigste Fehler vereitelte sie. Die „Eins“ sei eben nur für den Lehrer reserviert, war das geflügelte Wort im Internat.

Die Nachkriegszeit des Buchdrucks hatte inzwischen begonnen und erreichte nun auch unser Gymnasium in St. Peter: zuerst in Form eines Lateinlehrbuchs I.

Eines Tages machte das Gerücht die Runde, der Lateinlehrer in der Wehrmachtsjacke sei gar kein Lateinlehrer. Für Gerüchte war das Internat ein guter Nährboden, auch für die Schnelligkeit, mit der solche „Meldungen“ über die Flure liefen. Also beschlossen wir, ihn zu überprüfen. Wir hatten plötzlich einen unheimlichen Spaß am Fach Latein, irgendwer von uns fragte ihn in einer der nächsten Lateinstunden nach Herkunft und Bedeutung des Wortes „Präsens“, was nahe lag, weil wir uns gerade mit den einfachen Tempora im Lateinischen beschäftigten. Er beantwortete die Frage nicht, tat so, als habe er sie nicht verstanden und fühle sich in seinen wichtigen Gedankengängen unnötig unterbrochen. Für uns war damit aber der erste Nagel eingeschlagen, an dem wir seine deutlicher gewordene Inkompetenz aufhängen würden. Auch Fragen nach Vokabeln, die in wenig späteren Lektionen des Buches standen, blieben unbeantwortet: mit der Tendenz „das kriegen wir später!“ Wie sich herumsprach, erlebte er in anderen Klassen ähnliche Szenen.

Und eines Tages war er verschwunden.

Es hieß, er habe zu der nicht kleinen Gruppe von Kriegsteilnehmern gehört, die ohne die nötigen Papiere eine Anstellung bekamen, weil sie ganz dringend gebraucht wurden. Dabei hieß es dann immer völlig gleichlautend, die Zeugnisse seien in den Kriegswirren verloren gegangen.

An die auf diesen kriegsbedingten Dilettanten als Lateinlehrer folgenden Herren erinnere ich mich nicht mehr, aber dafür ist mir der Lateinunterricht der letzten drei Jahre bis zum Abitur umso deutlicher im Gedächtnis geblieben. Zelebriert wurde dieser Unterricht ebenfalls von einem Kriegsheimkehrer, der sich schon rein äußerlich von seinem Hochstaplerkollegen unterschied: Er hieß Walter Ruhle, wirkte immer sehr drahtig im Auftreten, war immer auffallend gut gekleidet. Gerüchten zufolge hatte er gleich nach dem Krieg eine Kriegerwitwe geheiratet, die ein Haus in St. Peter Bad besaß und einen Mann gehabt hatte mit der exakt gleichen Konfektionsgröße wie der aus dem zerbombten Berlin stammende zweite Ehemann, unser Lateinlehrer. Er trug also die guten Vorkriegsanzüge seines gefallenen Vorgängers weiter.

Schon nach der ersten Unterrichtsstunde war allen in der Klasse klar, hier bekommen wir es mit einem kompetenten Fachmann zu tun. Heute würde er allerdings mit seinem Unterrichtsstil durch jede Referendarsprüfung fallen: Frontalunterricht total, er stellte die Fragen, wir versuchten darauf eine halbwegs passende Antwort zu finden, immer in der Gefahr lebend, leicht spöttelnd oder aufgebracht laut, korrigiert zu werden. Er wies damit auch immer gleich nach, dass man wieder nicht sorgfältig genug gelernt hatte. Das wurmte einen besonders, weil man doch gemeint hatte, gut vorbereitet zu sein. „Das hätten Sie doch eigentlich schon bei der häuslichen Vorbereitung merken müssen“ oder so ähnlich lautete dann seine abschließende Bemerkung.

So war er als Riese immer umgeben von seinen Latein-Zwergen. Dennoch siezte er uns vom ersten Tag an. Das wiederum passte genau zu seinem autoritären Auftreten und Unterrichten. Als wir eines Tages erfuhren, dass er Kommandeur einer Panzereinheit gewesen war, wunderte sich keiner mehr über sein autoritäres Verhalten, aber gefreut haben wir uns darüber auch nicht. Wir waren offenbar seine Panzersoldaten, denen er das geistige Überleben zu sichern hatte – wie einst seinen Soldaten das körperliche. Wir haben gelitten und gelernt. Latein ist ja bis auf den heutigen Tag bei Schülern ein recht unbeliebtes Fach, so wie damals in unserer Klasse. Aber durch den Druck, den Ruhle mit seinen spitzen persönlichen Bemerkungen erzeugte, hat er uns stetig zum intensiven Lernen angetrieben, denn wer wollte sich wiederholt vor der Klasse blamieren. Dazu eine tägliche Szene aus der Praxis: Zu jeder Stunde musste eine bestimmte Menge an Vokabeln einer Vokabelsammlung für die Oberstufe – immer fortlaufend – gelernt werden, die in der nächsten Unterrichtsstunde penibel abgefragt wurden. Und das geschah im Detail auf folgende Weise: Alle standen wir am Anfang der „Fragestunde“ vor unseren Sitzen, wer nun die gewünschte Vokabel wusste, durfte sich setzen, und wehe den zwei, drei Armen, die am Schluss immer noch standen!

Alles, wie schon gesagt, sehr zweifelhafte Methoden. Die Folge war aber nachhaltig, würde man heute sagen, denn ich beherrsche bis heute keine Sprache so gut wie das Lateinische, habe es an die beiden Söhne und bisher an drei Enkel als „Nachhilfelehrer“ weiterzugeben versucht.

Als nach den Abi-Klausuren der Druck aus dem Vokabelkessel raus war, änderte Herr Ruhle seine Methode, las locker Ovids „Liebeskunst“ mit uns und verteilte Referate zu historischen oder philosophischen Themen des antiken Rom und zu ihrer Literatur. Bei der Nachbesprechung zu diesen Themen staunten wir dann erneut über sein profundes Wissen in seinem Fach, das weit über die Vokabeln hinausreichte.

Nach meinem Referat über ein philosophisches Thema meinte er etwa: „Mensch, Karl Stobbe, Sie können ja offenbar mehr, als Sie bisher im Unterricht gezeigt haben.“ So war die gleiche Einsicht auf beiden Seiten: Wir lernten ihn besser verstehen und er sah in uns nicht mehr nur den lustlosen Vokabel-Zwerg.

Auch unser damaliger Mathematikunterricht ist nur verständlich aus der Situation der Nachkriegszeit. So tauchte eines Tages ein kräftiger Herr mittleren Alters auf und stellte sich uns als neuer Mathematiklehrer vor. Er hieß Günther Pauls, stammte aus Süddeutschland und hatte im Krieg in Peenemünde bei der Konstruktion und

Realisierung der „V 2“ mitgetan. Wir Schüler erinnerten uns noch sehr genau an die „Geheimwaffe“ des Tausendjährigen Reiches, deren später Einsatz noch im Jahr 1945 den „Endsieg“ jenes Reiches herbeibomben sollte. Mit diesem „V 2“-Wahn waren wir ja bis in die letzten Monate des Krieges auf den baldigen Endsieg programmiert worden, und jetzt bekam dieses ferne geheimnisvolle Thema für uns ganz plötzlich eine nahe menschliche Gestalt.

Leider konnten wir Herrn Pauls mit keinem unserer sonst so erfolgreichen Tricks überreden, von seiner Tätigkeit an der Geheimwaffe zu erzählen. Er wich uns immer aus und verwies auf den jetzt wichtigen Unterricht in der Mathematik, von der wir in der Tat wenig Ahnung hatten. Oder anders ausgedrückt: über den Herrn Pythagoras hinausgehende Kenntnisse waren in den Nachkriegswirren bei fast allen von uns verloren gegangen. Er gab sich viel Mühe, die mathematische Wüstenlandschaft unserer Klasse fruchtbar zu machen, zum Beispiel mit Kurvendiskussionen und sphärischer Trigonometrie. Die höhere Mathematik sei unanschaulich, aber er wolle bei uns, so weit wie möglich, anschaulich arbeiten, was er mithilfe selbst gebauter Modelle auch realisierte.

Auch die Physik musste er uns näherbringen. Da es sich aber damals nur um Kreide-Physik handeln konnte, weiß ich heute nichts mehr von den Inhalten der Physikstunden.

Inzwischen war die Schule aus dem baumgestützten Provisorium der Strandhotel-Veranden in eine lange Baracke auf der Böhler Heide umgezogen. Hier entstand in jahrelanger Bautätigkeit das spätere, heutige „Nordseegymnasium“ und das auf mehrere Neubauten verteilte „Nordsee-Internat“.

Über den Unterricht hinaus haben noch Schülergenerationen von Herrn Pauls’ praktischem Erfindergeist profitiert: Er hatte einen sogenannten Rundlauf konstruiert und als Schulhofattraktion auf die Böhler Heide montiert, dazu noch eine Art Multi-Reck, an dem wir in unterschiedlichen Höhen turnen sollten. Heute sind das alltägliche

Kaufhausartikel, damals waren das bewunderte Raritäten. Er selbst kreierte und turnte vor: die Ruckstemme am Hochreck, von uns Schülern bald „Plutos Stemme" genannt; Pluto war sein Spitzname. Die Bewegungsbeschreibung dieser Stemme ist relativ einfach, im Gegensatz zu ihrer Ausführung, die dazu eine reine Kraftübung darstellte. Wir hungergeschädigten Nachkriegspennäler hatten daher nicht die Spur einer Chance, diese Übung zu vollbringen: Es galt, aus dem Hängen mit einem schnellen, gewaltigen Ruck in den Stütz zu gelangen, am „einfachsten" nacheinander erst über einen Arm, dann über den anderen.

In den knappen fünf Jahren der St. Peteraner Schulzeit bekamen wir es im Fach Deutsch mit fünf völlig unterschiedlichen Lehrern zu tun, mit zwei Frauen und mit drei Männern.

Der erste war ein kleiner verwachsener Logiker, dessen Namen, Dr. Berger, ich behalten habe. Wenn ich heute an ihn zurückdenke, schiebt sich die Figur des kleinen buckeligen Aufklärungs-Philosophen Georg Christoph Lichtenberg als Urahne unseres Lehrers vor das historische Auge. Er ließ uns nach einem selbst erfundenen Grammatiksystem die schwierigsten deutschen Schachtelsätze (Hypotaxen), etwa von Thomas Mann, nach grammatischen Abhängigkeiten untersuchen, dargestellt mit festgelegten grafischen Zeichen. Dieser Unterricht vermittelte, wie ich heute meine, tatsächlich tiefe Einsichten in die Struktur der deutschen Sprache, was uns damals aber wenig begeisterte.

Für die beiden Frauen, die folgten, war der Deutschunterricht auf die Beschäftigung mit der deutschen Literatur angelegt, was mir grundsätzlich gut gefiel. Die erste hatte einen Professorentitel aus dem Dritten Reich herübergerettet und wurde folglich Frau Professor ohne Doktor genannt, von einigen ganz Klugen aus der obersten Klasse. Sie war schon eine ältere Frau, gut jenseits der sechzig und einseitig auf die Klassik fixiert. Jeden literarischen Text verglich sie mit Goethe und damit fielen fast alle anderen

Werke durch ihre Wertung. In jeder ihrer Unterrichtsstunden war ein Klassenkamerad als Goethe-Zähler tätig, er hatte eine Strichliste zu führen, die alle Erwähnungen dieses Namens festhielt. Ganz fiese Schüler zählten sogar laut mit, indem sie jede Goethe-Nennung fortlaufend mit der entsprechenden Zahl benannten.

Bisher am besten mochten wir die nachfolgende Lehrerin, Frau Möller, leiden, eine zierliche schlanke, recht junge Frau, die uns zum „Dichten" animierte. Wir durften Texte schreiben zu vorgegebenen Themen. So haben wir Mengen an Fabeln gedichtet, auch als Texte mit Endreim. Für alle kreativ angehauchten Schüler war dieser Unterricht eine große Sache. Zur diebischen Freude in der Hitze des Sommers geriet zu wiederholten Malen Ulli Manzes Verhalten der zierlichen Deutschlehrerin gegenüber. Er saß unmittelbar vor ihr in der ersten Bankreihe in einem ganz eng sitzenden T-Shirt und machte auf seine schon damals ansehnliche Männerbrust durch tiefes Einatmen unübersehbar aufmerksam, und zwar so lange, bis Frau Möller in leicht tadelndem Ton sagte: „Na, na, Manze!" Dann hatte er sein Ziel erreicht und mimte wieder den braven Schüler. Sein Ziel war der Hinweis darauf, dass sich – wie er grinsend meinte – unter seinem T-Shirt mehr hervortat als unter ihrem Blüschen.

Das große pädagogische Highlight eines Deutschlehrers erschien dann in der Unterprima, in Gestalt des jungen Studienassessors Werner Klose. Er war nur wenige Jahre älter als wir, seit 1940 Soldat gewesen, viermal verwundet worden. Mit unserer Klasse trat er seine erste Stelle an und machte von der ersten Stunde an einen begeisternden anspruchsvollen Unterricht, der eingebunden war in ein durchdachtes pädagogisches Konzept. Für mich wurde das Fach Deutsch alsbald zu dem alle anderen Fächer weit überstrahlenden „Hauptfach" und war zugleich schon die Keimzelle des späteren Berufs. Als dann wenig später sein Wirken über die Schule und St. Peter hinaus publik wurde durch seine ersten Literaturpreise und Veröffentlichungen von Hörspielen und Erzählungen in Buchform, Zeitschriften und Zeitungen, beauftragte ihn die Schulabteilung des Kultusministeriums mit einer literarisch überregional wirkenden Tätigkeit. Zunächst zusätzlich zum Lehrerberuf, dann hauptamtlich als Referent für Mediendidaktik und als pädagogischer Studienleiter des Seminars in Heide.

Mir persönlich gelang es, während meiner eigenen pädagogischen Ausbildung immer Kontakt zu ihm zu halten, so konnte ich mein Gymnasialpraktikum und das spätere Internats-Semester bei ihm in meiner ehemaligen Schule verwirklichen und blieb dabei – jetzt auf anderer Ebene – weiterhin sein dankbarer „Schüler".

Alle seine Buchveröffentlichungen besitze ich – meist mit handschriftlicher Widmung versehen, wie in seinem Erzählband „Das große Karussell" von 1959, wo er mir folgendes Zitat aus diesem Buch als Widmung hineingeschrieben hat:

„Wer das Karussell liebt, will nicht fahren, nicht drehen, sondern will fliegen."

Durch einen tragischen Verkehrsunfall ist Werner Klose 1987 ums Leben gekommen. Wir – die noch lebenden Schüler seiner damaligen Unterprima – besuchen bis heute bei unseren jährlichen Treffen sein Grab auf dem Dorffriedhof in St. Peter. Mit seinem Auto soll er vor dem Grenzübergang nach Tondern in den Sielzug geflogen sein.

Den letzten Vertreter des Deutschunterrichts habe ich in ganz schlechter Erinnerung. Er sollte uns zum Abitur führen, war unnahbar und wohl sehr auf sich und seinen Werdegang fixiert. Es hieß, er sei am Heider Gymnasium nicht in die neu geschaffene Oberratsstelle gekommen und deshalb nach St. Peter „verbannt" worden. Ob es der Wahrheit entsprach, konnten wir natürlich nicht nachprüfen, interessierte uns auch recht wenig. Sein mürrisches unpädagogisches Verhalten uns gegenüber machte diese Gerüchte aber wahrscheinlich.

Während die Lehrer/innen in den gerade angedeuteten Kurzbiografien die Schule vertraten, erlebten wir mit Dr. Oskar Haffer den Lehrer in der Doppelfunktion in der Schule und im Internat. Dr. Haffer war der langjährige Leiter des Primanerhauses. Es galt unter den Internatsschülern als besondere Ehre, dorthin umzuziehen, denn nicht in jedem Jahrgang reichte die Raumkapazität dieses kleinen Hauses. Es lag zehn Gehminuten vom Strandhotel entfernt und war, am Rande des Ortsteils Ording gelegen, ein umgebauter Hühnerstall eines ehemaligen großen Bauernhofes. Schon dem täglichen Trubel des Strandhotels mit seinen gut hundert Bewohnern entronnen zu sein, war ein gewaltiges Privileg. Die Innenwände der Zimmerchen bestanden nur aus einfachen Brettern, und durch die Ritzen im Holzfußboden konnten wir aus unserem Zimmer in die Küche gucken. Auch die Außenwände waren viel zu dünn und nicht an allen Stellen winddicht, so brauchten wir zum Lüften kein Fenster zu öffnen, der Wind fand genügend Ritzen, uns mit der würzigen Nordseeluft zu versorgen. Aber wir hatten jetzt heizbare Zimmer, im Gegensatz zu den Räumen im Strandhotel. Dort im großen Haus gab es nur eine Heizung für die Aufenthaltsräume im Erdgeschoss und für zwei oder drei Zimmer im ersten Stock, die mit der Heimleitung belegt waren, alle übrigen Räume konnten nicht beheizt werden. Im Primanerhaus, Jensenhof genannt, wurde von der Küche aus geheizt. Von hier aus versorgte und umsorgte uns die Frau von Dr. Haffer, unser aller Mutter. Machte jeden Morgen für uns das Frühstück und sorgte abends für das Abendbrot. Selbst wenn fast immer ein meist freiwilliger Küchendienst half, hatte sie stets alle Hände voll zu tun bei der Versorgung von fast zwanzig großen immer hungrigen Schülern.

Wenn ich mir heute vor Augen führe, was die beiden Haffers unter den damaligen doch recht primitiven Verhältnissen für uns täglich über viele Jahre getan haben, dann bin ich noch immer voller Bewunderung und Dankbarkeit. Als Lehrer war Dr. Haffer unser begeisternder Biologe, der durch die fachgegebene Anschaulichkeit viele seiner Schüler überzeugen konnte. Kaum eine Bio-Stunde verging, ohne dass er mit einem Schaustück erschien. In der Mehrzahl der Fälle waren es Meerestiere oder Seevögel. Er war dann von seinen Fundstücken so begeistert, dass er oft gar nicht bemerkte, welch scheußlicher Gestank von der halb verwesten Möwe ausging und unsere Nasen grenzwertig attackierte. Erst wenn ein Klassenkamerad sich meldete und mit letzter Luft und bleicher Miene hauchte: „Herr Doktor, mir ist schlecht, darf ich mal raus?“, erst dann hielt er in seinem Vortrag inne und meinte: „Ich riech nix! Stellt euch nicht so an!“ Und als Demonstration zum Gesagten beugte er seine Nase über das Aas und fächelte sich dabei noch den Pestgeruch mit der Hand ins Gesicht. Dennoch war „Oskar“ bei uns geachtet und beliebt.

Dr. Haffer hatte auch einen ständigen Begleiter, abgesehen von seiner Frau und den Zwillingssöhnen, die eine Klasse höher, somit auch ein Jahr lang mit uns zusammen im Jensenhof wohnten: das war sein Hund, Stummel mit Namen, eine Edelmischung mit grauweißem zotteligem Fell. Bei Herrchens täglichen Exkursionen durch Heide und Vorland wich er nicht von seiner Seite. Wo immer in St. Peter Dr. Haffer auftauchte, da war sein Stummel nicht weit. Im Primanerhaus gehörte er zu unserer Großfamilie und bereicherte sie, bei nassem Wetter auch durch seinen penetranten Hundegeruch, der aus den Ritzen zu uns nach oben kroch, denn die Küche war auch sein Revier.

Bis zum Jahre 1950, als das Gymnasium auf der Böhler Heide eine eigene Unterrichtsbaracke bekam und etwa siebzig Schüler Unterrichtsräume erhielten, war das alte Strandhotel nicht nur Internat, sondern auch Schulgebäude. Der Tagesablauf war genau getaktet, würde man heute sagen. Das Wecken erfolgte nach einem Dienstplan durch einen Oberstufenschüler – meist ein Obersekundaner –, der jeweils eine Woche lang das Sagen hatte. Dafür musste man dann auch noch eine gute halbe Stunde früher aufstehen als ohnehin schon: um sechs Uhr. Aber zunächst galt es, im großen Kohleherd in der Küche Feuer zu machen unter dem riesigen Suppentopf, den die Küchenfrauen schon am Vorabend vorbereitet hatten. Ich war UvD, so nannten wir uns, ohne noch irgendetwas Militärisches mit diesem Kürzel zu verbinden. Der Ausdruck wurde von Jahrgang zu Jahrgang weitergereicht und stammte vielleicht von den allerersten Schülern, die als ehemalige Soldaten das Abitur nachholten und die ich selbst noch bei meinem Wiedereinstieg in die Schule in St. Peter erlebt hatte. Ein solcher Schüler mit zwei Krücken und einer Beinprothese, nur wenige Jahre älter als wir anderen, bleibt unvergessen.

Wenn endlich Feuer unterm Kessel war und das Küchenpersonal zum Brotschmieren anrückte, war der UvD entlassen. Das Wecken musste meist von größter Lautstärke begleitet sein, sonst rührte sich in manchen Zimmern nichts. Zielführend war es dann, die Zimmertüren sperrangelweit offen zu lassen. Den notwendigen zweiten Durchgang übernahm dann in der Regel der gerade zuständige Referendar, der auch im Hause wohnte, um als „pädagogischer Feldwebel" dem Wecken den notwendigen größeren Nachdruck zu verleihen.

In meinem ersten warmen Sommer liefen wir dann im Schlafanzug durch den Esssaal in den Hof, griffen eine kleine Blechschüssel, schöpften aus einem großen Bottich etwas Wasser ins Schlüsselchen und waren im Nu mit der Morgentoilette fertig. In den folgenden Jahren wurde im ersten Stock ein riesiger Waschraum für alle eingerichtet: über gefliesten Trögen waren lange Reihen von Wasserhähnen montiert. Am wöchentlichen Duschtag ist sogar heißes Wasser geflossen, also Luxus pur.

Im Zuge des Bauvorhabens Waschraum wurden gleich nebenan einige Toiletten gebaut, die nie ausreichten. Wer es noch schaffte, konnte die alten auf der Hofseite, halb im Keller gelegenen Örtchen benutzen, musste aber, wie angedeutet, einen langen Weg in Kauf nehmen.

Auf den morgendlichen Frühstücksgong folgte nicht sofort das Essen im Speisesaal, sondern eine Morgenandacht, in meinen ersten Monaten vom Heimleiter gehalten. Für manchen meiner kirchenfernen Kameraden war die der körperlichen Nahrung vorgelagerte geistliche eine schwere Prüfung. Die Mägen knurrten oft lauter als unser Gesang des Morgenchorals, der auf die kurze Exegese einer Bibelstelle folgte. Sie sollte uns hungrigen und schlaftrunkenen Gestalten den Tag erhellen. Diese Veranstaltung fand in einem größeren Vorraum des Speisesaales statt – dicht gedrängt und im Stehen. Als dann dabei immer mal wieder einer ohnmächtig zu Boden sank, wurde die Andacht direkt in den Ess-Saal verlegt: Jeder stand an seinem Platz und konnte sich, wenn nötig, an seiner Stuhllehne festhalten.

Hier stand in einer Ecke noch der alte Konzertflügel aus den Hotel-Zeiten des Strandhotels. Ihm kam im Laufe der Zeit für die Morgenandachten eine tragende Rolle zu, weil er in der Lage war, die Misstöne aus den Schülerkehlen zu überspielen.

Von einem der vier Internatsleiter, die ich in den knapp fünf Jahren erlebte, waren wir alle begeistert, er hieß Werner Hartmann und war ein hochdekorierter U-Boot-Kommandant im Zweiten Weltkrieg gewesen. Er war ein ganz bescheidener Mann, hatte nie über seine Karriere in Reichs- und Kriegsmarine geredet. Als Zivilist, als der er im Internat erschien, konnte ja auch keiner von uns in ihm einen der erfolgreichsten U-Boot-Kommandanten erkennen, den Kapitän zur See und den Ritterkreuz-mit-Eichenlaub-Träger. An diese Bezeichnungen erinnerten wir uns in der Nachkriegszeit ja nur aus den Sondermeldungen über die „Heldentaten“ deutscher Soldaten aus den Wochenschauen während des Dritten Reiches. Und jetzt war dieser von uns Pimpfen ehemals so bewunderte Offizier unser schweigsamer Internatsleiter, gekleidet – wie wir alle – in ärmliche Alltagsklamotten. Wenn er mal bei seinen Andachten auf den Krieg zu sprechen kam, dann nur in Form einer Warnung. Als Pastorensohn war er auch mit dem Christentum vertraut. Erst viel später, nach meiner eigenen Internatszeit, ist mir klar geworden, dass Werner Hartmann eine Idealbesetzung als Heimleiter war. Leider blieb er nur eine recht kurze Zeit bei uns.

Auch ist mir viel später ebenfalls einsichtig geworden, mit welch schweren inneren Belastungen solch ein „Held" weiterleben musste, wenn er daran dachte, was er für ein Leid verursacht hatte mit dem Versenken von sechsundzwanzig „feindlichen" Schiffen.

Eines Tages, als der Gedanke mir keine Ruhe mehr ließ, hatte ich mich getraut, ihn zu fragen, ob er denn Günther Prien gekannt habe, der mir immer noch seit der Lektüre seines Buches am Strand von Sorgenau gegenwärtig war.

„Komm mit auf mein Zimmer, Karl", sagte er erfreut, „ich erzähl dir von ihm."

Nie werde ich dieses Gespräch vergessen. Ich erfuhr, dass er Günther Prien nicht nur kannte, sondern dass er ihn ausgebildet hatte. Prien war Wachoffizier auf einem seiner ersten U-Boote gewesen. „Günther hat die Anfänge des U-Boot-Fahrens bei mir gelernt. Er war ein begabter Offizier, einen besseren habe ich nicht gehabt!"

Obwohl auch die anderen drei Internatsleiter manchmal in ihren Morgenandachten auf Ereignisse ihres eigenen Lebens zu sprechen kamen, habe ich so gut wie keine genauere Erinnerung an sie, weder an ihre Worte noch an sie als Person.

Auf das „Amen" des Tischgebetes hin stürzte sich dann alles auf die Marmeladenschnitten, die auf den Tischen aufgeschichtet waren, abgezählt, zwei für jeden. Dazu gehörte ein undefinierbarer dünner Tee und sehr oft auch eine warme Suppe, die der Tisch-Älteste präzise und mit immer gleich voller Schöpfkelle an jeden Einzelnen seiner Tischgemeinschaft austeilte. Der Kampf um das Marmeladenbrot hatte eine verständliche Ursache: Weil zwischen den vielen Schnitten auch einige dickere Knuste lagen, lungerte jeder am Tisch danach und entwickelte schon im Stillen bei sich eine Taktik des schnellen Zugriffs. Das spielte sich dann in der Praxis folgendermaßen ab: Sobald das „Amen" des Tischgebets verklungen war, schnellten die Hände den

Knusten entgegen, aber nur den Schnellsten fielen die dicken Stücke in die Hände, alle anderen am Tisch gingen leer aus, mussten sich also mit den einfachen Schnitten begnügen. Eines guten Tages fanden wir, das könne so nicht weitergehen, denn inzwischen gab es Experten, die das „Amen“ nicht verklingen ließen, sondern schon beim „A“ zugriffen und all den anderen Tischgenossen damit keine Chance gaben, je an einen Knust zu gelangen.

Es wurde für die ganze Woche ein gerechter demokratischer Knust-Verteilerschlüssel festgelegt, der auch wieder dem Gebet seine ihm gebührende Funktion verlieh.

Die Durchführung der Morgenandachten ging dann im Laufe der Jahre immer mehr in die Verantwortung von Oberstufenschülern über. Als mein Bruder Joachim 1949 einen Platz im Internat bekam und auch unsere Schule besuchte, hat er eine lange Zeit die Morgenandacht musikalisch begleitet. Darüber hinaus kam mit ihm ein fleißiger, begeisterter und begeisternder junger Pianist ins Internat, dem die Internatsgemeinschaft manch unvergessenen Klavierabend zu verdanken hatte. Fast jeden Abend nach dem Abendbrot hatte er die Möglichkeit, spielend zu üben. Da saß er dann im dunklen großen Speisesaal, sichtbar nur durch ein kleines Notenlicht am Flügel. Während dieser Stunde öffnete sich dann immer wieder fast lautlos die große Tür zum Speisesaal und ein Mitschüler nach dem anderen kam auf leisen Sohlen herein und verharrte lange lauschend in der Dunkelheit. Joachim war so vertieft in seine Musik, dass er wohl nie etwas von seinen vielen begeisterten Zuhörern gemerkt hat.

Er hatte in der Zwischenzeit bei Lehrer Groß auf Pellworm im Klavierspiel so viel gelernt, dass er die Choräle „so vom Blatt spielen konnte“, was, wie gesagt, der Morgenandacht einen geradezu künstlerischen Hauch bescherte.

Auch in St. Peter hatte er weiterhin regelmäßig Klavierunterricht erhalten von dem bekannten Tönninger Organisten Heinz Bernhardt, eine Kapazität auf der Orgel und auf dem Klavier. Er gab zu der Zeit öfter Orgelkonzerte, die der Rundfunk übertrug.

Zu meinem Bruder kam Herr Bernhardt gerne, wie er immer wieder beteuerte, denn er spürte wohl den Eifer und die Begabung seines Schülers. Da entstand auch der Gedanke einer musikalischen Profi-Karriere, die meinem Bruder schließlich doch von unserem Vater ausgeredet werden konnte. Mit der allgemein bekannten elterlichen Formulierung: „Alles brotlose Kunst! Lern erst mal was Vernünftiges!“ Und Joachim war folgsam, ist – wie unser Vater – Architekt geworden und fand dann keine Zeit mehr zum Üben, hatte auch als Lehrling und als Student kein Instrument zur Hand. Hat sich aber – bei seiner Doppelbegabung – bis heute der Aquarell-Malerei zugewandt und hat dort, wie mir scheint, seine künstlerische Erfüllung gefunden.

Neben Morgenandachten und Tischgebeten gab es noch weitere christliche Einrichtungen im evangelischen Internat: nach Alter unterschiedliche Jugendgruppen, die sich zu Gesang, Gesellschaftsspielen und Aussprachen über religiöse Themen regelmäßig unter der Leitung eines Oberstufenschülers trafen. Auch ich war für einige Jahre Leiter einer solchen Gruppe von Sextanern und Quintanern. Die drei oder vier anderen Jugendgruppen-Leiter sind diesem christlich bestimmten Schülerdasein ein Leben lang gefolgt, haben Theologie studiert und sind Pastoren geworden. Ich selbst habe es nur zu einem Schmalspurtheologen gebracht, mit Religion als Schulfach.

In jenen Jahren gab es in Schleswig-Holstein einen charismatischen evangelischen Jugendpastor, dessen Namen ich bis heute behalten habe und der auch als Person noch vor meinem geistigen Auge steht, Otto von Stockhausen. Dieser unvergessene Mann besuchte uns ein paar Mal im Jahr, beantwortete unsere in der Zwischenzeit aufgetretenen theologischen Fragen, diskutierte und meditierte mit uns und ließ uns „Leiter“ theologisch aufgerüstet und begeistert zurück. Seit der Zeit habe ich eine direkte Vorstellung von der Funktion der Apostel des Neuen Testaments. „Ovosto" war unser Apostel am Ende der neunzehnhundertvierziger Jahre.

Der regelmäßige Kirchgang aller Internatsschüler zur St. Peteraner Dorfkirche war eine weitere notwendige Eigenschaft unseres Internats: Über hundert Schüler und auch ein paar Lehrer zogen dann die lange Badstraße entlang zur Kirche, aber nicht alle kamen dort an. Erst seit wenigen Jahren weiß ich das, weil mir auf einem unserer inzwischen jährlichen Treffen in St. Peter ein ehemaliger Klassenkamerad „beichtete", dass einige von uns entweder im Zuge einer Seitenstraße dem Gottesdienst verloren gingen oder – kaum durch das Hauptportal eingetreten – durch eine kleine Seitentür gleich wieder dem Gottesdienst entwichen.

Neben den religiösen Aktivitäten im Internat gab es auch für viele Insassen einige ganz wichtige weltliche: die große „Gemeinde" der Schachspieler machte dabei immer wieder von sich reden. Und das wiederum lag größtenteils an meinem Klassenkameraden Reimer. Er war wohl zur gleichen Zeit ins Internat gekommen wie ich, aber bald allgemein dadurch aufgefallen, dass er sehr viel Post bekam. Ich war immer sehr froh, wenn einmal pro Woche ein Brieflein für mich bei der Verteilung nach dem Mittagessen ausgerufen wurde. Dagegen erklang Reimers Name oft ein paarmal hintereinander. Das erregte allenthalben Neugierde und Neid, bis sich herausstellte, dass er europaweit Fernschach spielte und jeweils Postkarten mit den entsprechenden Schachzügen seiner Partner erhielt. Als wir uns näher kennenlernten und sogar eine Zeit lang in einem Zimmer wohnten, erinnere ich noch genau, wie er auf die gerade erhaltene Postkarte schaute und zu mir gewendet sagte: „Der John aus London ist ja in drei Zügen matt!" Es hat mich damals so fasziniert, dass Reimer offenbar das gesamte Match mit John im Kopf hatte, wie hätte er sonst einen solchen Satz sagen können! Nach und nach gab er dann schmunzelnd zu, dass er schon seit seinem zehnten Lebensjahr in einem angesehenen Kölner Schachclub sei und das Schachspielen überhaupt ganz leicht und einfach sei. Er hat dann das Internat mit diesem Spiel infiziert, darüber hinaus den St. Peteraner Schachclub aufgemischt und Dr. Berger als Clubmeister gleich in seinem ersten Internats-Jahr abgelöst.

Spektakulär waren immer die Simultan-Schachturniere. Dann kamen zu den „Internats-Größen“ noch viele Spieler aus ganz Eiderstedt dazu, um gegen den „Meister“ zu spielen und möglichst zu gewinnen. Aber besonders groß waren die Chancen dabei nie. Wenn mal einer ein Remis schaffte, jubelte der ganze Saal. Ich erinnere mich nicht daran, dass mal einer der regionalen Experten gegen ihn gewonnen hätte.

Noch spannender als die Simultan-Turniere waren seine Blindschach-Spiele. Dabei kauerte er, zu einem total konzentrierten Bündel in sich versunken, in einer Ecke und spielte auf diese Weise Schach gegen eine über dem Schachbrett brütende „Expertengruppe“ des Internats in einer anderen Ecke. Diese Kompetenz und extreme Konzentration war für mich als Schachbaby völlig rätselhaft. In einem Internat, das ja mehr einem Bienenhaus als einer ruhigen Intensivstation glich, konnte Reimer etwa zwei Stunden lang seine Position behaupten, dann musste er, lärmgeschädigt und völlig erschöpft, aufgeben, ohne jedoch je verloren zu haben.

Andere sportliche Aktivitäten waren in der Nachkriegszeit in St. Peter nicht möglich. Es fehlte dazu ja an allem: kein Sportplatz, keine Turnhalle, keine Sportgeräte. Bis zum Abitur im Februar 1952 haben wir, sobald Wind und Wetter es zuließen, unseren Heidesport betrieben, bestehend aus einem genau vermessenen geraden Sandweg als Laufstrecke und einer selbst gebauten Weitsprunggrube, die auch das Kugelstoßen aushalten musste. Eine alte Kugel hatte sich angefunden. Und das alles erst ab Frühjahr 1950, als die erste Schulbaracke auf der Böhler Heide stand und so die Böhler Heide unser Leichtathletikstadion wurde.

Mit dem Stichwort „Sportgerät" verbindet sich für mich bis heute ein damals weltberühmter Sportsmann, nämlich Gottfried von Cramm. In der Vorweihnachtszeit des Jahres 1947 erschien er, allseits bestaunt, plötzlich im Internat zu einer unvergessenen Weihnachtbescherung: Mit einem großen Auto voller Trainingsanzüge war er angereist. Einen Fußball aus Leder bekamen wir auch geschenkt, mit dem sogleich auf dem Vorland gebolzt wurde. Sehr bald verlor der seine anfangs noch einigermaßen runde Form. Bis zur Währungsreform musste er aber noch seinen Dienst tun, erst dann war der Kauf eines solchen Sportartikels in Geschäften möglich.

Wie der Tennisbaron 1947 zum Weihnachtsmann unseres Internats mutierte, war nicht mehr in Erfahrung zu bringen. Durch die Presse allgemein bekannt war damals, dass Gottfried von Cramm wegen seiner vielfältigen langjährigen internationalen Tennis-Beziehungen unmittelbar nach Kriegsende viel für sein zerstörtes Land tat. Wir vom Strandhotel müssen irgendwie auf seine Liste geraten sein.

Der Biografie von Egon Steinkamp: „Gottfried von Cramm – der Tennisbaron" (München 1990) entnehme ich für diesen Zusammenhang folgenden Absatz: „Wie bekannt v. Cramm noch immer war, wurde ihm selbst bewusst, als schon kurz nach Kriegsende britische Offiziere eigens nach Bodenburg – das Rittergut der Familie – kamen, nur um ihn persönlich kennenzulernen. Und da seine überzeugte Nazigegnerschaft inzwischen auch den alliierten Stellen durch ihre Geheimdienste bekannt geworden war, standen ihm bis zu den Spitzen der britischen Besatzungsbehörden hinauf alle Türen offen. Der unvergessene ‚Gentleman von Wimbledon' war überall sehr willkommen und zu verhandeln gab es mehr als genug." (S. 152)

So war er auch der wichtigste Initiator der ersten überregionalen Tennis-Veranstaltung im Nachkriegs-Deutschland, in Hannover 1947, seinem alten Club, wenige Monate vor seinem Besuch unseres Internats. Warum erwähne ich diese bedeutende Sportveranstaltung? Einmal aus der ungläubigen Bewunderung heraus, dass ein weltbekannter

Sportsmann, eine Tennis-Legende wie er, sich zugleich auch um ein unbedeutendes Internat für Flüchtlingskinder ganz am westlichen Rand Schleswig-Holsteins kümmerte. Zum anderen war ich einer der wenigen, die den Tennisbaron schon als Mohrunger Junge in den 1940er-Jahren bewunderte, wenn die Zeitungen über ihn und seine Erfolge berichteten. Denn damals als Neun- und Zehnjähriger hatte ich schon öfter die damals ausschließlich weißen Filzbälle in der Hand gehabt, wenn ich bei meinem Vater als Balljunge engagiert war und der Wunsch mich faszinierte, auch einmal einen solchen Ball von meinem Schläger springen zu lassen.

Ab Sommer 1952 wurde dieser Wunsch dann Realität und führte zu einer jahrzehntelangen sportlichen Liebesbeziehung. Nie wieder habe ich Gottfried von Cramm persönlich getroffen, manchmal beim stümperhaften eigenen Spielen aber an seine eleganten Weltklasse-Schläge gedacht und trotzdem mehr oder weniger unverdrossen immer weitergespielt bis in mein fünfundsiebzigstes Lebensjahr hinein.

Übrigens muss Gottfried von Cramm damals mindestens einen Tag im Internat geblieben sein, denn ich bin bis heute noch stolz darauf, dass ich zusammen mit noch ein paar braven Schülern ausgesucht wurde, um mit ihm an einem Tisch unser (karges) Mittagsmahl zu essen. Obwohl ich mächtig aufgeregt war, fiel mir dabei auf, dass sein Zeigefinger der rechten Hand keine Fingerkuppe mehr hatte und ich mir immer erneut die Frage stellte, wie er trotzdem eine solche Weltkarriere im Tennis hatte erreichen können. Schon als Jugendlichem hatte ihm sein Pferd nämlich das obere Zeigefingerglied der rechten Schlaghand abgebissen.

Worüber wir bei Tisch gesprochen haben, habe ich leider vergessen. Wie es überhaupt im Nachhinein zu bedauern ist, nie Tagebuch geführt zu haben.

Vor wenigen Tagen konnte man in einer überregionalen deutschen Zeitung folgenden Satz über Gottfried von Cramm lesen: „Er durchlebte von 1909 bis 1976 das grausige 20. Jahrhundert und blieb doch von unerschütterlicher

Freundlichkeit und bescheidener Demut.“ Mit diesem Satz des Jahres 2019 wird noch einmal ausgedrückt, was uns Internats-Schüler des Jahres 1947 schon so sehr beeindruckte.

Eine einzige Sportart allerdings konnten alle St. Peteraner immer schon ausüben, das Schwimmen nämlich. Es gab damals zwei kleine Pfahlbauten auf der Sandbank. In der einen herrschte der Bade- und Schwimmmeister Paul Fischer, dem sich zusammen mit mir noch einige sportbegeisterte Internatler zur Ausbildung als Rettungsschwimmer anvertrauten.

Immer wenn wir die Hochflut erwischten und die Wassertiefe stimmte, sagte er nur: „Zu Wasser und auf den Turm und einen Kopfsprung vom Geländer!“ Dieser Turm war nur noch ein klägliches Gerippe von einem früheren Sprungturm, eine Leiter mit nur noch ganz wenigen Sprossen führte auf eine zerborstene Plattform, der der Sturm und der Wellengang im Laufe der Kriegs- und unmittelbaren Nachkriegsjahre an drei Seiten das Geländer weggerissen hatten. Selbst bei geringem Wellengang knarrte und schaukelte das Gerippe beachtlich, dennoch gelang es uns öfter, den Geländerrest zu erklimmen und einen ansehnlichen Sprung zustande zu bringen. Diese Prozedur wiederholte sich immer dann, wenn wieder neue Badegäste als Zuschauer erschienen, die staunten und vor Begeisterung klatschten über eine solche sportliche Leistung in solch hohem Wellengang. Dann schlug Paul Fischer sich auf seine breite Brust und sagte: „Das haben die Jungs alles bei mir gelernt!“

Die Kraft, die notwendig war, um gegen einen an manchen Tagen beachtlichen Wellengang anzuschwimmen, mussten wir uns im Laufe des Sommers antrainieren. Wir lernten den Tanz mit den Wellen um die Balken des morschen Sprungturms. Wir hatten erfahren: Du musst schneller als die Wogen auf die Balken kommen, sonst wirst du zusammen mit den Wassermassen dagegengeklatscht.

Für uns „Geländerspringer“ war es dann im Folgejahr ein Leichtes, den ersten Leistungsnachweis der Deutschen

Lebens-Rettungs-Gesellschaft, den „Grundschein“, zu bestehen. Auch den Nachweis und Ausweis für die nächste Leistungsstufe, den „Leistungsschein“, besitze ich noch, ausgestellt am 23. 10. 1950, versehen mit einem stolz dreinblickenden Passbild-Gesicht.

Noch ein weiterer Ausweis hat sich bei der Suche nach den Schwimmzeugnissen eingefunden: der Ausweis des „Lehrscheins“ der DLRG aus dem Jahr 1963. Der Erwerb dieses „letzten“ Scheins der DLRG war auf das Bitten meines langjährigen Freundes Kurt Mielich entstanden, ihn bei der Ausbildung und Prüfung der Lehrschein-Anwärter zu unterstützen. Ein „eisernes“ Rettungs-Training mit viel „Unterwasser-Arbeit“ musste dazu vorab bestanden werden. Immer wieder erneut hatte er mich dabei mit etwa folgendem Satz auf unsere „Unterwasserarbeit“ eingestimmt: „Wenn du dich auch noch aus dem nächsten Klammergriff von mir befreien kannst und mich an den Beckenrand schaffst, dann hast du fast bestanden.“ Nach mehreren Versuchen habe ich dann diese Tiefenkämpfe bestanden. Die pädagogischen und methodischen Anforderungen an den zukünftigen Lehrer der Lehrschein-Anwärter waren – für einen Gymnasiallehrer – leichter zu erfüllen.

Kurt war Kollege am Föhrer Gymnasium und in jenen Jahren Landessportwart der DLRG in Schleswig-Holstein. Der Unterricht, den wir dann erteilten, hatte vor allem eine theoretisch-methodische Ausrichtung. Von der Methodik des Anfängerunterrichts mit Schwimmschülern bis zu Rechtsfragen im Rettungswesen reichten die Themen dieser von uns erteilten Ausbildung, die allen viel Spaß gemacht hat und fast immer mit „bestanden“ abgeschlossen wurde, aber gleichwohl viele Wochenenden in Anspruch nahm. Denn geschenkt haben wir den zukünftigen Lehrern der DLRG nichts.

Auch über Wasser war Kurt Mielich ein Könner: immer wieder hatte er mich zum Wasserskilaufen eingeladen. „Als Skiläufer bringe ich dir das in zehn Minuten bei“, ermunterte er mich immer erneut. Und fügte hinzu: „Als kleines Dankeschön für deine ehrenamtliche Lehrtätigkeit.“ Dass es zu dieser Verabredung nie mehr gekommen ist, hatte einen ganz traurigen Grund: Kurt war beim Landeanflug auf den Föhrer Flugplatz in Wyk mit seiner kleinen Cessna in den Zaun der angrenzenden Koppel geraten und konnte nur tot aus dem Wrack geborgen werden.

Als er uns vorher einmal in Projensdorf besuchte und seinen Wagen vor „Blumen-Rumpf“ an der Straße mit dem leichten Gefälle parkte und mit den Blumen in der Hand wieder auf die Straße trat, sah er sein Auto ganz langsam eine große Kurve in den Charles-Ross-Ring machen und dort wieder am Straßenrand vorschriftsmäßig anhalten. Diese Geisterfahrt seines Wagens mit angesehen zu haben, werde er nie vergessen, sagte er, immer noch völlig atemlos, als er bei uns klingelte. „Ich hatte offenbar das Lenkrad leicht zur Straße hin eingeschlagen und die Handbremse vergessen, da hat er sich halt selbstständig gemacht. Was für ein gewaltiges Glück habe ich da gehabt, dass gerade kein Verkehr war!“ Danach im Flugzeug am Zaun hatte ihn dieses Glück verlassen.

Wenn manches Jahr auch nach den großen Sommerferien St. Peter noch von einer Hitzewelle heimgesucht wurde und bis in die Dunkelheit hinein italienische Temperaturen herrschten, schlichen die wasserbegeisterten Internatler zum Nackt- und Nachtbaden auf die Sandbank. Dann hatten wir ihre unendliche Weite ganz für uns allein. Und wenn dann noch das Erlebnis mit der Noctiluca Miliaris, mit den Meeresleuchttierchen dazukam, dann glaubten wir an ein einmaliges Wasserwunder. Jede Körperbewegung beim Schwimmen war von einem goldenen Glanz eingefasst, der sich mit jeder weiteren Bewegung vielfältig leuchtend veränderte. Auch dieses Erlebnis verdankten wir unserem verehrten Biolehrer Dr. Haffer, der uns ausführlich die biologischen Erklärungen für dieses Naturereignis genannt hatte.

Auch Klassenfahrten gab es damals schon, allerdings auf anderen Transportmitteln als heute: nicht mit Flugzeug,

Auto oder Bus, sondern auf unseren Fahrrädern. Jeder aus unserer Klasse besaß ein solch klappriges, aber fahrbereites Gefährt. Wir putzten, reparierten, pflegten unsere Räder, denn die Weiten zwischen Jensenhof und Böhler Heide waren zur täglichen Schule nur mit dem Fahrrad zu schaffen; so war das Fahrrad auch für die Klassenfahrten das konkurrenzlose Vehikel. Zwei lange Fahrten sind mir in Erinnerung geblieben: eine Bildungsfahrt nach Schleswig in den Dom, wo T. S. Eliots Theaterstück „Mord im Dom" aufgeführt wurde. Das bedeutete für uns zweimal achtzig Kilometer, vormittags hin nach Schleswig und in der Nacht wieder nach St. Peter zurück. Dabei fuhren wir immer in kleinen Pulks: in der Mitte diejenigen, denen das Licht ausgegangen war. Eingerahmt also von den laut fauchenden alten Dynamos der Licht spendenden Kameraden. Diese stundenlangen Nachtfahrten waren ein unvergessenes Gemeinschaftserlebnis: in der Dunkelheit allein mit den Gedanken an das beeindruckende Theaterstück und zugleich in dem Gefühl der schattenhaften Fahrgemeinschaft, die übrigens ohne jede Gangschaltung unterwegs war, denn 1950 gab es im Jensenhof keine solch modernen Räder. Die Drei-Gang-Schaltung war ja schon lange erfunden und in Gebrauch, aber bis zu uns nach St. Peter noch nicht vorgedrungen.

Von ganz anderen Emotionen war unsere zweite weite Klassenfahrt bestimmt, die wir auch unserem Klassenlehrer „Pluto" Pauls zu verdanken hatten. Das Gut Nehmten am großen Plöner See war dabei unser Ziel. Wieder traten wir ohne jede technische Hilfe in die Pedalen, und das über eine Strecke von mehr als hundert Kilometern quer durch Schleswig-Holstein. Noch klappriger als unsere Fahrräder wirkten die meisten von uns an dem windigen Tag, als wir auf den großen Platz vor der Freitreppe des Schlosses in Nehmten einbogen. Auf der Gartenseite des Herrenhauses breitete sich ein riesiger Park aus mit einer Sichtschneise zum fernen Plöner Schloss hin. Die rechte Seite des Parks – von der großen Terrasse des Hauses aus gesehen – begrenzte der rauschende breite Schilfgürtel des Sees, nach links stieg das Gelände an und führte zu einer alten Grabstätte der Herren von Nehmten: der Herzöge, Grafen, Barone von Plessen.

Das Staunen über die sich bis an den Horizont erstreckende unberührte Natur aus Wald und See einerseits zusammen mit der einfühlsamen „englischen“ Gestaltung des Parks wurde andererseits noch von einem Staunen übertroffen, das eine Mädchenklasse eines Kieler Gymnasiums bei uns hervorrief, die auch hier im damals als Ferienheim fungierenden Herrenhaus Quartier gemacht hatten. Die zunächst sehr zögerlichen Annäherungsversuche endeten in langen Parkspaziergängen, die vor Anbruch der Dunkelheit – offiziell – beendet sein mussten. Die Klassenlehrerin hatte Zerberus-Qualitäten.

Manch Brieflein soll noch einige Wochen lang von St. Peter nach Kiel unterwegs gewesen sein.

Die Anziehungskräfte der Mädchen waren so groß, dass einige Großmäuler unserer Klasse ganz kleinlaut wurden und stillvergnügt den vielen schlanken Mädchenbeinen hinterherglotzten. Hätten wir doch wenigstens ein paar von den immer in Rudeln auftauchenden Mädchen in unserer Klasse, betete manch einer hinter ihnen her. Wir waren nämlich seit gut einem Jahr ohne Mädchen in der Klasse, als Letzte hatten uns ja Renate und Erika am Ende der Obersekunda verlassen – oder genauer: verlassen müssen, weil vor allem die Mathematik keinerlei Zugang mehr zu ihnen fand.

Über Zwillinge unter den Kieler Mädchen erregten sich Klaus und ich gleich heftig, ihre Namen hatten wir uns schon sagen lassen, aber wer war nun Elke und wer Karin. Über die ständigen Verwechselungen gab es viel zu lachen: „Hast du das schon wieder vergessen, das habe ich dir doch gestern Abend erzählt!“ „Mir hast du überhaupt nichts erzählt.“ Und schon bekam die Verwechselung wieder komödienhafte Züge, die wir weglachten. Hand in Hand durch den Park, ob nun Elkes oder Karins: der Himmel war nah.

Diese Zwillingsbegegnungen endeten völlig unromantisch. Am frühen Abend des nächsten Tages muss ein Bus die Mädchen aus Kiel wieder zurück nach Hause gebracht haben, ohne dass wir etwas davon bemerkt hatten. Mit einigen langen Gesichtern und recht bescheidenem Appetit wurde das Frühstück am nächsten Morgen eingenommen.

Unser mündliches Abitur am 29. Februar 1952 hatte – wie sein Datum – einen großen Seltenheitswert, vor allem verglichen mit den heutigen festgelegten Regularien. Wir dreizehn Prüflinge saßen, vor Angst schlotternd, in einem kleinen Nebenraum des Zeichensaales, in dem die Prüfungen dem gesamten Kollegium vorgeführt wurden. In unregelmäßigen Abständen öffnete sich die Tür zu unserem von Angstschweiß riechenden und von murmelnden Gebeten angefüllten Wartezimmer und ein Name und ein Fach wurden hineingerufen, etwa: „Reimer, Latein". Was bedeutete: Reimer hatte sich zu einer Prüfung in Latein einzufinden, womit er „natürlich" überhaupt nicht gerechnet hatte und worauf er also auch nicht weiter vorbereitet war. So gestalteten sich die mündlichen Prüfungen für jeden Einzelnen von uns: Das also war die Regel einer vollkommen ungeregelten Prüfungssituation.

Nach diesen mündlichen Prüfungen, die wir alle mehr schlecht als recht bestanden – denn Klaus hatten wir schon verabschieden müssen, er war ja zur „Mündlichen" gar nicht zugelassen worden –, wurde unser „Pluto"-Pauls so gesprächig, wie wir ihn vorher nie erlebt hatten. Er erzählte uns, dass das Kollegium möglichst sinnvolle Prüfungsfächer für jeden von uns bestimmt hatte, die aber vom großen Vorsitzenden aus dem Kieler Kultusministerium kurz vor Prüfungsbeginn gar nicht zur Kenntnis genommen wurden. Er bestimmte völlig willkürlich, wer in welchem Fach geprüft werden durfte. Dieser Ministerialbeamte war wegen seines auch in anderen schulischen Bereichen zur Schau getragenen Herrschaftsgehabes landesweit bekannt. Die Internatsschulen soll er aber nach eigenen Aussagen ganz besonders geliebt haben. Dieser pädagogische Patriarch verbreitete damit auch unter der Lehrerschaft Angst und Schrecken – und das vor allem unter den jungen, noch in der Ausbildung befindlichen Lehrern. Wenn man darüber hinaus auch noch zum weiblichen Geschlecht gehörte, war man ganz besonders gefährdet: er soll zu wiederholten Malen den Referendarinnen, die in den einzelnen Häusern des Internats wohnten und dort Dienst taten, nachgestiegen sein. Ganz oft sind diese dann – noch gerade rechtzeitig – auf die Zimmer ihrer männlichen Kollegen geflüchtet, um so den Übergriffen zu entkommen. Vergnügte Abende seien das dann oft gewesen und auch ein paar nachhaltige Dauerbeziehungen seien daraus entstanden, was als ungewollte Stiftung somit auch dem schulischen Patriarchen gutgeschrieben werden kann.

Ab dem 29. Februar 1952, dem Tag des bestandenen Abiturs, waren wir für circa zwei Wochen die Könige von St. Peter. Geld für große Siegesfeiern im Stile der heutigen Partys hatten wir nicht, aber das Glücksgefühl mit den leuchtenden Augen, diese gewaltige Hürde übersprungen zu haben und in einer unbekannten Freiheit gelandet zu sein. Diese Freude hatte einen leichten Dämpfer erhalten, denn Klaus, mein langjähriger Banknachbar, hatte als einziger von uns dreizehn Prüflingen nicht bestanden, weil er die Deutscharbeit nur mit einer „fünf" abgeschlossen hatte. Trotz befriedigender bis guter Leistungen in den anderen Fächern konnte man damals mit einer mangelhaften Leistung in Deutsch nicht das Abitur bestehen.

Zur Nachprüfung, die ihm nach einem halben Jahr erlaubt wurde und die er locker bestand, waren wir dann fast alle wieder erschienen. Schon jetzt – und in all den Jahrzehnten danach – gab es eine immer wiederkehrende Redewendung, die hieß: „Weißt du noch – wisst ihr noch?" So erfreuten wir Studenten uns an den meist gelungenen Stuben-Epidemien unser gerade erst überstandenen Internatszeit. In unregelmäßigen Abständen ließen wir diese Epidemie ausbrechen. Nach dem Wecken blieben wir einfach liegen, taten verschnupft, husteten nach Bedarf und murmelten, der Karl war gestern schon recht krank und hat uns nun heute alle sechs im Zimmer angesteckt. Die ersten Male war das einigermaßen lukrativ: wir wurden in den Betten mit Essen und Trinken gut versorgt. Schnell aber lernte die Heimleitung sich zu wehren: Man verweigerte uns das Essen mit den Worten: „Wer krank ist, braucht nichts zu essen!“ Nur warmer Tee wurde gereicht.

Unsere Gegenmaßnahme: nurmehr fünf Kranke und ein Gesunder, der heimlich für Essen zu sorgen hatte. Das aber gestaltete sich schwierig in der Praxis. Als neue Bestimmung wurde seitens der Heimleitung verbreitet, nur wer Fieber habe, gelte als krank. Also rückte die Heimmutter mit dem Thermometer an, und nur wer ganz geschickt war, konnte es durch heimliches Reiben auf 38° erhitzen, ohne ertappt zu werden. So verloren wir dann bald die Lust an den Epidemie-Aktionen.

Gerne erinnerten wir uns auch an unsere unterschiedlichen Schularbeiten-Plätze im Freien und verglichen sie mit den jetzigen bescheidenen Studentenbuden. Viele von uns aus dem Strandhotel zogen nämlich an warmen Sommernachmittagen in den lichten Ordinger Wald, um unter den Kuschelkiefern, auf einer Wolldecke liegend, die Hausaufgaben zu erledigen. Der würzige Kieferngeruch und die sonnige Einsamkeit waren förderlich für Schüler und Aufgaben.

Nicht allen Lehrern sagten wir nach dem halben Jahr wieder „guten Tag“, wohl aber dem alten freundlichen, uns Schülern immer zugetanen Buchhändler Fräter. Lange Jahre hatte er in einer kleinen Baracke gegenüber dem Strandhotel seine Bücherstube. Ich war einer seiner ständigen Gäste, ungestört ließ er mich in einer Ecke schmökern, umstellt von Büchern bis unter die niedrige Decke. Ganz selten reichte das wenige Taschengeld dazu, ein Buch bei ihm zu kaufen, dennoch wies er mich ständig auf die Neuerscheinungen und die Neudrucke des schon in Fahrt kommenden Büchermarktes hin und ließ mich lesen. So verhalf er mir zu meinen ersten literarischen Glücksgefühlen. Als ich dann in der Primanerzeit mit ersten Nachhilfestunden etwas Geld verdiente, konnte ich endlich auch als glücklicher Käufer bei ihm erscheinen. Wenn ich heute auf einen dieser „Erstlinge“ beim Büchersuchen stoße, diese Bändchen mit dem braun-vergilbten Papier und der Jahreszahl 1949, dann sind mir diese Lesestunden beim alten Fräter wieder ganz nah.

Zufällig finde ich heute zwei dieser verblichenen Bücher: Friedrich Schiller, Dramen, Ullstein-Verlag, Wien 1948; offenbar zu der Reihe „Ewiges Wort, Meisterwerke der Weltliteratur“ gehörend. Der Band enthält die „Wallenstein“-Trilogie. Sie war einfach geheftet und ist im Zuge der Zeit zu einer Loseblatt-Sammlung zerfallen. Das zweite völlig zerlesene Bändchen ist das Textbuch zu Wolfgang Borcherts „Draußen vor der Tür“, Rowohlt, Hamburg/Stuttgart 1948, 2. Aufl.

Immer mal wieder erinnerte er mich daran, dass ich einer der Ersten war, der ein Buch bei ihm gekauft hatte: „Heidi“, den Kinderbuchklassiker von Johanna Spyri. Das muss Anfang November 1947 gewesen sein. Ich wollte meiner kleinen Schwester ein Geburtstagsgeschenk machen, und dieses Buch muss er mir damals empfohlen haben. Ich weiß nur noch, wie er unter sein Bett tauchte und mit einer Kiste voller Bücher hervorkroch, denn zunächst war seine kleine Wohnung einschließlich des Schlafzimmers sein Bücherladen, bevor er dann in die Baracke umziehen konnte.

Im Frühsommer, zwei Jahre nach dem Abitur, entdeckte ich am schwarzen Brett des „Instituts für Leibesübungen“ der Kieler Universität einen Zettel, auf dem das Sanatorium Dr. Felten in St. Peter einen Sportstudenten als Betreuer für eine Jugendgruppe suchte. Da ich schon das vorgeschriebene vierwöchige Praktikum am Gymnasium nach St. Peter verlegen durfte, passte die gesuchte Betreuung mit Beginn der Sommerferien genau in den Zeitplan: das geliebte St. Peter hatte mich gleich zweifach wieder!

Im Lehrerzimmer, in das ich als Schüler nur durch die zufällig gerade offen gebliebene Tür einen Blick hatte werfen können, wurde ich nun von meinen ehemaligen Lehrern teils freudig begrüßt, teils kritisch beäugt. Der Schulleiter sprach mit fröhlichem Stolz davon, dass nun der erste Schüler der noch jungen Anstalt die Seiten gewechselt habe und jetzt als zukünftiger Lehrer zurückgekehrt sei. Auch meinem verehrten ehemaligen Lehrer Klose lief ich dabei in die Arme. Der sagte, mich mit seinen großen freundlichen Augen wie einst anblickend, mit Augen, die mich schon als Schüler fasziniert hatten, weil sie aus den dicken Brillengläsern so besonders stark und auch fordernd herausleuchteten: „Kommen Sie gleich mit, Karl, ich gehe jetzt in meine raue Obertertia, da ist es nie langweilig."

Von der hintersten Bankreihe aus, die Klose mir anwies, kam ich mir wie im Kino vor. Das Unterrichtsgeschehen lief locker vor mir ab, ich war nur der Zuschauer, aber ein ganz aufmerksamer. Da war er wieder, dieser starke Blick, den ich schon als Schüler bewundert hatte, mit dem Klose den unruhigen Schüler beruhigte, den abgelenkten so lange fixierte, bis der wieder ins Unterrichtsgespräch einlenkte. Alles hatte dieser Lehrer alle Zeit im Blick, im freundlichen Blick eines Dompteurs, der seine Tiere liebt.

Als ich nach der Stunde als Hinterbänkler nach meinen Eindrücken gefragt wurde, machte Klose deutlich, dass der wache Lehrerblick erst die Arbeitsatmosphäre herstellen muss, damit alle am Stunden-Thema überhaupt arbeiten können.

Auch zwei Schüler aus der Klasse fanden sich nach der Stunde ein und riefen: „Hallo, Karl, wir waren im Strandhotel in deiner Jugendgruppe. Wird man so schnell Lehrer? Es ist doch erst gut zwei Jahre her, dass wir beim Geländespiel unter den Kuschelkiefern des Ordinger Walds hindurchgekrochen sind." „Nein, nein, ich bin noch kein Lehrer, ich werde vielleicht mal einer. Jetzt bin ich ein Praktikant."

„Wirst du denn trotzdem unterrichten? Da sind wir gespannt drauf." Daraufhin schubsten sie sich gegenseitig von dannen. „Ja, wenn er mich lässt", rief ich ihnen noch nach, da waren sie schon durch die Tür. Und er ließ mich. Die Kurzgeschichte „Nachts schlafen die Ratten doch" von Wolfgang Borchert schlug Klose als Einstand für mich vor. Die Klasse versuchte sich gerade an Kurzgeschichten von Borchert und Böll aus der Nachkriegszeit, da war genau diese Geschichte ein Volltreffer: Die Geschichte nämlich von dem neunjährigen Jürgen, der auf den Trümmern seines gerade zerbombten Elternhauses sitzt und aufpassen muss. Worauf er denn aufpasst, kann er dem alten Mann nicht sagen, der gerade mit einem Korb voller Kaninchenfutter vorbeigehen will. „Das ist mein Geheimnis“, antwortet der Junge, „ich muss Tag und Nacht hier aufpassen“, erklärt er weiter. Erst als der Mann dem Jungen eines seiner neugeborenen Kaninchen verspricht, erfährt er, dass der Junge mit seinem langen Stock seinen kleinen, unter den Trümmern verschütteten, toten Bruder bewacht und die Ratten verscheuchen muss, weil – wie er sagt: „die essen doch von Toten. Von Menschen. Da leben sie doch von“. Das hätte sein Lehrer gesagt.

Es gelingt dem Mann mit einer Notlüge, den Jungen umzustimmen, indem er versichert: „Das ist aber ein Lehrer, wenn er das nicht mal weiß. Nachts schlafen die Ratten doch. Nachts kannst du ruhig nach Hause gehen. Nachts schlafen sie immer!“

Der Schlussteil der Geschichte ist bestimmt von dem Wunsch des Jungen, solch ein kleines weißes Kaninchen geschenkt zu bekommen, allerdings bis zum Dunkelwerden muss er ja noch aufpassen. Dabei wartet er auf den alten Mann mit dem versprochenen kleinen weißen Kaninchen, für das ein Kaninchenstall gebaut werden soll.

Die Eingangsbehauptung eines Schülers: „Das ist ja eine trostlose Geschichte“, gab dann genügend Stoff für eine interpretierende Diskussion.

In der ersten Hälfte der 1950er-Jahre hatte eine solche Thematik auch noch eine viel größere Nähe zu den Schülern als heute. So war die Betroffenheit der meisten Schüler durch die Kurzgeschichte auch groß, denn viele von ihnen hatten ja – wenn auch als Kleinkinder – den Bombenkrieg noch selbst erlitten.

Von Heinrich Böll schloss sich dann die kürzeste Kurzgeschichte seines ersten Nachkriegs-Erzählbandes („Wanderer, kommst du nach Spa…“) an, mit dem Titel „An der Brücke“. Hierin wird die unmittelbare Nachkriegszeit kritisiert und ironisiert. Leiden, Elend und Verstümmelung als Folgen des Krieges werden aber nur in den ersten sechs Worten der Geschichte sichtbar: „Die haben mir meine Beine geflickt und haben mir einen Posten gegeben, wo ich sitzen kann: ich zähle die Leute, die über die neue Brücke gehen.“ So lautet das gesamte erste Satzgefüge dieser Geschichte, die später auch als zweiten Titel „Die ungezählte Geliebte“ trägt. Der für den Protagonisten sinnlos erscheinenden Tätigkeit des täglichen Zählens verleiht Böll damit symbolische Funktion, als behördliches Bestreben, nach dem Chaos der Kriegszeit das menschliche Leben jetzt – unmittelbar nach dem Krieg – durch genaues Zählen zu erfassen und zu kontrollieren. Zugleich macht der Autor diese neue Lebenseinstellung lächerlich und führt sie ad absurdum, da sie aus den verschiedensten Gründen nicht stimmen kann.

Dafür ist in dieser Geschichte vor anderen Gründen das fremde Mädchen die Ursache, das zweimal pro Tag die Brücke überquert. Der Zähler an seinem Brückenposten mag sie vom ersten Augenblick an so gerne leiden, dass er das Zählen während ihres Weges über die Brücke jedes Mal vollkommen vergisst, weil sein „Herz einfach stehen“ bleibt – vor Liebe und Glück – und weil sie – seiner Meinung nach – in das behördliche Zahlenwerk nicht transportiert werden darf.

Somit stimmt die Statistik nicht, somit kann der Zähler meinen, sich zum geheimen „Herrscher“ über die neuen sozialen Verhältnisse gemacht zu haben.

Zwei zwar vollkommen unterschiedliche Geschichten, fanden die Schüler heraus, beide Kurzgeschichten gestalten dabei auch das Thema Liebe auf eine so verschiedene Art und Weise, lediglich dadurch verbunden, dass solche Liebesgeschichten nur unter dem Hauptthema Krieg geschehen konnten.

Auch die Böll-Geschichte „Wir Besenbinder“ erregte großes Interesse in der Klasse: zunächst deswegen, weil dieser Text als Schülergeschichte beginnt. Der Konflikt entsteht zwischen dem durch die Mathematik völlig überforderten Schüler der letzten Bank und dem genialen Mathematiklehrer, der allerdings im Geometrieunterricht keine Kreidekreise an der Tafel zustande bringt. Regelmäßig zerbricht ihm das Kreidestück und die über die Tafel hüpfende, knirschende und knatternde Kreide schafft nur ein „klaffendes Gebilde", niemals einen Kreis. Dazu greift er sich dann jenen Schüler der letzten Bank und zerrt ihn in einer Art brutaler Liebenswürdigkeit an die Tafel, damit er die Kreise für ihn schaffe, das einzige unübertroffene „mathematische" Können dieses Schülers. Immer wenn ihm der Lehrer versucht, Mathematik beizubringen, scheitert er damit hoffnungslos, dann nennt er den Schüler unter dem Gekicher der ganzen Klasse: „Besenbinder, du, Besenbinder."

Jahre später sieht jener Schüler, der inzwischen als Soldat auf dem Flugplatz in Odessa auf seinen Abtransport wartet, einen wirklichen Besenbinder. Der sitzt in der todbringenden Hektik des Krieges ganz ruhig am Rande des Flugplatzes und geht seiner Arbeit mit Bündeln von ginsterartigem Gestrüpp nach, bewundert und beneidet vom Ich-Erzähler.

Während sich das Flugzeug mit den Soldaten in der Luft befindet und in einen lang andauernden nächtlichen Luftkampf gerät und schließlich abgeschossen wird, gelingt es dem Autor, diese tödliche Szene im Bewusstsein des Ich-Erzählers zu spiegeln: Ihm erscheint damit das Knattern der Maschinengewehre wie riesenhaft über die Tafel knatternde Kreide, deren große Feuerkreise er am nächtlichen Himmel meint, vollenden zu können, während alles um ihn her in Licht und Feuer verbrennt.

Herauszuarbeiten, wie es Böll versteht, die alltägliche Szene des Kreiszeichnens mit der apokalyptischen Szene des Luftkampfes zu verbinden, war eine zwar reizvolle, aber verglichen mit den vorher besprochenen Geschichten auch eine recht schwierige Aufgabe.

Während meiner zwei Studienjahre in Kiel hatte sich auf der Böhler Heide viel verändert. Neue Internats-Häuser waren gebaut worden, eines davon für Oberstufenschülerinnen. In diesem Haus durfte ich ein kleines Zimmer mit Dusche beziehen, das etwas abseits von den Mädchenzimmern lag, in der einen Ecke zum Hofplatz hin. Es war tatsächlich eine aufregende Unterbringung für mich jungen Praktikanten. Es konnte nicht ausbleiben, dass ich im langen Flur des barackenartigen Gebäudes spät abends das eine oder andere Mädchen im dünnen Nachthemd über den Flur in die Toilette huschen sah, was vom leisen Gekicher der Mädchen und von meinem Staunen begleitet wurde. Die Aufsicht und die Verantwortung für die Schülerinnen hatte die Internatssekretärin, eine junge schlanke Frau von Anfang dreißig. Schon am ersten Abend lud sie mich zum Kennenlernen zu sich aufs Zimmer, das am anderen Ende des Flures lag, ein Weg zum Träumen zwischen den Türen der Mädchenzimmer, die allerdings immer geschlossen blieben.

Zur Begrüßung hatte sie schon eine Flasche Sekt geholt und mir zum Öffnen überreicht. Noch nie hatte ich eine so eiskalte, glitschige Flasche entkorkt, und als ich mich mit zitternder Hand am Korken versuchte, kam sie mir zu Hilfe. „Ich hab's schon mal gemacht", sagte sie mit freundlicher Stimme, „ohne die Lampe abzuschießen, was neulich bei der Geburtstagsfeier des Chefs beinahe passiert wäre! Studenten trinken ja auch keinen Sekt, daran hätte ich denken müssen", meinte sie als Entschuldigung für ihr Handeln, was aber genau für mich die etwas peinliche Situation fröhlich rettete. Beide lachten wir, der Korken ploppte und die Gläser füllten sich. „Ich heiße Inge", sagte sie und erhob ihr Glas, „hier im Haus duzen wir uns alle." Ich wusste gar nicht, wie mir geschah, fühlte mich liebenswürdig überrumpelt. Aus den Papieren kannte sie meinen Namen, ich hätte ihn womöglich so plötzlich auch gar nicht sagen können. Mit einem „Na denn Prost, Karl" war sie ganz nah an mich herangetreten und besiegelte die Duz-Zeremonie mit einem Kuss. Völlig verwirrt ließ ich mich in den angebotenen Sessel fallen und war froh, dass ich sitzen durfte. „Die Knie", dachte ich, „warum zittern mir die Knie?"

„Hier wird immer nachgeschenkt", verfügte sie vergnügt, „besonders in der kalten Jahreszeit, wenn die Einsamkeit in die Häuser zieht, weil die Touristen fort sind und das Meer unruhig aufbrausend auf die Sandbank kommt, dann sind Einsamkeit und ein edler Tropfen die guten Gefährten in den Häusern der Einheimischen auf der Böhler Heide."

„Entschuldige, Karl, dass es etwas poetisch klingt; hängt wohl damit zusammen, dass ich öfter für die ‚dichtenden' Deutschlehrer Texte tippen darf, das färbt ab. Na, ja, ist nicht so ernst gemeint.

Manchmal sind es auch Gedichte – wie neulich erst. Der Zettel muss doch hier noch liegen, den ich aufgehoben habe, weil mir der Anfang des Textes gefiel." Sie suchte zwischen den Zeitschriften. „Ah, hier ist er."

Sie hielt ein Zettelchen in der Hand.

„Hör mal!", sagte sie, „du bist doch auch bald ein Deutschlehrer, das muss dich doch interessieren", und las mit dunkler Stimme:

„Der Mond fällt ins Tal,
hart trifft der Sichelschnitt,
kalt, dunkel und rot.
Auf einmal
spürst du Alleinsein
und Sterben."

„Ja, der kurze Text gestaltet schlaglichtartig auch mein Leben im Winter, hier im Zimmer, beim Spaziergang in der Heide oder auf der Sandbank. Gut, dass du heute Abend da bist."

„Bist du hier in St. Peter auch zur Schule gegangen?"

„Nein, mich hat's hierher verschlagen. Geboren bin ich in einem Nest bei Hannover."

Daher ihre Nachrichten-Sprecher-Stimme, dachte ich. Nicht unterbrechen wollte ich sie, denn sie erzählte lebhaft von ihrer Familie und der Schulzeit auf dem Lande. Angedeutet wurde auch eine erste Liebe, eine unglückliche, die offensichtlich der Grund für St. Peter gewesen war.

Zwischendurch gähnte Inge deutlich sichtbar, und während sie sagte, um diese Zeit gehe sie immer zu Bett, hatte sie Bluse und Rock schon ausgezogen. Ich sah erst jetzt, was da auf mich zukam, an Flucht war nicht mehr zu denken. „Du darfst ruhig noch ein Weilchen bleiben, bis du dein Glas leergetrunken hast“, schlug sie mit ihrer ruhigen Stimme vor, und während sie BH und Slip fallen ließ, sagte sie: „Ich drehe mich auch um!“ Und schon war sie in ihrem Bett verschwunden.

Ganz versteinert und erregt saß ich hinter meinem immer noch halbvollen Glas.

Solch schicke schlanke Beine hatte ich schon bei meinen Kommilitoninnen bemerkt, aber wo hätte ich einen solchen Po sehen können!

„Wenn die Verhältnisse vorne auch so vollständig sind ...“, weiter dachte ich nicht. „Ich bin ganz hoch zugedeckt“, rief sie mit munterer, gar nicht müde klingender Stimme unter der Bettdecke, „du kannst ohne Gefahr für Leib und Leben näher kommen.“ Aufregend und lustig zugleich klang das in meinen Ohren.

Erst in meinem eigenen Zimmer wurde mir klar, es war weder Kino noch Traum, sondern die reine nackte Wirklichkeit gewesen, auch die von vorne. Das Kino mit Hilde Knef fiel mir ein, zu dem wir als Primaner in Scharen von St. Peter nach Garding geradelt waren, weil es geheißen hatte, hier könne man die erste nackte Frau der Nachkriegszeit sehen. Völlig enttäuscht strampelten wir nachts wieder durch Regen und Wind zurück, weil die Knef nur in Bruchteilen von Sekunden aus dem Halbdunkel auftauchte. Von der im Liegestuhl liegenden Schauspielerin wurde dabei nur eine nackte Körperseite kurz sichtbar und der Schatten ihres Busens war zu erahnen.

Der Titel des Films hieß völlig unpassend und übertrieben „Die Sünderin“, meinte ich mich zu erinnern.

Vier Wochen lang waren der Anfänger in Schule und Liebe und die junge Frau mit der dunklen Stimme ein heimliches Paar. Immer wenn wir uns in ihrem Zimmer trafen und über den Schulalltag, die Kollegen aus Schule und Internat, über Wellen und Wetter geschnackt hatten, folgte oft die freche Frage: „Sag mal, bist du heute Abend gar nicht müde?“

Erst als Inge Zukunftspläne andeutete, bekam ich es mit der blanken Angst zu tun. Das Verhältnis begann zu versanden. Ganz trennen konnte ich mich aber nicht, immer wieder zog es mich in ihr Zimmer. Eines schönen Tages musste ich St. Peter ja wieder verlassen, versehen mit einem Haufen von Treueschwüren, die sich mit der Zeit in Briefpapier verwandelten, um bis zum Verstummen langsam immer seltener zu werden.

6. Teil

Sanatorium Dr. Felten

Als ich unmittelbar nach dem Schulpraktikum ins Sanatorium Dr. Felten umzog, kannte ich den Ausgang meiner ersten Liebe noch nicht, jetzt wartete erst einmal eine besondere Aufgabe auf mich. Ich war ja engagiert worden, um eine Jugendgruppe zu leiten.

Der zierliche weißhaarige Dr. Felten in seinem gebügelten weißen Arztmantel, der sogar noch die Knöchel bedeckte und nur die winzig erscheinenden Schuhe freigab, empfing mich sehr freundlich in seinem Chefzimmer.

„Sie als ‚alter' St.-Peteraner mit den langjährigen Ortskenntnissen und dazu als werdender Sportlehrer sind die ideale Besetzung für die mir vorschwebende Aufgabe. Von der Empfehlung durch das Gymnasium ganz zu schweigen", das waren seine Sätze zur Begrüßung, die mir bei so viel Freundlichkeit zugleich unangemessen und übertrieben erschienen.

„Eine Jugendgruppe hat es in meinem Betrieb noch nie gegeben, deshalb kann ich auch im Einzelnen nicht sagen, wie Ihre tägliche Arbeit aussehen soll", fuhr er fort, „da haben Sie vollkommen freie Hand, erfinden Sie einen Tagesablauf für die Mädchen und Jungen! Nur die Essenszeiten müssen eingehalten werden." Mit einem Schlag war die Unsicherheit aus meinen Augen gewichen und Zuversicht hatte sich breitgemacht.

Das gegenseitige Kennenlernen in der Gruppe ergab sich völlig von selbst beim ersten Spaziergang durch das weite Vorland, das dem Park des Sanatoriums unmittelbar vorgelagert war. Vor dem damals noch niedrigen Sommerdeich begann dieses Vorland, mit wild wucherndem hohen Strandgras, Strandhafer und von allerlei krüppeligem Gesträuch bestanden. Nur ganz wenige menschliche Spuren waren hier zu finden: ein paar Pfade nur, auf denen das Gras bis auf das nasse Moos heruntergetreten war. Je weiter man sich vom Deich entfernte und je näher die vorgelagerte Sandbank kam, umso mehr verloren sich die ausgetretenen Pfade in der unendlichen Weite dieser Landschaft. Dann konnte der darin wandernde Mensch ganz klein werden und das Gespräch ganz versöhnlich. So begann das große Staunen der einzelnen Jugendlichen über diese einzigartige Natur, denn sie alle stammten aus West- oder Süddeutschland und kannten die Nordseeküste fast nur als Geräusch, als Möwengeschrei und Sturmesrauschen aus den Hörspielen des Rundfunks. „Am Feldberg war immer Schluss", stellte Renate, die Winzertochter aus dem Schwarzwald, fest, „und hier kannst du so weit gucken, bis der Himmel ins Meer fällt." „Du musst mal ordentlich hochspringen, dann kannst du noch weiter gucken", und auf den leeren Blick von Renate hin fügte er an: „Ja, ja, guck nicht so, das ist Physik. Hast mal was von Physik gehört?"

Sie hatte offensichtlich nicht gemerkt, dass sie der kleine Richard unter seiner Baskenmütze nur auf den Arm nehmen wollte. Er war etwas dicklich und mit seinem runden Gesicht und den lustigen Augen erinnerte er mich an den großen Heinz Erhardt.

Ein tief eingeschnittenes Bett eines Rinnsals lief quer zu unserer Laufrichtung, führte wohl nur noch bei Sturmflut Wasser, mündete aber immer noch weit im Norden des Vorlandes, bei der langen Brücke zur Sandbank in einen meterbreiten Priel, der auch bei Ebbe Wasser enthielt.

Mit großen oder kleinen Sprüngen überwanden alle das ausgetrocknete Hindernis, das man auch mit ruhigen Schritten hätte durchwandern können. Nur als einer anfing zu springen, wollten alle sportlich erscheinen.

Die meisten der Gruppe waren nicht vollständig gesund, sondern sollten sich erst hier im Sanatorium mit der Heilkraft der Nordseeluft vollkommen erholen. Der größte Teil der Jugendlichen hatte asthmatische Beschwerden, einige erholten sich von ihrem Fahrradunfall oder den Folgen einer Operation. So tat das Wandern in dieser salzhaltigen Luft allen gleichermaßen gut. „Habe heute hier draußen meine ‚Pistole' noch gar nicht gebraucht", rief Ursula voller Begeisterung, da sie ohne ihr Beatmungsgerät genug Luft hatte.

Als wir die Queller-Regionen erreichten und schon den Sand unter den Füßen spürten, kehrten wir über einen kaum noch zu erkennenden Vorlandpfad ins Sanatorium zurück, den ich in den letzten Jahren schon so manches Mal alleine oder zu zweit gegangen war.

Der kleine Jägerzaun, der das Vorland gegen die Parklandschaft des Dr.-Felten-Areals abgrenzte, tauchte ganz plötzlich vor uns auf – versteckt zwischen hohem Gras und niedrigen Kiefern. Die schon etwas morsche Pforte gab den Kiesweg frei zum Haupthaus des Anwesens. Der Weg schlängelte sich zwischen Holzhäuschen, die mit der Kiefernlandschaft verwachsen schienen. Kaum war eines von ihnen sichtbar geworden, verschwand es auch schon wieder unter den Bäumen. „In solch einer Bude werde ich später mal Urlaub machen", meinte Udo aus Düsseldorf, dessen Eltern Künstler waren und eine Penthouse-Wohnung mit Atelier im Dachgeschoss eines Vielfamilienhauses bewohnten.

Während ihres Gesprächs ging die Tür der „Bude" auf, eine alte Frau mit zwei Gehhilfen wurde sichtbar und stakte, leicht vorgebeugt, auch dem großen Haus zu. Sie war offensichtlich genug mit sich selbst beschäftigt, sodass sie uns gar nicht zu bemerken schien.

Beim Haupthaus angekommen, marschierten alle sofort auf ihre Zimmer, ohne dass sie zum Fingerwaschen aufgefordert werden mussten. Nach zehn Minuten standen sie mit nachgezogenem Scheitel wieder vor der Tür des Esssaals. Nur Richard hatte seine wilde Frisur vollkommen verwüstet.

Im Speisesaal, der bis auf die Nordostecke mit Vierertischen bestückt war, stand für die Jugendgruppe ein langer Tisch bereit, an dem alle zusammen Platz finden konnten. „Wie wollen wir das erste Mal reingehen, um bemerkt zu werden", fragte Gisela, die Hamburgerin, „vielleicht im Gänsemarsch?" „Gänsemarsch ist die treffende Bezeichnung bei so vielen Gänsen, die wir hier haben!", feixte der kleine Richard. Der gemeinte weibliche Teil der Gruppe fand das Gänschen-Thema nun überhaupt nicht witzig und so einigte man sich zwar auf die Form des Einmarsches, aber gab ihm einen anderen Namen. Die Älteste, Renate aus Freudenstadt, war mir schon gleich am ersten Morgen als sehr sympathisch aufgefallen, und das lag nicht nur an ihrem guten Aussehen und ihrer tiefen Stimme – ich mochte tiefe Mädchen-Stimmen, weibliches Kreischen war mir zuwider –, Renate also machte den vermittelnden Vorschlag, das Auftreten der Gruppe „Zug der Lemminge“ zu nennen, wenn der Aufmarsch denn einen Namen haben sollte. Im langsamen Passieren der meist älteren Sanatoriums-Patienten schnappten die Jugendlichen manch freundliche Bemerkung auf. Sie wurden auch viel intensiver wahrgenommen, als sie gedacht hatten. So Sprachfetzen: „Ach, wie schön, solch strahlende Gesichter“, oder auch: „Wo kommen die denn plötzlich her, haben sich wohl verlaufen.“

„Hast du den Alten da am dritten Tisch gesehen, wie er erst mit der Gabel in seinem Kartoffelbrei herumstocherte und dann mit der hoch erhobenen Gabel in unsere Richtung wies und irgendwas von ‚jungem Gemüse‘ in seinen grauen Bart knurrte“, fragte Richard die Renate, als sie sich gesetzt hatten. Er war als Kleinster der Gruppe der letzte Lemming gewesen und hatte dadurch die beste Position, die Kommentare zu verstehen. „Noch nie habe ich in einem Raum so viele weiße Köpfe gesehen“, sagte ich. „Und auch noch nie so viele Glatzen!“

Die medizinischen Anwendungen der einzelnen Jugendlichen, die sich über den ganzen Tag verteilten, ließen mir unter der Woche genügend Zeit, mich selbst im Sanatorium als Edelpatient zu fühlen. Das demonstrierte ich auf dem Liegestuhl mit einem Buch vor der Nase, Franz Kafka: „Das Urteil“. Die Faszination Franz Kafka hatte auch mich erreicht und sollte mich bis zu meiner Vortragstätigkeit als Pensionär nicht mehr loslassen. Schon 1952 war als Fischer-Taschenbuch der Sammelband „Das Urteil“ erschienen mit den von Kafka noch selbst herausgegebenen Erzählungen, zu denen auch die vielleicht berühmteste Erzählung der ersten Hälfte des 20. Jahrhunderts gehörte: „Die Verwandlung“.

Der Kölner Literaturprofessor Wilhelm Emrich hatte gerade einen mitreißenden Kafka-Vortrag am Kieler Institut für Literaturwissenschaft gehalten, der die Kafka-Euphorie auch bei mir ausgelöst hatte.

Immer wenn es die Anwendungen zuließen, traf sich die Gruppe an Wochentagen zu ganz unterschiedlichen Zeiten. Sportliche Wettkämpfe füllten dann einen großen Teil dieser Treffen aus. Ich hatte Tabellen erstellt, nach denen Turniere im Tischtennis, im Schinkenbrett-Spiel, im Basketball-Korbwerfen und in weiteren kleinen Geschicklichkeitsübungen, zum Beispiel Würfe auf bunte Holzpuppen, ausgetragen wurden. Dabei gab es auch etwas zu gewinnen. Immer wieder waren Schokoladenpreise oder Eisbecher aus der Badallee besonders beliebt. Da die körperlichen und sportlichen Voraussetzungen der Jugendlichen recht unterschiedlich waren, hatte ich Jahrgangs-, Größen-, Mädchen- und Jungen-Preise geschaffen, sodass auf Dauer kein Gruppenmitglied leer ausging.

„Gib's mal ruhig zu, du hast doch nur gewonnen, weil du so lang bist", sagte der kleine Richard zu Walter aus Bochum. „Wie groß bist du wirklich?", fragte er weiter. „Einsfünfundneunzig mit Schuhen", kam die prompte Antwort.

„Was soll ich da mit meinen Einsfünfundsechzig – ohne Schuhe – ausrichten!", fragte Richard, nur äußerlich resigniert, denn unter seiner Baskenmütze leuchteten seine dunklen Augen.

„Sei friedlich, du hast ja auch einen kleinen Größenpreis bekommen", versuchte Walter das Gespräch zu beenden.

Das Highlight aber leuchtete am Wochenende.

Addi war mit seiner Band im „Stadt Hamburg" engagiert. Ich kannte Addi aus unserer gemeinsamen Schulzeit. Er war sogenannter Externer, hatte bei seiner Tante in St. Peter-Dorf gewohnt. Er hatte zwei Jahre vor mir Abitur gemacht, lebte jetzt in Hamburg und hatte den Hotelchef wohl musikalisch überzeugt und das Engagement erhalten: Jeden Samstag spielte seine Band zum Tanz auf. Tanzmusik soll er schon heimlich als Schüler gemacht haben, bekannt war nur, dass er ziemlich gut Gitarre spielte und eine kräftige Stimme besaß.

Gleich an dem ersten Sonnabend, als die Felten-Gruppe geschlossen in das vornehmste und größte Hotel in St. Peter-Bad einmarschiert war, kam Addi nach dem ersten Set an den Tisch zu mir, schaute in die Runde und sagte: „Ihr schafft das!" Er verteilte Zettel mit zehn Fragen, deren richtige Antworten mit Preisen aus der Tombola des Hauses belohnt würden.

Er flüsterte mir ins Ohr, dass es sich zum größten Teil um „Bildungsfragen" handele, und meinte: „Dafür bist du doch zuständig und die Fragen nach Jazz und Schlager wissen die Mädchen und Jungen." Mit den Worten „Ich setze auf euch" waren er und seine Zettel schon am nächsten Tisch. Der Saal war gut besetzt, an manchen Tischen saßen ziemlich herausgeputzte Tänzerinnen.

Als ich beim Abendbrot vorgeschlagen hatte, ins „Stadt Hamburg" zu gehen, hatte es bei einigen der großen Mädchen lange Gesichter gegeben. „Ich habe gar nichts dafür anzuziehen!" Ohne anscheinend darauf einzugehen, zitierte ich aus Lessings Lustspiel „Minna von Barnhelm": „Und sind wir schön, dann sind wir ungeputzt am schönsten!"

Alle wollten mit, alle waren neugierig, und so trafen wir uns gegen zwanzig Uhr, um den kurzen Weg quer über die Badallee ins Hotel hinüberzugehen.

„Für einige ist das etwas prickelnd Neues, vor allem für einige Mädchen", dachte ich, als ich in die einzelnen Gesichter schaute. Einige Jungen dagegen gaben sich weltmännisch. „Aber tanzen kann ich doch gar nicht!" „Aber doch zugucken", meinte Richard.

Während die Kapelle gerade einen schnellen Foxtrott in den Saal hämmerte – Addi war auch ein vorzüglicher Klavierspieler –, grübelte ich darüber nach, wie ich die eigene Scheu vor dem Tanzen überwinden könnte. Ohne mein Vorbild würde niemand aus der Gruppe den Mut aufbringen, die Tanzfläche zu betreten. Auch ich fühlte mich unsicher bei dem Gedanken ans Tanzen. Zwei Jahre war es nun schon her, auf dem Abiball, da gab es die letzten Tanzversuche, die ich allerdings in guter Erinnerung hatte. Ich musste vorangehen, das war mir klar. „Renate“, schoss es mir durch den Kopf, „aber wenn sie nun überhaupt nicht tanzen kann?“

„Jetzt oder nie!“ Ich beugte mich zu ihr hin und fragte sie leise, und so, als habe sie nur darauf gewartet, stand sie sofort und freudig auf und schon waren wir zur Tanzfläche unterwegs. Gerade wollte ich sie noch vor meinem Stümpertanz warnen, da spürte ich schon die Könnerin. „Darf ich?“ Ich war begeistert, sie führte mich so sicher, dass ich meinte, ein Foxtrott-Profi zu sein. „Ich bin mit meinem Cousin zusammen vor einem halben Jahr in einen Tanzkreis eingetreten.“ „Dann habe ich ja das große Los gezogen“, sagte ich und hatte eigentlich sagen wollen: „Ich bin rundum glücklich!“

Ich wollte ihr so gerne immerzu in ihre dunklen Augen blicken, musste mich aber leider mit meinen Füßen beschäftigen: Bloß nicht auf ihre schlanken Füße treten! Als wir wieder an den Tisch zurückkamen, meinte Richard: „Ihr wart mit Abstand das beste Paar!“

„Ja“, sagte Renate, „du hast recht, Karl ist auch ein guter Tänzer!“

Wie sie es im Tanzkreis gelernt hatte, waren wir Arm in Arm zum Tisch zurückgekehrt. Mit einer leichten Verbeugung wies ich ihr wieder ihren Platz an. All das sah, flüchtig betrachtet, nach Routine aus, war es aber keineswegs, denn mir lief der Schweiß von der Stirn, was ich zwar mit den schnellen Drehungen zu erklären versuchte.

Ich konnte doch unmöglich zugeben, dass Renates Nähe mich so stark erregte. Vor allem die Kontakte des untergehakten Arms wirkten weiter nach. „Reiß dich zusammen“, befahl ich mir, „du bist hier der ‚Chef‘, sie ein dir anvertrautes Gruppenmitglied. Liebesgefühle müssen unbedingt negiert werden“, hatte ich gerade in einem Zeitungsartikel „Über die Chefsekretärin“ gelesen.

Leicht zu sagen, schwer zu leben. „Auch Renate darf nichts davon merken, oder hat sie schon! War ihr Blick eben nicht nur freundlich, sondern liebevoll?“

Gut, dass erst einmal alle mit den Quiz-Zetteln beschäftigt waren. Zehn Fragen sollten beantwortet werden. Neben Fragen zu Günter Eich und seinen Hörspielen, zu Wolfgang Borchert und Thomas Mann hatte auch St. Peter-Böhl Literatur zu bieten: Nach dem Titel des im letzten Jahr erschienenen Romans von Werner Klose wurde gefragt. Da ich ja ein Exemplar von „Jenseits der Schleuse“ mit Widmung vom Autor geschenkt bekommen hatte, war auch diese Aufgabe schnell gelöst. Bei den Musikfragen verließ ich mich ganz auf die Gruppe.

Eine Stunde voller Spannung musste ausgehalten werden, denn erst nach der Halbzeitpause der Band hatte Addi die Siegerehrung angekündigt.

Je Vierertisch hatte es einen Zettel gegeben, so war die Felten-Gruppe mit drei Zetteln bedacht worden.

Über zwanzig Zettel waren beim Bandleader eingegangen, aber nur drei waren ohne jeden Fehler: alle drei von unseren Tischen!

„Hab ich doch gewusst“, meinte Richard altklug. Groß war die Freude über den ersten Preis, ein Tischtennis-Set, und zwei „süße“ Preise. Leichtes Gemurmel der Anerkennung oder des Staunens im Saal über den „klugen“ Tisch der jungen Leute.

„Der Mann am Klavier“, „Marina“ und „Die Beine von Dolores“ machten auch der Felten-Gruppe nach und nach Beine. Bis auf den kleinen Richard, der das Tanzen als Gehampel ablehnte, versuchten sich alle anderen auf dem Parkett. Renate war als „Eintänzerin“ immer mittendrin. Plötzlich war der Bann gebrochen und alle Mädchen wollten auch einmal mit mir tanzen. So wuchs ich auch tänzerisch über mich hinaus.

Erschöpft und begeistert von dem Stadt-Hamburg-Erlebnis kehrten wir recht spät ins Sanatorium zurück und standen mit langen Gesichtern vor der verschlossenen Tür des Haupthauses. Während ich sagte: „Dann müssen wir wohl Dr. Felten aus dem Bett klingeln“, drehte ich schon den Schlüssel im Schloss. In der Dunkelheit des großen Hauses verschwanden alle ganz leise in ihren Zimmern.

„Nur Sie erhalten einen Schlüssel“, hatte der alte Felten beim ersten Gespräch zu mir gesagt, „vielleicht wollen Sie mit der Gruppe mal eine kleine Nachtwanderung machen oder zum Tanzen gehen.“

„Brauchen Renate und Walter nicht ein bisschen zu viel Zeit beim Verabschieden?“, dachte ich, als die beiden als Letzte vor der Tür erschienen. „Gute Nacht!“

Das Plakat am Info-Stand vor dem Büro des Sanatoriums war nicht zu übersehen mit seinem glänzenden Orgel-Prospekt und den dicken Notenköpfen davor. Über allem schwebte der Name: Johann Sebastian Bach. Angekündigt wurde ein Orgelkonzert am Mittwochabend. Beim Weiterlesen war ich plötzlich wie elektrisiert, denn der Tönninger Organist Bernhardt war als Ausführender genannt. „Was für ein glücklicher Zufall“, schwärmte ich, „der große Bernhardt kommt, der immer mal wieder im Rundfunk zu hören ist und der vor Jahren der Klavierlehrer meines Bruders gewesen war, damals im Internat im alten Strandhotel im Bad.“

„Ach, nicht Orgel, die ist immer so laut, so tief und ernst und rauscht so schaurig“, machte sich Richard Luft.

„Ich möchte da hin, ihn nicht nur hören, sondern auch wiedersehen, ihn begrüßen und mich wieder an seine riesigen Hände erinnern“, sagte ich.

„Für die Orgel sind die von Vorteil“, hatte er damals gesagt, als er sie mit den schmalen Händen meines Bruders verglich.

War es der unausgesprochene Gruppenzwang oder reiner Zufall: alle wollten mit zu „Addis Gegenmusik“. „Ich setz mich ans Ende der letzten Bank, dann kann ich verschwinden, wenn es mir zu viel wird“, nahm sich der kleine Richard vor.

„Ich sitz neben dir“, sagte ich. „Mein Vater braucht Orgelmusik manchmal zum Malen und obwohl er die Lautstärke stark drosselt, reicht mir der Krach nach einiger

Zeit. In unserer Wohnung mache ich dann alle Türen zum Atelier zu!"

Die Kirche war voll. Auch aus dem Sanatorium waren viele der „Alten" erschienen, was wir durch gegenseitiges Kopfnicken als Gruß meinten. Wer hinten sitzen wollte, musste sich einen Klappstuhl holen.

Bernhardt und die alte Lobback-Orgel der St.-Petri-Kirche in der Dorfstraße zauberten einen beeindruckenden Klangteppich in die älteste Hauptkirche Eiderstedts. So jedenfalls stand es am nächsten Tag in der Lokalpresse und selbst Richard und ich hatten fast nichts auszusetzen.

Als der Organist sich für das anhaltende Klatschen am Schluss von der Brüstung der Orgelempore zum Dank verneigte und ich im Mittelgang beim Herausgehen kurz stehen blieb, da muss mich der Künstler erkannt haben. „Warten!", hatte ich gerade noch verstanden. Das hätte ich ja ohnehin getan.

„Was macht der Bruder Joachim, er hat länger nicht mit mir telefoniert!", war gleich die erste Frage, als wir uns alle vor der Kirchentür trafen. „Er hat mit dem Architekturstudium angefangen und hat kaum noch Zeit zum Üben."

„Schade, er war schon als Fünfzehnjähriger ein Könner mit einem großen Talent. Grüß ihn herzlich von mir, er kann sich auch ungeübt ruhig bei mir melden." Typisch Bernhardt, dachte ich, wortgewandt und nett, und nicht traurig über den begonnenen bürgerlichen Lebensweg eines seiner begabtesten Schüler.

„So viele ganz junge Menschen in einem Orgelkonzert, das ist eher eine Seltenheit, aber auch eine große Freude für mich", stellte er fest.

Ich gab zur Gruppe ein paar Erklärungen ab und lobte meinerseits das Durchhalten aller.

Renate bedankte sich ganz persönlich beim Organisten und sagte, sie habe erstmals etwas davon begriffen, was sie über Bachs Musik von ihren Eltern oft gehört habe: „Diese Musik braust wie aus einer fernen Welt zu uns herein, so als musikalische Predigt, vielleicht will sie uns Gott näherbringen und macht ihn doch gleichzeitig auch wieder zu einem fernen Gott wegen der ungewöhnlichen und auch fremden Klänge der Orgel."

Es entstand eine Pause, weil alle von einer so grundlegenden philosophischen und religiösen Wucht überrascht waren.

Fast unbemerkt war während der letzten Äußerungen der Pastor von St. Petri hinzugetreten. Er bedankte sich zunächst mit langem Händeschütteln beim Organisten und dann war ich an der Reihe. Auch er hatte mich sofort wiedererkannt als ehemals häufiger Gast der Jugendgruppen des Evangelischen Internats. Er war besonders erfreut, als ich ihm erzählte, dass ich seit einem Semester nun auch Vorlesungen der Theologischen Fakultät belegt hätte. Die ganz praktischen Gründe, die mit dazu geführt hatten, verschwieg ich. Zu langatmig wäre die Erklärung geworden, warum man – bei grober Verletzung als Sportlehrer – nicht zum Ein-Fach-Lehrer werden wolle.

„Wer ist denn das?", fragte Richard. „Na, Mensch, das ist doch der Pastor." „Der hat ja gar keinen Talar an!" „Der hält ja hier auch keinen Gottesdienst, ist heute Abend ja nur Publikum wie wir."

„Erkennen kannst du einen Geistlichen auch ‚in Zivil', wenn du siehst, dass er ein Kollar trägt, einen weißen Halsreifen als Hemdkragen", belehrte ihn Walter.

„Was du wieder alles weißt!"

Immer noch traten Besucher aus der Kirche ins Freie. Einige hatten wohl noch eine Kerze entzündet und sich einen Moment der Ruhe und Besinnung genommen.

„Ist das nicht zu gefährlich mit den brennenden Kerzen?"

„In den Sommermonaten haben wir eine ‚offene Kirche', da ist immer jemand aus der Gemeinde anwesend, dann dürfen es Kerzen sein."

„Herr Pastor, neben diesem einfachen praktischen Verständnis von Kerzen – dass sie nämlich alles um sich herum in Brand stecken könnten – haben Sie uns damals im Internat noch eine ganz andere Bedeutung der Kerzen in der

Kirche nahegebracht, eine symbolische“, erinnerte ich mich ganz spontan. „Immer, wenn ich seitdem brennende Kerzen in einer Kirche sehe, denke ich auch an diese andere Bedeutung. Sie gaben uns zu bedenken, dass eine brennende Kerze ein Sinnbild für die Endlichkeit allen Lebens sein kann. Der brennende Docht, der das Wachs schmilzt und sich schließlich selbst verzehrt, ist das Symbol für diese Endlichkeit des Lebens. Und noch ein Satz ist mir fast wörtlich – glaube ich – im Gedächtnis geblieben, obwohl wir alle diese Äußerungen von Ihnen nicht ganz verstanden haben. Sie sprachen damals auch das Flackern der Kerzen an und nannten es ein Sinnbild der ewig gefährdeten menschlichen Existenz. ‚Auch der Glauben ist immer von einer Gefährdung betroffen. Diese Wendung müssten wir uns von einem Pastor auch noch anhören‘, meinten Sie damals mit ernster Heiterkeit.“

„Vielleicht steckt auch diese Gefährdung musikalisch in den großen Fugen des Johann Sebastian Bach. Hatte diese Wirkung der Musik nicht vorhin jemand aus der Gruppe gemeint?“

Die Frage des Pastors blieb unbeantwortet. Alle wollten nach dem anstrengenden Abend nach Hause.

Sofern das Wetter es zuließ, stand Schwimmen im Meer auf dem täglichen Programm. Bei auflandigem Wind wehte auch heute eine kräftige Brise. Als ehemaliger Rettungsschwimmer an der Badestelle vor St. Peter Bad war ich immer noch vertraut mit Wasser, Wind und mit der Sandbank. Dabei hatte ich gelernt, die hier herrschenden Naturgewalten zu respektieren. Für den ersten Badeausflug mit meiner Gruppe hatte ich deshalb bestimmt, zu meiner alten Badestelle zu gehen und dort unter der offiziellen Aufsicht ins Meer zu springen. Vielleicht wollte ich auch nur meinen alten Bademeister begrüßen, der mich vor Jahren hier ausgebildet hatte.

„Der hat sich ja überhaupt nicht verändert“, dachte ich, denn sofort hatte er gesagt: „Zeig deinen Mädchen und Jungen mal ein paar Rettungsgriffe im Wasser! Übrigens:

Keiner schwimmt ins Meer hinaus, das muss man euch Landratten ja extra sagen", befahl der Bademeister, nachdem ich ihm über die Gruppe berichtet hatte. „Im brusttiefen Wasser schwimmen die Einheimischen nur parallel zur Küste und nicht wie vorgestern der junge Mann aus Kassel, der meinte, er sei ein so starker Schwimmer, dass er durch die Brandung ins Meer hinauskraulen könne. Als wir ihn dann schließlich auf die Sandbank gezogen hatten, blieb er völlig entkräftet und bleich liegen und brummte ständig irgendetwas vor sich hin: War wohl sein Dank an uns und hoffentlich die späte Einsicht, dass dieses Meer mit noch so großer Muskelkraft nicht zu besiegen ist.

‚Eine Welle hat mich umgedreht', gestand er, als er sich wieder so weit erholt hatte, dass wir miteinander reden konnten. ‚Ein Salto im Meer! Den konnte ich bisher nur in der Luft: vom Sprungbrett ins Wasser.'

Der junge Mann war acht Tage in St. Peter zu Besuch bei seiner Tante, die hier eine kleine Pension betreibt. Jedes Mal, wenn er zum Schwimmen kam", sagte der Bademeister, „hat er mir fest die Hand gedrückt und wurde im Laufe der Tage immer mitteilsamer. Bevor sein Vater nach Kassel versetzt wurde, haben sie in Eckernförde gewohnt und dort ist er auch bis zur ‚Mittleren Reife' zur Schule gegangen.

‚Seit meiner eigenen Katastrophe mit der Nordsee', sagte der junge Mann, ‚ist mir das Liliencron-Gedicht „Trutz blanke Hans" wieder eingefallen, das in jeder Schule Eckernfördes „durchgenommen" wurde und das ich für eine typische dichterische Übertreibung hielt. Seit drei Tagen weiß ich, dass der Reim „Nordsee – Mordsee" nicht nur des Reimes wegen von Liliencron gewählt ist, sondern auch die Wirklichkeit bezeichnet und mich sogar ja ganz real, ganz persönlich getroffen hat.'"

„Wieso Liliencron?", brummelte Richard, „in unserem Deutschunterricht hat es den nicht gegeben."

Jetzt schaltete ich mich ein, kehrte kurz den Germanistik-Studenten heraus: „Detlev von Liliencron hat knapp zwei Jahre auf dem Landratsamt in Eckernförde als Schreiber verbracht", erklärte ich, „und ist deshalb dort immer noch als ‚Eckernförder Autor' unvergessen. Während er im allgemeinen Bewusstsein kaum noch präsent ist, stellt er für die Literaturwissenschaft ein wichtiges Bindeglied zwischen der Dichtung der zweiten Hälfte des neunzehnten Jahrhunderts und der ‚Moderne' des zwanzigsten dar."

Ich übersah nicht den staunenden offenen Mund Richards, wollte aber doch ein bisschen angeben damit, was ich schon drauf hatte, sogar schon als werdender Lehrer.

„Mit deinem Wissen gewinnen wir auch die nächste Tombola", meinte Richard treuherzig. „Dürfen wir denn nächsten Samstag überhaupt da wieder hin?"

Diese Frage blieb momentan unbeantwortet, denn die Ersten hatten schon den Meeressaum mit der heute nur leichten Dünung erreicht. Ich hatte auch noch einen der wenigen offenen Strandkörbe gefunden, meine Sachen reingeworfen und hetzte schon hinter der Gruppe her.

Spontan stellte sich ein riesiges Glücksgefühl ein, als meine nackten Füße die Sandbank spürten, den Wechsel zwischen dem feinen weichen Sand und den durch die häufigen Überflutungen harten Stellen, die kaum einen Fußabdruck zuließen, aber einen Teppich aus ganz kleinen Wellen in den Sand gewaschen hatten. Meine Schulzeit fiel mir ein mit den langen Strandläufen hinter dem seltenen Bernstein her.

„Das ist ja wie ein schöner Traum, alle im Badeanzug zu sehen", staunte ich. Ich meinte dabei eigentlich nur Renate, von deren Rücken ich keinen Blick lassen konnte, weil ihr tief ausgeschnittener Badeanzug viel von ihrer noch ziemlich weißen glatten Haut für mich freigab.

„Du musst dich zusammennehmen, du bist hier der Gruppenleiter und nicht der Liebhaber", meldete sich mein Gewissen wieder. Da war ich schon mitten zwischen ihnen, die wie Kleinkinder jauchzten und plantschten im knietiefen Wasser.

„Ich möchte jetzt sofort abgeschleppt werden", sagte Renate, als ich sie gerade mit vollen Händen – wie ein Schaufelbagger – nass spritzte. Ihr vielsagender Blick zusammen mit der tiefen Stimme machten mich zunächst vollkommen unsicher. Ich verbarg meine Zitterigkeit hinter einer dozierenden Erklärung für alle. Ich zeigte die Griffe des Retters und demonstrierte die Lage des Erschöpften. Dabei wurde mir meine eigene traumhafte Lage, Renate anfassen zu dürfen – anfassen zu müssen –, glücklich bewusst. Ich hatte schon überlegt, wie ich es anstellen könnte, Renate als „Vorführdame" zu haben. Und jetzt war ich der Hans im Glück, ohne mein Zutun. Aus so unmittelbarer Nähe war ich schon vom bloßen Hinsehen hingerissen von ihrer Figur. Aber es blieb mir gar keine Zeit mehr, Renate in dem dunklen Badeanzug auf ihrer geradezu leuchtend weißen Haut zu bewundern. Etwas Gutes hatte diese Situation: Ich konnte meine Verliebtheit hinter der Vorführung einer „Menschenrettung" verbergen. Auch Renate selbst durfte doch von meiner liebevollen Aufregung möglichst nichts merken.

„Die ‚Ertrinkende' in Rückenlage und der Retter ebenfalls unter ihr rückenschwimmend, der Rettungsgriff – ich zeige das mal langsam zum Nachmachen – mit beiden Händen fasst der ‚Retter' den ‚Ertrinkenden' unter den Achseln und stabilisiert den Brustkorb so, dass der Verunglückte atmen kann, möglichst ohne Wasser zu schlucken."

Immer noch einmal wieder führte ich die Übung vor und war von der unmittelbaren Nähe zu Renate so fasziniert, dass ich gar nicht merkte, dass alle die Übung lange begriffen und auch schon zwischen „Retter" und „Ertrinkendem" gewechselt hatten. Ihre Hände jetzt an meinem Körper zu spüren war ein weiteres Glücks-Erlebnis. „Ihre Hände ganz dicht an meinem Herzen", durchzuckte es mich.

Immer wenn ich mich im Wasser etwas absinken ließ, bekam ich zu der unmittelbar unter mir schwimmenden „Retterin" mit Rücken und Hintern kurzen Körperkontakt. Die Nässe, das kalte Wasser dämpften die Glücksgefühle zwar ein wenig, dennoch spürte ich deutlich ihre festen Brüste an meinem nackten Rücken.

Ob sie es auch ähnlich empfand, hätte ich zu gerne gewusst. „Wie bist du nur schön leicht im Wasser, sonst würdest du mich ja auf Grund drücken. Du wiegst doch bestimmt zehn Kilo mehr als ich", stellte sie lachend und prustend fest.

Ich weiß auch noch ein paar Befreiungsgriffe, fiel mir ein, sich von Renates ‚Umklammern' befreien, das wär der Gipfel der Freude.

Weiter kam ich nicht mit meinen heimlichen Träumen, denn ich sah, wie alle Jungen der Gruppe schon in den Windschutz ihres Strandkorbs gekrochen waren. Auch die Sonne hatte sich soeben hinter einer dicken Wolke versteckt.

„Jetzt wird es frisch", meinte auch Renate. „Davon merke ich nichts", antwortete ich, während wir über die Sandbank zum Strandkorb liefen.

„Es soll doch auch noch bestimmte Befreiungsgriffe geben, die in der DLRG-Ausbildung gelehrt und geübt werden", meinte Renate fragend. Kann die Gedanken lesen? schoss es mir durch den Kopf. Laut sagte ich: „Aber ja, das stimmt, das können wir demnächst probieren: Du klammerst. Ich befreie mich", sagte ich lachend.

Als wir quer über die Sandbank auf die Salzwiesen zu – hin zum Sanatorium – unterwegs waren, sauste plötzlich ein Segel an uns vorbei. Mit ungläubigem Staunen wurde der Schreck quittiert: „Was war denn das?", fragte Richard als Erster, „ein Segel auf Land habe ich noch nie gesehen."

„St. Peter-Ordings riesige Sandbank gilt schon seit den 1930er-Jahren als eines der bekanntesten Reviere des Strandsegelns", dozierte ich. „Auf ihren drei Rädern und mit den fast liegenden Piloten bieten sie wenig Windwiderstand und erreichen bei günstigen Winden eine Geschwindigkeit von bis zu hundert Stundenkilometern", und ich fügte hinzu: „Hier herrschen meist ‚günstige Winde'."

„Schaut mal, jetzt dreht er wieder in unsere Richtung! Wie steuert der denn überhaupt und warum kippt er nicht um?"

„Gesteuert wird mit den Füßen, die das vordere Rad bewegen, und mit der Stellung des Segels. Der Wind weht hier auf der Sandbank, wie ihr heute selbst erlebt habt, fast immer vom Meer herein und gibt damit die Hauptrichtung fürs Segeln vor, nämlich weitgehend parallel zur Küste. Man nennt das in der Sprache der Segler ‚fahren mit halbem Wind'. Das ist dabei noch die leichteste Art, beim Segeln voranzukommen, wie ich selbst schon beim Piraten-Segeln – also auf dem Wasser der Kieler Förde – erfahren habe", erklärte ich den Landratten.

„Und zum Umkippen bringst du das Gefährt nur, wenn du das Material – oder dich – überforderst, z. B. bei zu viel Wind zu forsche Manöver fährst. Etwas abhängig ist das Kippen auch von der Spurbreite der hinteren Räder: ist sie enger, kippst du schneller."

„Schade, dass wir da nicht mitfahren können", waren sich alle einig.

Im Essraum, den wir wieder wie die Lemminge durchquerten, erfüllte nur das Klappern der Teller die Luft und überdeckte die wenigen menschlichen Unterhaltungen. Und wieder kam sofort Leben in die Senioren-Welt.

„Die da vorne mit den dicken Strickstrümpfen hat schon wieder zu mir gesagt, als wir an ihrem Stuhl vorbeizogen, wir sollten nicht so viel Krach wie gestern beim Essen machen, das gehöre sich nicht. Man könne ja sein eigenes Wort nicht mehr verstehen, wenn wir so rücksichtslos seien", gab Walther seine gerade erlebte Begegnung mit gedämpfter Stimme an die anderen weiter. „Die hat doch gar keinen zum Unterhalten, die sitzt doch allein am Tisch", stellte Richard dazu fest.

Offensichtlich hatten sich auch andere Insassen bei der Leitung des Hauses über den Juniorentisch beschwert, denn mit wiegenden Schritten nahte die Hausdame in einem engen, fast bis an die Füße reichenden Kleid, was ihr ein offizielles Aussehen verlieh, und sagte mit ganz heller und freundlicher, aber leiser Stimme: „Für mich seid ihr überhaupt nicht zu laut beim Essen, nur einige der alten Herrschaften haben wohl wenig Verständnis für Jugendliche. Ich möchte vorschlagen: Karl, Sie sprechen mal mit der Frau Weinstock da vorne. Ich glaube, sie fühlt sich am stärksten von euch gestört." „Ach, die mit den Strickstrümpfen", murmelte Walther.

Ich entschied nach einigem Nachdenken: Renate und Helga sollten mich nach dem Essen an den Tisch zu Frau Weinstock begleiten. Ich werde mit meinem freundlichsten Gesicht um Entschuldigung bitten. „Und allein beim Anblick von euch beiden wird die alte Dame ihren Zorn sofort vergessen", fügte ich ernsthaft und glaubwürdig hinzu.

Als ich meine freundlichste Entschuldigung unter dem Nicken der beiden Begleiterinnen vorgebracht hatte, hellte sich das runzlige Gesicht der alten Frau auf. „Nun setzt euch erst mal hier an den Tisch", sagte sie und fragte mit der ganz offenen Neugier alter Leute, was die beiden jungen Mädchen denn für einen Grund hätten, ein Sanatorium aufzusuchen.

Sie wartete allerdings die Antworten gar nicht bis zum Ende ab, sondern erzählte, so als würde sie die jungen Leute schon lange kennen, aus ihrem Leben. Wie sie ihren Mann verloren hatte in einer der furchtbaren Bombennächte Hamburgs. Zu alt, um in den Krieg gezogen zu werden, sei er gewesen und habe als Senior noch bei der Feuerwehr mitmachen müssen, und da sei er von einem Einsatz nicht mehr in den Bunker zurückgekehrt.

Sie selbst sei der gleiche Jahrgang wie unser Kanzler Adenauer, den sie wegen seiner Tatkraft bewundere. In einer Munitionsfabrik habe sie 1940 ein Jahr lang arbeiten müssen, als Dienst „für Führer und Vaterland". Und das zeitweise in dichtem Staub aus Metallteilchen. „So leide ich bis heute unter ständigem Husten, aber hier in der klaren Nordseeluft geht es mir erstaunlich gut. Nur die ewige Einsamkeit bleibt, die macht einen schon mal missmutig und ungerecht – vor allem, wenn man euch hübsche, flotte junge Leute erlebt."

„Vor etwa einem Jahr sind die letzten beiden guten Freundinnen ganz plötzlich gestorben. Nun habe ich keinen Menschen mehr zum Kartenspielen, wir haben immer gerne ‚Canasta' und auch ‚Halma', ‚Mühle' oder ‚Mensch ärgere dich nicht' gespielt."

„Frau Weinstock, bei uns zu Hause wurden immer Gesellschaftsspiele gespielt“, sagte ich daraufhin. „Das war und ist bei uns nicht anders“, sagten die beiden Mädchen wie aus einem Mund.

Schon war für den nächsten Tag ein Spieleabend verabredet.

„Habt ihr ihre fröhlichen Augen gesehen?“, fragte Renate uns beide, als die Tür des Speisesaals hinter uns ins Schloss gefallen war. Mit der Bemerkung von Helga: „Meine Oma meckert manchmal auch so, ob die sich auch einsam fühlt?“, trennten wir uns erst einmal und zogen uns auf die Zimmer zurück.

Die Tischgespräche des folgenden Tages kreisten am Juniorentisch nur um das eine Thema: die Spiele am Abend. „Viel Lust habe ich eigentlich nicht, mit den Alten Karten oder ‚Mensch ärgere dich nicht‘ zu spielen“, maulten Richard und Udo. Auch einige Mädchen waren nicht begeistert, weil bei ihnen zu Hause keiner Freude am Kartenspielen hatte. „Ich kann weder Doppelkopf noch Skat noch Canasta, ich kann nur Karten mischen“, ließ Richard alle wissen und lachte dabei. Ernsthaft wurde diskutiert, was zu tun sei, wenn die Alten zum Beispiel Herz- und Karokarten verwechseln, weil sie nicht mehr so gut sehen können. Alle um Renate und Helga herum waren sich aber einig, dass sie sich geduldig und respektvoll verhalten wollten. „Vielleicht erscheint ja auch nur Frau Weinstock als Einzige, dann bräuchten wir sowieso nur uns drei.“

Als wir abends den Saal betraten, trauten wir unseren Augen nicht: die Hälfte der Tische war besetzt. Offensichtlich hatte es sich wie ein Lauffeuer verbreitet, denn die relativ bescheidene Bekanntmachung am Schwarzen Brett konnte diese Wirkung nicht hervorgerufen haben.

Neugierig hatten auch die Nichtspieler der Junioren einen verstohlenen Blick in den Saal geworfen. In der Hoffnung, sich wieder zurückziehen zu können, sahen sie sich nun aber getäuscht. Alle mussten ran.

Es gab zunächst Engpässe bei den Spielmaterialien. Aber einem gekonnten Management der Hausdame und der drei Spielexperten der Gruppe gelang es, schnell die rechten Anweisungen zu erteilen. Der Hausmeister war ihnen dabei zu Hilfe gekommen, denn während des etwas chaotischen Beginns war er mit einem Arm voller Brettspiele und Kartenspiele in den Saal gestürmt, die er in der kleinen Bibliothek des Sanatoriums aufgestöbert hatte.

Immer wieder erneut füllten Begeisterungsstürme den Saal, wenn jemand gegen alle Wahrscheinlichkeit nun doch den Grand gewonnen hatte oder am anderen Tisch jemand bei „Mensch ärgere dich nicht" zum fünften Mal hintereinander rausgeflogen war.

Um zweiundzwanzig Uhr sollte endgültig Schluss sein, aber die meisten Alten wollten weiterspielen und hörten erst auf, als für die folgende Woche erneut ein Spieleabend in Aussicht gestellt wurde.

„Der schönste Abend seit Langem", versicherte Frau Weinstock beim Gute-Nacht-Sagen, „lange habe ich nicht so herzhaft gelacht."

Ihre Nachbarin gestand: Sie sei beim Skat inzwischen ganz unsicher geworden, denn seit ihr Mann vor vier Jahren gestorben sei, habe sie nicht mehr gespielt. Und zu seinen Lebzeiten habe sie ja auch nicht regelmäßig spielen können, nur wenn einer der Skatbrüder kurzfristig ausfiel, durfte sie mitspielen. „Ich war richtig froh, dass ich jetzt spielen durfte, das hat wieder viel Spaß gemacht, auch wenn ich hin und wieder dabei an meinen Wilhelm denken musste, sodass ich einmal sogar vergessen hatte, zu bedienen, was allerdings sofort bemerkt wurde und mir sehr unangenehm war."

„Morgen habt ihr keine Anwendungen, da geht es hinaus zum Westerhever Leuchtturm", verkündete die Hausdame. „Der Doktor hat schon von Anfang an betont, dass die Jugendgruppe sich möglichst viel in der guten Nordsee-Luft bewegen sollte. Für morgen ist nun ein Kleinbus bestellt, der euch zum Leuchtturm und zurück fahren wird."

Groß war die Begeisterung, denn die meisten hatten das Eiderstedter Wahrzeichen schon mal als Foto gesehen und meinten, eine ungefähre Vorstellung davon zu haben, was sie erwartete.

Als wir durch die enge Kurve fuhren, die die schmale Teerchaussee sich vor dem Westerhever Kirchspielkrug leistet, bat ich den Fahrer, scharf links einzubiegen. „Wir müssen hier unbedingt einen Zwischenstopp einlegen." „Wie ich den Verein hier kenne, wird es sich um eine Kirche handeln", witzelte Richard. Keiner lachte, weil links vor ihnen ein mächtiger Turm und ein kleines Kirchenschiff ihre Aufmerksamkeit bestimmte. Auf einer ziemlich steilen Warft stand vor ihnen die St.-Stephanus-Kirche von Westerhever.

„Diese Kirche hat einige Sehenswürdigkeiten zu bieten", sagte ich. „Ich kenne mich hier ein wenig aus, denn dieses Kirchlein mit seinem gewaltigen Turm war alle Jahre meines Schülerdaseins ein beliebtes Ziel der Jugendgruppen des Internats – allerdings nicht mit dem Bus, sondern mit dem Fahrrad."

„Der Kirchturm ist nicht nur besonders mächtig, er ist auch der älteste auf der Halbinsel Eiderstedt – zweite Hälfte des 14. Jahrhunderts. Nur ihn allein hat die große Mandränke von 1362 nicht zerstören können, die Kirche – erbaut im Jahre 1123 als eine der ältesten Eiderstedts – dagegen hat diese Jahrhundertflut weggespült. Der heutige Bau stammt aus dem Anfang des 19. Jahrhunderts. Gehen wir also mal hinein: Kopf einziehen, Walther und Co, die Kirchentür ist sehr niedrig."

Immer wieder fällt mir auf, dachte ich, während sich alle vor dem Altar versammelten, dass lautes Gespräch und Gelächter verstummen, wenn man die geradezu ewige Ruhe eines solchen Bauwerks betritt.

„Noch eine Sehenswürdigkeit, die größte des Innenraums: schaut mal diesen Taufstein an, er soll ebenfalls der älteste in Eiderstedt sein, aus dem 12. Jahrhundert."

„Putzig wirkt der schwebende Engel darüber", meinte Udo.

„Der hat aber eine wichtige Funktion bei der Taufe, er kann an dem Seil, das von der Decke des Kirchenschiffs herunterhängt, herabgelassen werden und eine Taufschale halten."

„Hier hängt eine große Tafel mit ganz vielen Namen von Pastoren", hatte Renate entdeckt.

„Ja, auch eine solche Tafel ist eine Seltenheit; es sind hier alle Prediger seit der Reformationszeit aufgeführt, die hier in der Kirche gewirkt haben", erklärte ich. „Den Letzten der langen Reihen habe ich noch selbst erlebt, vor Jahren hat er uns viele Details der Kirche erklärt, auch den Altar und die Kanzel, doch habe ich die Einzelheiten leider vergessen", gab ich zu. „Ich weiß nur noch, dass das Altarbild ‚Die Heilige Familie' darstellt, und zwar ist sie eine Kopie des berühmten flämischen Malers Anthonis van Dyck, geboren am Ende des 16. Jahrhunderts."

Erst vor wenigen Wochen hat wieder – wie in den letzten Jahren – unser jährliches Klassentreffen der Abiturienten des Jahres 1952 stattgefunden und wieder in St. Peter Bad. Nur drei alte Herren fanden sich ein: Chrischan, Alex und ich, die drei Übriggebliebenen der alten Klassengemeinschaft aus der „Strandhotel-Zeit". Wie in den Vorjahren fuhren wir auch dieses Mal wieder hinaus nach Westerhever. Der Leuchtturm und der Kirchspielkrug waren immer noch unsere geliebten Ziele, weil auch an ihnen so viel unvergessene Vergangenheit hing. Wie auch der Krug sich verändert hatte, wie aus dem etwas verfallenen Reetdachhaus in all den Jahren ein modernes Hotel und ein in der gesamten Region – wegen der guten Küche – geschätztes Restaurant geworden war.

All das ging mir wieder durch den Kopf, als wir drei Alte uns unter den Sonnenschirmen auf der Terrasse niederließen, den obligaten Besuch der Kirche auf der steilen Warft noch in den Beinen. Wie jedes Jahr im Mai, dem immer gleichen Monat des Wiedersehens, bestellten wir „Scholle satt".

Schon seit Jahren wurden wir hier nicht nur mit einem kräftigen Handschlag, sondern auch mit den Worten begrüßt: „Die Scholle ist dieses Jahr besonders schmackhaft!“ Während des Essens saß immer auch die Vergangenheit mit am Tisch: „Wisst ihr noch, wie viel Stück jeder von uns gegessen hat, in den Jahren, als Dietrich noch lebte, unser Schollenkönig?“ „Die Zahl weiß ich noch, aber glauben kann ich sie eigentlich nicht mehr.“ „Die Schollen damals waren ja auch viel kleiner als diese und mit den Jahren wurden es in der erzählten Vergangenheit sowieso immer mehr“, brachte Alex das Thema an ein psychologisch verständliches Ende.

Dabei fiel mir manchmal die Szene mit dem Eislutschen und meiner Jugendgruppe des Sanatoriums wieder ein, auch hatte ich nicht vergessen, welch große Begeisterung damals herrschte über die kleine Eiswaffel in der Hand. Die letzte hatte ich mir auch damals selbst noch geholt.

„Hier vom Hof zu kommen ist ja abenteuerlich und gefährlich, man kann die Straße keinen Meter weit einsehen, weil die schmale Chaussee rechts hinter der scharfen Kurve vollkommen verschwindet und links die Hausecke der Wirtschaft fast in die Straße ragt“, schimpfte der Fahrer, „als die gebaut wurde, kann es hier keine Autos gegeben haben.“

„Doch“, warf Richard schnell und leise ein, „aber nur mit einem oder zwei PS.“

„Helles Köpfchen, der Kleine“, meinte Walther dazu.

Der Bus bog rechts auf eine ehemalige Wiese ein, die jetzt als Behelfsparkplatz genutzt wurde, in der Nähe des hohen Außendeichs, der den Leuchtturm jetzt vollständig verdeckte.

Vorbei an zwei Holzhäuschen, die mit vielerlei Nordsee-Mitbringseln bestückt waren, mit den Postkarten des Leuchtturms aus den verschiedensten Perspektiven und Tageszeiten. Die bei untergehender Sonne wirkten am märchenhaftesten. Muscheln, Seesterne, vom Meer in Jahrtausenden skurril geschliffene Steine und meinen geliebten Bernstein in doppelter Daumendicke konnten sie hier besichtigen und natürlich auch kaufen. Alle warfen aber nur kurze Blicke auf diese Auslagen, sie wollten doch möglichst schnell den Deich hochlaufen und den Leuchtturm echt erleben und nicht als Postkarte.

Ein schmaler Versorgungsweg führte an der ziemlich steilen Innenseite des Außendeichs schräg bis zur Deichkrone hinauf, und so standen wir dann endlich in einer kräftigen Brise, die, vom fernen Meer kommend, über die unendlichen Weiten der Salzwiesen zu uns heraufwehte. Mit lauter Stimme und mit fliegenden Haaren riefen die meisten: „Oh, schau mal“, was der Wind gleich wegtrug, nur sein Brausen in den Ohren blieb.

Da lag also nun das weltbekannte Wahrzeichen Eiderstedts weit in der Ferne vor uns und doch zum Greifen nah in der klaren Sonnenluft: Der hohe, schlanke, rotweiß gestreifte Turm zwischen seinen beiden kleinen Leuchtturmwärterhäusern. Gegen den Wind gelehnt, ging die Gruppe die flach in die Salzwiesen abfallende Seeseite des Deiches hinunter und folgte dem senkrecht auf die weit vorgelagerte Sandbank und das Meer zulaufenden Trampelpfad. Der führte nach einigen Hundert Metern links ab, direkt auf den Leuchtturm hin, der immer noch weit weg und erhaben rot-weiß in der Sonne leuchtete. Lachmöwen, Strandläufer und auch ein paar Kiebitze schickten ihre Schreie in den Wind.

„Was für eine einmalige Einsamkeit und was für eine wohltuende Salzluft!“ „Und nur der Wind ist unser brausender Begleiter“, fügte Renate hinzu.

„Ich muss nur den Kopf ein wenig aus dem Wind drehen, sonst ist das Atmen zu schwer“, bemerkte sie noch.

„Wir könnten ja alle etwas langsamer gehen, dann erzähle ich euch noch etwas über unser Ziel, allerdings müsst ihr einen dichten Haufen um mich herum bilden, der Wind ist nämlich stärker als meine Stimme.“

Mit lauter Lehrerstimme begann ich: „Der Turm ist schon fast fünfzig Jahre alt, zwischen 1906 und 1908 hat er seinen Betrieb aufgenommen. Sein Licht schickt er aus einer Höhe von über vierzig Metern über das Meer. Es soll gute dreißig Kilometer im Umkreis den Schiffen den Weg weisen. Das geschieht mit der sogenannten Kennung."

„Ich weiß auch mal was", rief der kleine Richard dazwischen, „ist beim Kreuzworträtsel-Raten schon vorgekommen, hab dann, weil ich das Wort überhaupt nicht kannte, im Wörterbuch nachgeguckt."

„Na, dann schieß mal los, aber mit ganz lauter Stimme, damit es alle mitkriegen."

„Mit der Kennung", begann Richard krächzend laut, „gibt jeder Leuchtturm sich zu erkennen. Jeder hat nämlich seine ganz eigene Art zu leuchten. Man sagt, glaube ich, Rhythmus dazu: jeder hat einen bestimmten, genau festgelegten Rhythmus zwischen hell und dunkel. Ist doch klar: wenn die Schiffe bei Nacht die Kennung sehen, wissen sie ihren Standort und können ihren Kurs bestimmen."

„Kapiert, Kleiner!", meinte Walther, „nur: es könnte doch leicht zu Verwechslungen kommen und sie halten den Westerheversand-Leuchtturm für den Nachbar-Leuchtturm von St. Peter Böhl."

Da Richard etwas mit der Antwort zögerte, antwortete ich: „Das kann deshalb nicht passieren, weil jedes Leuchtfeuer seine eigene Lichtgestaltung hat. Gemeint ist damit die immer gleichbleibende Wiederkehr des Lichts, also: Wie lange das Licht erscheint, welche Farben es hat und wie lange die Pausen dazwischen dauern. Bei Westerheversand – so heißt die Anlage übrigens offiziell – bestehen die farbigen Phasen aus Weiß, Rot, Grün."

Während dieser Informationen waren wir dem Ziel ein gutes Stück nähergekommen. Ganz geduckt schmiegten sich die beiden Wärterhäuschen an den hohen Turm, der auf dem flachen Vorland ungeheuer groß wirkte, wozu auch die Warft noch beitrug, auf der er erbaut war.

„Ist er gemauert?"

„Nein, er besteht – soweit ich weiß – nur aus einem gemauerten Sockel, der Turm selbst ist zusammengesetzt aus tonnenschweren vorgeformten Gusseisenplatten und steht sicher auf seinen vielen langen, in den Wattboden gerammten Eichenpfählen. Ich glaube, es sind weit über hundert von diesen dicken Dingern, die genaue Zahl weiß ich nicht mehr."

„Dürfen wir da nach oben zum Leuchtfeuer?", wollten gleich mehrere wissen.

„Da muss ich euch enttäuschen, aus irgendwelchen Sicherheitsgründen ist das bisher nicht erlaubt. In Zukunft will man das aber möglich machen. Wann diese Zukunft beginnt, weiß im Moment wohl niemand. Über hundertfünfzig Stufen sollen es bis nach oben zum Leuchtfeuer sein."

Noch knapp fünfzig Jahre sollte es dauern, bis diese Zukunft im Jahre 2001 begann, und bis heute darf niemand alleine hochsteigen, sondern nur nach Anmeldung und mit offizieller Führung.

Zum fünfzigsten Abitur-Jubiläum (2002) stiegen wir noch zu dritt die vielen Stufen ganz langsam hoch. Der einmalige weite Rundblick von oben ließ die Strapaze des Aufstiegs schnell vergessen.

Bis zum fernen Pellworm reichte die Sicht. Sogar die Umrisse der Turmruine der Alten Kirche auf Pellworm waren mit bloßem Auge auszumachen. Auch die Halligen Süderoog und Hooge tauchten knapp aus der Weite des Meeres am Horizont auf. Wir versicherten uns, solch einen weiten Horizont in unserem ja schon langen Leben bisher noch nicht erlebt zu haben.

Die Feltengruppe stieg inzwischen die kleine Warft zum Leuchtturm hinauf und freute sich über die harten Holzbänke vor der Rosenhecke, die den Turm und die Wärterhäuschen fast vollständig umgab, dem ewigen Sturm tapfer trotzte und den Jugendlichen zudem endlich etwas Windschutz bot. Jetzt klickten die Fotoapparate: Kleingruppe und Gesamtaufnahme.

„Mein Vater hat gesagt, er möchte unbedingt ein Foto vom Westerhever Leuchtturm, mit mir im Vordergrund", verriet Udo, „vielleicht möchte er es als Malvorlage verwenden. Auch wenn jemand nur kurz auf Eiderstedt Halt gemacht hat, müsse er den Leuchtturm besuchen, das Wahrzeichen der Halbinsel", meinte er. „Nun kann ich ihm seinen Wunsch hundertprozentig erfüllen", stellte Udo sichtlich zufrieden fest.

„Und wie eine Skulptur musst du ihn einmal ganz umrunden", hat er noch hinzugefügt. „Kommt mit", sagte ich und die meisten folgten mir und staunten über den großen Umfang des Turms.

Einigermaßen erholt traten wir den Rückweg an und ließen uns von einem jetzt noch auffrischenden Wind wieder ans Festland pusten.

Noch einmal Spieleabend im Sanatorium, noch einmal Tanzabend im Hotel „Stadt Hamburg" und dann hieß es für die meisten Jugendlichen: Abschied nehmen. Adressen wurden ausgetauscht. „Ich schreib dir bestimmt."

Renate durfte noch eine Woche länger bleiben, was mich elektrisierte, denn auch ich hatte das Angebot von Dr. Felten sofort angenommen, mich noch eine Woche im Sanatorium zu erholen.

Obwohl das, soweit er erfahren habe, nach der Leitung dieser harmonischen Gruppe gar nicht nötig wäre, „will ich Ihnen den Dank des Hauses damit dokumentieren, ich habe vor allem in letzter Zeit nur Lob über die Gruppe gehört, das war wohl auch ein Ergebnis der von der Gruppe durchgeführten Spieleabende."

„Ich würde mich sehr freuen", schloss der freundliche alte Herr und Leiter des Sanatoriums, „wenn ich Sie in den nächsten Jahren wieder mit einer solchen Aufgabe betrauen dürfte."

Lange Spaziergänge folgten mit Renate in den nächsten Tagen. Nichts ist schöner als ihre Nähe, dachte ich immerfort. Am Meeressaum entlang wanderten wir bis zur Badestelle St. Peter Dorf, durch die sonnige Einsamkeit der Sandbank, vorbei an Pärchen, die gerade nackt ins Wasser liefen.

„Ich schwimm doch so gern, lass uns doch heute Nachmittag nochmal ans Meer gehen", bat Renate. Ich stimmte sofort zu, ohne meine große Freude darüber zu zeigen. Ich überlegte, ob sie gemeint haben könnte, hier auch nackt zu baden in der weiten Natur. Diese Frage trieb mich bis zum Nachmittag um. Renate danach zu fragen, getraute ich mich nicht. Ich dachte dabei auch daran, wie blamiert ich mir vorkäme, wenn sie ablehnte.

Aber begeistert war ich schon, dass sie über weite Strecken unseres gemeinsamen Weges ihre Hand in der meinen ließ.

Als wir uns am Nachmittag wieder trafen, verließen wir das Grundstück durch die Pforte, direkt in Richtung Salzwiesen und Sandbank. Die Region, in der wir so das Meer erreichten, war ungefähr gleich weit von den Badestellen Dorf im Süden und der Baderegion Bad im Norden. Hier gab es jetzt nur ganz vereinzelt Spaziergänger, sowohl die vom Bad gestarteten, als die vom Dorf aus, sie drehten meist vorher schon wieder um und waren offensichtlich froh, endlich den Rückweg anzutreten. So waren wir beide fast ganz allein auf der riesigen Sandbank an unserer selbst ausgesuchten Badestelle.

Die Flut kam seit der Mittagszeit. Zusammen mit einem ziemlich kräftigen Westwind kroch das Meer langsam weiter die Sandbank hoch. Ich fand eine Stelle für unsere Schuhe und Kleidung: „Auf der Zwergdüne hier ziehen wir uns um“, sagte ich, „da kann das auflaufende Wasser so schnell nicht hin.“

Was für ein zauberhaftes Bild bot Renate als Eva, wenn auch nur wenige Sekunden lang, dann tat der Bikini wieder seinen Dienst. Sie hatte sich nicht beeilt beim Umziehen – so schien es mir zu meiner großen Freude –, sich nicht umständlich in ein Handtuch gewickelt, sondern war wie selbstverständlich völlig nackt in den Bikini gestiegen. Ihre schwarzen Haare flogen im Wind. Ihr nackter Körper gab preis, dass sie nicht gefärbt waren. Auch ich stieg ohne Eile in meine Badehose und Hand in Hand rannten wir ins Wasser.

Die Sonne schien warm. Ich war glücklich und eine wohlige Hitze stieg in mir hoch. Ob sie mich im Adamskostüm wahrgenommen hatte, fragte ich mich. Zu gerne hätte ich gewusst, ob sie meine durchtrainierte sportliche

Figur mit den etwas zu schlanken Beinen wirklich wahrgenommen hatte.

Im mannstiefen Wasser schwammen wir nebeneinander und parallel zur Küste, wie wir es gelernt hatten.

Renate war eine wirklich gute Schwimmerin, staunte ich erneut. Das war mir neulich beim Baden der gesamten Gruppe auch schon aufgefallen. „Du schwimmst ja einen astreinen sportlichen Bruststil", prustete ich zu ihr hinüber und musste mich echt anstrengen, mitzuhalten. Das gelang mir nur, wenn ich zwischendurch ein paar Kraulschläge machte.

„Wie ist es möglich", fragte ich sie, während wir uns fast gleichzeitig auf den Rücken drehten, „dass ein Mädchen aus dem Schwarzwald so gut schwimmen kann, wo es doch nur Berge, Wälder und kein Wasser gibt?"

„Schon in den Dreißigerjahren haben meine Großeltern auf unserem großen Grundstück ein kleines Schwimmbecken besessen, das während des Krieges weder gewartet noch benutzt werden konnte. Meine Eltern haben es dann bald nach dem Krieg wieder herrichten lassen."

Auf meine fragenden Augen hin erklärte sie weiter: „Unsere Familie besitzt in der dritten Generation ein ziemlich großes Weingut. Meine Großeltern schon waren vom Wasser und vom Schwimmen begeistert, was in der Zeit recht ungewöhnlich war, und das hat sich weiter ‚vererbt' bis hin zu mir. In der Familie wurde immer erzählt, dass diese Freude der Großeltern an Meer und Wasser auf einen Kuraufenthalt an der Adria zurückzuführen ist."

„Ja, das ist in der Tat ungewöhnlich", sagte ich, „meine Großeltern konnten nicht schwimmen, soweit ich weiß. Selbst meine Mutter war noch Nichtschwimmerin."

„Und willst du mir nun endlich die Befreiungsgriffe zeigen?", fragte Renate völlig unvermittelt nach dem kurzen verbalen Schwimmausflug in ihre Familie.

Ich war sofort und mit Begeisterung bei der Sache. „Lass uns zunächst ins brusttiefe Wasser zurückschwimmen."

Als wir unter den Zehen wieder den festen Sand spürten, sagte ich: „Du, die ‚Ertrinkende', ergreifst jetzt den

Retter – beinahe hätte ich gesagt: den überglücklichen Retter – , wo und wie du ihn zu fassen bekommst, ganz wie es für deine Rettung nötig ist ... oder du greifst – schon im ‚Ertrinken' – nur instinktiv nach dem sprichwörtlichen Strohhalm, der heute auf den Namen Karl hört“, fügte ich noch breit grinsend hinzu. Standard-Fessel-Schleppgriff.

„Wenn du mich also von vorne umklammerst, schiebe ich mit beiden Händen dein Gesicht von mir weg, bis dein Griff sich löst und ich schnell mit beiden Händen deinen rechten oder linken Arm ergreife, unter deinem Ellenbogen durchtauche und den ergriffenen Arm in deinem Rücken fixiere. Beide sind wir dadurch in der Rückenlage und mit dem ‚Standard-Fessel-Schleppgriff' bringe ich dich sicher an Land, wobei meine freie Hand deinen Kopf – unter dein Kinn gefasst – über Wasser führt. Klingt furchtbar umständlich, ist es in der Praxis aber nicht, wie du gleich merken wirst.“

Dieser Griff war für mich ein traumhafter Genuss: Körper ganz dicht an Körper und Gesicht an Gesicht, daher hielt ich den Griff als Umarmung auch viel länger als nötig aus, bevor ich die Befreiung begann. Ich musste ihr Gesicht kräftig wegdrücken, und hätte es doch umgekehrt so gerne noch dichter an mich herangezogen.

Renate hielt dem Druck im Gesicht sehr lange stand, so als wolle sie imitieren, welche gewaltigen Kräfte dem Menschen in Todesnot zuwachsen.

„Du hast ganz schön brutal gedrückt.“ „Und du hast ganz tapfer dagegengehalten.“

Nachdem wir die Szene auch im tiefen Wasser genauso erfolgreich durchgeführt hatten, wollte Renate die anderen Griffe nicht mehr probieren, sondern noch ein gutes Stück schwimmen. Ich begleitete sie wieder gerne, aber wieder mit großer Mühe.

Während wir uns abtrockneten und mitten im Anziehen waren, stand Renate ganz plötzlich ganz dicht vor mir, wie im Wasser, und gab mir einen schnellen Kuss aufs Kinn, weil sie wohl in der Eile meinen Mund verfehlte, jedenfalls war das meine Meinung. Dabei war nur mein dünnes um den Bauch gebundenes Handtuch zwischen uns und für Sekundenbruchteile drückten sich ihre Brüste dabei an mich. Ich war zu sehr überrascht von Renates Verhalten, erst danach fiel mir der Rettungsgriff ein: die Umklammerung von vorn, jetzt von mir angewendet, von einem in Begeisterung Ertrunkenen.

Mit dem von einem leisen Lachen begleiteten Ausspruch: „Du hast mir ja deinen speziellen Klammergriff noch gar nicht gezeigt", stand sie schon wieder dicht vor mir. Dabei hatte sich der Klammergriff schon in eine liebevolle Umarmung verwandelt, die, von vielen Küssen begleitet, gar nicht enden wollte. Ich war von der so plötzlich eingetretenen Situation vollkommen sprachlos. Die Augen übernahmen die Kommunikation. Renate drückte sich jetzt auch fest an mich und sagte mir ein ganz leises „Danke" ins Ohr.

Glücklich und wunderbar erfuhren meine Hände nach und nach Renates Körper. Sie antwortete mit ganz weichen Lippen.

„Seit unserem ersten Tanz im Hotel Stadt Hamburg" – „dessen Führung du sofort übernahmst", unterbrach ich sie lachend, „habe ich gespürt, dass du mich magst", gestand sie. „Wie verhält man sich einem Gruppenleiter gegenüber, das wusste ich nicht. Jetzt weiß ich es, wo du es nicht mehr bist."

Der gemeinsame Weg zurück ins Sanatorium führte durch eine lange Stille, in der nur der Westwind sein immer gleiches Lied sang. Nur mit verschlungenen Armen und heißen Blicken gehörten wir zusammen. Dann begann Renate vor sich hin zu sprechen. Ihre dunkle geliebte Stimme klang noch tiefer als gewohnt und trauriger. Sie sprach von Sonntag und ihrem Abschied und ob ich sie zum Bahnhof begleiten würde.

Mir wurde dabei ganz schnell bewusst, dass diese junge Frau da so eng neben mir nie allein nur mit den Händen erfasst werden kann, obwohl ich die Sinnlichkeit der Berührungen immer noch durchlebte. Ist das die wahre Liebe, wo die Sinnlichkeit der Sandbank übergeht in das Begreifen der Worte des begehrten Menschen?

Während Renates Stimme sich etwas aufhellte, als sie über ihre unmittelbare Zukunft sprach: ihre Arbeit in ihrem Betrieb, den Beginn ihres Studiums an der Agrarwissenschaftlichen Fakultät der Stuttgarter Uni – da begann mir erneut deutlich zu werden, dass auch die Zuneigung zwischen uns beiden nicht nur Haut, Augen und Ohren ausmacht, sondern zugleich auch Herz und Hirn ist, wie ich es neulich in einem Zeitungsartikel zufällig gelesen und erst jetzt eben verstanden hatte.

„Ich habe hier in den sechs Wochen nur für meine Gesundheit gelebt und nur an mich gedacht – aber die letzten Tage auch an dich“, schloss Renate.

„Ich bin doch das einzige Kind meiner Eltern und damit die Alleinerbin des Gutes. Als meine Eltern sich kennenlernten, hatte meine Mutter schon einen kleinen Sohn, über dessen Vater in der Familie aber nicht gesprochen wurde. Schon bei dem Gedanken an die Verantwortung als Erbin wird mir ganz schlecht. Aber du besuchst mich doch bald mal, ja?“

Am letzten Wochenende sind wir dann noch einmal zum Tanzen gegangen, dorthin, wo alles so still und langsam begonnen hatte. Addi hat extra für uns „Marina, Marina“ gespielt und wir haben getanzt wie ein altes Ehepaar.

Zum Abschied am Bahnhof in St. Peter Bad versicherten wir uns noch einmal unserer Liebe – ohne Worte, nur mit den Augen.

Über ein Jahr lang haben wir viele lange Briefe geschrieben. Dann folgten in immer längeren Intervallen Telefonate zu den Festtagen und den Geburtstagen.

In keinem dieser Kontakte hatte Renate ihren zum Abschied geäußerten Besuchswunsch wiederholt, auf den ich viele, viele Monate vergeblich wartete, beim Öffnen jedes ihrer Briefe von der gleichen großen Hoffnung getragen. So hat mein Besuch bei ihr nur in meinen Träumen stattgefunden.

Wir haben uns nie mehr wiedergesehen.

Meine endgültige Verabschiedung von Dr. Felten an einem der nächsten Tage, denn nun war auch meine Zeit in St. Peter zu Ende, hat mich noch lange beschäftigt. Der Leiter des Sanatoriums schlug mir nämlich vor, nachdem er sich detailliert nach meinem Studium erkundigt hatte, zwei Semester an anderen Universitäten zu finanzieren. Diese Finanzierung könne ich dann ja später einmal zurückzahlen, wenn mich das im Moment beruhige. Das Angebot könne ich ruhig annehmen, denn er wisse noch aus seinem Studium, wie fördernd und nachhaltig ein solcher Wechsel sei.

„Schlafen Sie eine Nacht drüber und morgen sagen Sie mir Bescheid“, beendete er den Abschiedsbesuch.

Ich hatte viele Stunden darüber nachgedacht und das zunächst verlockende Angebot dann doch nicht angenommen. Verlockend war, dass ich ja Stuttgart hätte wählen können. Alles schien mir trotzdem reichlich unbestimmt und vage und die Abhängigkeit von einem doch fremden, wenn auch so überaus freundlichen Mann, erfüllte mich mit Angst vor der Zukunft.

Meine schon aus Schülerzeiten so geliebte Sandbank musste ich noch einmal zum Abschied aufsuchen. Über die Brücke im Bad betrat ich die für mich einmalige Natur aus Sand und Meer. Ohne mir dessen bewusst zu sein, lief ich – wie immer barfuß – in südliche Richtung, in Richtung Sanatorium und Dorf. Noch immer in Gedanken an das besondere Angebot von Dr. Felten fand ich mich an der letzten gemeinsamen Badestelle wieder und musste nach der „Zwergdüne“ nicht lange suchen. Hier setzte ich mich in den noch immer warmen Sand und blickte lange aufs Meer in die fast lautlos heranrollende Dünung. Ganz allein also war ich übriggeblieben. Nur ab und an zog eine Möwe kreischend über mich hinweg. In einiger Entfernung übte ein Strandsegler seine Wendemanöver.

Wie neulich, dachte ich, wie neulich, und doch so ganz anders: allein und traurig.

Als ich endlich aufstand und mein Blick dabei auf den Sand fiel, glaubte ich, Renate und mich selbst im Sand wiedergefunden zu haben, jedenfalls das, was Wind und Sand noch übriggelassen hatten.

Wann würde ich die Düne und die Sandbank wohl wiedersehen, ging es mir durch den Kopf, als ich über die Salzwiesen zum Sanatorium zurückging. Ob der alte Dr. Felten an sein Angebot, mich wieder zu engagieren, noch in einem oder zwei Jahren denken würde... Das Angebot einer Jugendgruppe würde ich sofort wieder annehmen, da war ich mir ganz sicher.

Ich wusste, dass die Aussichten, an dieses geliebte Stückchen Westküste zu kommen, für mich in nächster Zeit nicht sehr groß waren: vielleicht einmal als Referendar an das Gymnasium ... Mindestens drei Jahre würde das ja noch dauern, rechnete ich mir aus, wenn ich alle Prüfungen auf Anhieb bestehe.

Damals konnte ich nicht wissen, dass ich mich nur um ein Jahr verschätzt hatte, denn im zweiten Referendars-Semester wurde ich zum sogenannten Internatssemester nicht nur dem St. Peteraner Gymnasium zugeteilt, sondern auch meinem verehrten Lehrer Werner Klose. Aber das ist eine andere Geschichte.

„Erst einmal werde ich in drei Tagen wieder an meinem Tischchen im Seminarraum des Instituts sitzen. Dann rücken die Spekulationen in die Zukunft weit in den Hintergrund. Dann geht es ganz konkret und real um die schriftliche Seminar-Arbeit über das ‚Bergwerk zu Falun', eine Tragödie mit vielen märchenhaften Szenen. Aus dem Einakter aus der Zeit der frühen lyrischen Dramen des österreichischen Dichters Hugo von Hofmannsthal entsteht im Laufe der Jahre ein umfangreiches fünfaktiges Werk. Damit wartet noch viel Arbeit auf mich. Sagt nicht der Volksmund: Stürz dich in die Arbeit, dann vergisst du am schnellsten deinen Liebeskummer!"

Inhalt

Zum Autor

Erhard Ernst wurde 1930 in Königsberg (Preußen) geboren. Er studierte für das gymnasiale Lehramt in den Fächern Germanistik, Sportwissenschaften und evangelische Theologie. An der Christian-Albrechts-Universität Kiel promovierte er mit einer Arbeit zur Religiosität im Spätwerk Hugo von Hofmannsthals. Danach arbeitete er bis 1994 im Schuldienst an der Max-Planck-Schule in Kiel.

Regionalia im HUSUM TASCHENBUCH

Anekdoten aus Bayern · aus Berlin · aus Brandenburg · aus Hessen · aus Mecklenburg-Vorpommern · aus Ostpreußen · aus Pommern · aus Sachsen · aus Sachsen-Anhalt · aus Schlesien · aus Schleswig-Holstein 1 · aus Schleswig-Holstein 2 · aus Thüringen – **Entdecken und erleben (Reiseführer):** Mecklenburg-Vorpommerns Kunst · Niedersachsens Kunst · Niedersachsens Literatur · Ostpreußens Literatur · Schleswig-Holsteins Kunst · Schleswig-Holsteins Literatur – **Im Gedicht:** Berlin · Niedersachsen · Nordrhein-Westfalen · Schlesien · Schleswig-Holstein – **Humor** aus Schlesien – **Kinder- und Jugendspiele** aus Schleswig-Holstein 1 · aus Schleswig-Holstein 3 · aus Westfalen – **Kindheitserinnerungen** aus Berlin · aus Hamburg · aus Köln · vom Niederrhein · aus Ostpreußen · aus Pommern · aus Westfalen – **Komponisten** aus Schleswig-Holstein – **Krippengeschichten** aus Deutschland – **Legenden** aus Westfalen – **Märchen** aus Mecklenburg · aus Niedersachsen · aus Schleswig-Holstein · aus Westfalen – **Redensarten** aus Hessen – **Aus dem Sagenschatz** der Franken · der Hessen · der Niedersachsen und Westfalen · der Österreicher · der Schleswig-Holsteiner und Mecklenburger · der Schwaben · der Thüringer – **Sagen** aus Baden-Württemberg · aus Franken · aus Mecklenburg · aus Schleswig-Holstein · aus Südtirol · aus Westfalen – **Schulerinnerungen** aus Franken · aus Hamburg · aus Mecklenburg · aus Niedersachsen · aus Ostpreußen · aus Schleswig-Holstein – **Schwänke** aus Bayern · aus Schleswig-Holstein · aus Schwaben · aus Westfalen – **Sprichwörter** aus Hessen – **Sprichwörter und Redensarten** aus Mecklenburg · aus Schleswig-Holstein – **Plattdeutsche Sprichwörter** aus Niedersachsen – **Weihnachtsgeschichten** aus Baden · aus Bayern · aus Berlin · aus Brandenburg · aus Franken · aus Hamburg · aus Hessen · aus Köln · aus Mecklenburg · aus München · vom Niederrhein · aus Niedersachsen · aus Ostpreußen · aus Pommern · aus dem Rheinland und der Pfalz · aus Sachsen · aus Sachsen-Anhalt · aus Schlesien · aus Schleswig-Holstein · aus Schwaben · aus Thüringen · aus Westfalen · aus Württemberg – **Weihnachtsmärchen und Weihnachtssagen** aus Baden · aus Schleswig-Holstein – **Witze** aus Hamburg · aus Ostpreußen · aus Pommern · aus Sachsen · aus Schleswig-Holstein